Inhalt

Teil 1

Die theoretischen Grundlagen

Einleitung

Massage ist eine der sanftesten und natürlichsten Heilmethoden, die wir kennen. Die Fähigkeit, auf diese Weise zu heilen und Schmerzen zu lindern, scheint angeboren zu sein. Jemand, der Schmerzen hat, wird ganz instinktiv seine Hände auf die entsprechende Stelle legen und sich massieren. Wer reibt sich nicht bei Kopfschmerzen die Schläfen oder bei Magenschmerzen den Bauch? Schon kleine Kinder praktizieren diese Form der Selbstheilung, die ganz ohne medizinische Vorkenntnisse auskommt.

Massage ist eine Behandlung im wahrsten Sinne des Wortes. Und es verwundert nicht, daß Menschen schon vor Urzeiten die heilende Ausstrahlung der Hände erkannten. Sie fanden auch bald heraus, daß die Massage bestimmter Körperteile Wirkungen an weit entfernten Stellen zeigte. Auf dieser Wirkung basiert jede Art von Reflexzonenmassage, ob sie nun an den Füßen, Händen oder Ohren durchgeführt wird.

Die Reflexzonenmassage, wie wir sie heute kennen, ist eine ganzheitliche, natürliche und äußerst wirkungsvolle Heilmethode, deren erstes Ziel es ist, die Lebensenergie zu harmonisieren. Sie stellt einen Kompromiß zwischen materieller und energetischer Methodik dar und wirkt so umfassend auf Körper, Seele und Geist, daß sie von manchen Therapeuten ausschließlich eingesetzt wird. Ein weiterer, ganz entscheidender Vorteil dieser Therapieform besteht darin, daß sie sehr leicht zu erlernen ist und sich völlig ohne Hilfsmittel durchführen läßt. Damit versetzt sie auch den medizinischen Laien in die Lage, sich selbst zu behandeln. Hervorragend eignet sich die Reflexzonenmassage als Methode, um Krankheiten vorzubeugen. Sie kann aber auch als Ergänzung und zur Unterstützung traditioneller oder alternativer Heilverfahren eingesetzt werden.

Von allen Teilbereichen der Reflexzonenmassage ist die Fuß-reflexzonenmassage wohl die bekannteste und populärste. Weniger bekannt ist hingegen, daß sich der Körper und seine Organe auch in den Händen und Ohren abbilden. Während sich die Massage der Fußreflexzonen hauptsächlich auf körperliche Beschwerden auswirkt, erreicht man an den Händen auch »kopfbetonte«, geistige Bereiche und an den Ohren seelische, gefühlhafte Funktionen. Die Reflexzonenmassage ist also eine Heilmethode, die wirklich den ganzen Menschen mit einbezieht und letztlich sogar ein Mittel zur Bewußtseinserweiterung sein kann. Doch was vielleicht am wichtigsten ist: Reflexzonenmassage ist wohltuend und angenehm, ob man nun sich selbst oder einen anderen Menschen damit behandelt.

Die genauen Ursprünge der Reflexzonenmassage verlieren sich im Dunkel der Vergangenheit. Es gibt jedoch einige Zeugnisse, die belegen, daß diese Therapieform schon sehr alt sein muß. Schon seit Urzeiten verfügten verschiedene Völker über intuitives Wissen und Einsicht in das Wirken der natürlichen Gesetze im Menschen und somit auch über Möglichkeiten, Heilungsprozesse in Gang zu setzen.

Bereits vor etwa fünftausend Jahren gab es in Indien eine Form der Behandlung über die Reflexzonen. Diese Therapieform entstand also ungefähr zur gleichen Zeit wie die Akupunktur der Chinesen (ca. 4000 vor Christus), mit der sie in der Tat auch einige Prinzipien gemeinsam hat, wenngleich es andererseits auch beträchtliche Unterschiede zwischen den beiden Heilmethoden gibt – wie wir später noch sehen werden.

Wir können davon ausgehen, daß auch bei den Ägyptern (um 2300 vor Christus) bereits eine Form der Reflexzonenmassage angewandt wurde, was ein Wandgemälde aus dem Grab eines Arztes in Sakkara nahelegt. Auch einigen Indianerstämmen waren Reflexzonen am Fuß bekannt, über die die Medizinmänner vor allem schmerzlindernde Behandlungen durchführten. Diese Behandlungsform wird auch heute noch in Indianerreservaten praktiziert.

Auch in unserer eigenen Kultur war die Behandlung des Menschen über Reflexzonen nicht unbekannt. Bereits um 1580 erwähnten die Ärzte Adamus und A'tatis ähnliche Heilmethoden.

Wenn heute von Reflexzonenmassage gesprochen wird, ist jedoch so gut wie immer die Rede von der modernen Reflexzonenmassage, die zu Beginn unseres Jahrhunderts entstand und auf den amerikanischen Arzt Dr. William H. Fitzgerald (1872–1942) zurückgeht. Dr. Fitzgerald wußte sehr viel über indianische Heilweisen, als er 1917 seine Zonentherapie entwickelte. Der Anlaß dafür war seine Entdeckung, daß der Druck auf bestimmte Punkte an den Fingern sich harmonisierend auf andere Körperteile auswirken und Schmerzen lindern könne. Im Laufe seiner Forschungen entdeckte er weitere Wechselbeziehungen zwischen bestimmten Hand- und Fußzonen und den Organen, und schließlich ging er dazu über, sein Wissen in Kursen und Seminaren weiterzugeben.

Es war Dr. Riley – ebenfalls ein amerikanischer Arzt –, der die Reflexzonentherapie weiterentwickelte. Dabei konzentrierte er sich insbesondere auf die therapeutische Seite. Riley war auch der Lehrer der Krankenschwester Eunice Ingham. Die Amerikanerin stellte die Fußreflexzonentherapie in den Mittelpunkt ihrer Behandlungen, denn sie vertrat die Ansicht, daß die Füße durch ihre hohe Sensibilität besonders gut auf Druckmassagen reagieren. 1938 schrieb sie ihr Buch *Geschichten, die die Füße erzählen können* und legte damit den Grundstein für eine weite Verbreitung der modernen Fußreflexzonenmassage. Über die USA kam diese Methode zunächst nach England und erreichte schließlich auch Deutschland.

In Deutschland war es dann Hanne Marquard, die maßgeblich an einer weiteren Verbreitung dieser Therapieform beteiligt war. Inzwischen ist die Reflexzonentherapie auch bei uns in aller Munde. Zahlreiche Ärzte, Heilpraktiker, Masseure, Krankengymnasten und Krankenpfleger bedienen sich heute dieser Methode, und die Tendenz ist weiterhin steigend. Aber auch der »Laie« hat die Möglichkeit, diese hervorragende Therapie-

11

form in Seminaren und Kursen oder auch durch entsprechende Literatur kennenzulernen und auszuprobieren. Manch einer wird sich von dieser sanften Methode zur Linderung von Schmerzen und zur Unterstützung und Beschleunigung von Heilungsvorgängen faszinieren lassen.

Was sind Reflexzonen?

In der Medizin definiert man einen Reflex als einen »unwillkürlich und regelhaft ablaufenden Vorgang als Antwort auf einen Reiz«. Das klassische Beispiel für einen einfachen Reflex ist der Patellarsehnenreflex, den jedes Kind kennt, das schon einmal beim Arzt gewesen ist. Der Arzt schlägt dabei mit einem kleinen Gummihämmerchen auf die Sehne unterhalb des Knies, worauf der Unterschenkel unwillkürlich nach oben schwingt. Dieser Reflex läuft über einen sogenannten Reflexbogen, eine Nervenverbindung, die nicht mit dem Gehirn in Verbindung steht, sondern den kürzesten Weg über das Rückenmark nimmt. Viele Reflexe sind aber deutlich komplizierter, zum Beispiel die Regulation der aufrechten Körperhaltung oder die Darmbewegungen. Diese Reflexe dienen dazu, das Bewußtsein für wichtigere Dinge freizuhalten. Wir wären ja hoffnungslos überfordert und nicht mehr in der Lage, etwas anderes zu unternehmen, wenn wir immer bewußt die Funktionen unserer Organe überwachen müßten!

Die Headschen Zonen

Unser Nervensystem ist ein unglaublich kompliziertes Netz, das unseren gesamten Körper durchzieht. Jeder Muskel und jedes Organ ist über die Nerven mit dem Gehirn verbunden. Die Nerven laufen jedoch nicht kreuz und quer über den Körper in Richtung Gehirn, sondern treten an den Wirbeln in den Wirbelkanal ein und bündeln sich im Rückenmark. Die Nerven, die vom Gehirn kommen, verlaufen ebenfalls im Rückenmark, bis sie an den Wirbeln austreten. Die Wirbelsäule besteht aus sechsundzwanzig Segmenten; den vierundzwanzig Wirbeln, dem Kreuzbein und dem Steißbein. Diese Segmentstruktur zeigt sich auch an den Reflexverbindungen bestimmter Hautzonen mit inneren Organen. Deshalb strahlen erkrankte innere Organe auch reflektorische Schmerzen in fest umschriebene Hautzonen aus. Für den Arzt sind diese Schmerzen ein wertvoller diagnostischer Hinweis; zum Beispiel führt eine erkrankte Gallenblase zu einer typischen Überempfindlichkeit der Haut an der rechten Schulter. Die Medizin nennt diese Erscheinungen *viszerokutane Reflexe*.

Anfang dieses Jahrhunderts erforschte ein englischer Neurologe, Sir Henry Head (1861–1940), diese Reflexverbindungen von Hautzonen und Organen eingehend. Nach langen Untersuchungen konnte er schließlich präzise Karten anfertigen, die genau definierte Hautzonen bestimmten Organen zuordnen. Diese Hautreflexzonen wurden nach ihrem Entdecker *Headsche Zonen* genannt (Abb. S. 16). Die Headschen Zonen ergeben sich durch den gemeinsamen Verlauf von Eingeweidenerven und sensiblen Hautnerven; diese Verbindungen sind heute einwandfrei wissenschaftlich nachgewiesen.

Energiebahnen, Meridiane und Chakras

Anders steht es mit den Energiebahnen der östlichen Medizin, von denen auch die Akupunktur Gebrauch macht. Die jahrtausendealte Erfahrung der chinesischen Heilkundigen und neuerdings auch die Erfahrung vieler westlicher Mediziner läßt keinen Zweifel an der Existenz dieser Energiebahnen. Dennoch ist es der westlichen Wissenschaft bisher noch nicht gelungen, diese Bahnen anatomisch nachzuweisen. Soviel man weiß, liegen den Energiebahnen der chinesischen Medizin keine materiellen Strukturen zugrunde. Daß sie nichts mit den Nervenbahnen zu tun haben, gilt mittlerweile als gesichert.

In mancher Hinsicht ist die Heilkunde der Chinesen und Inder unserer westlichen Medizin überlegen, vor allem, was die Ganzheitlichkeit der Methoden angeht. In der östlichen

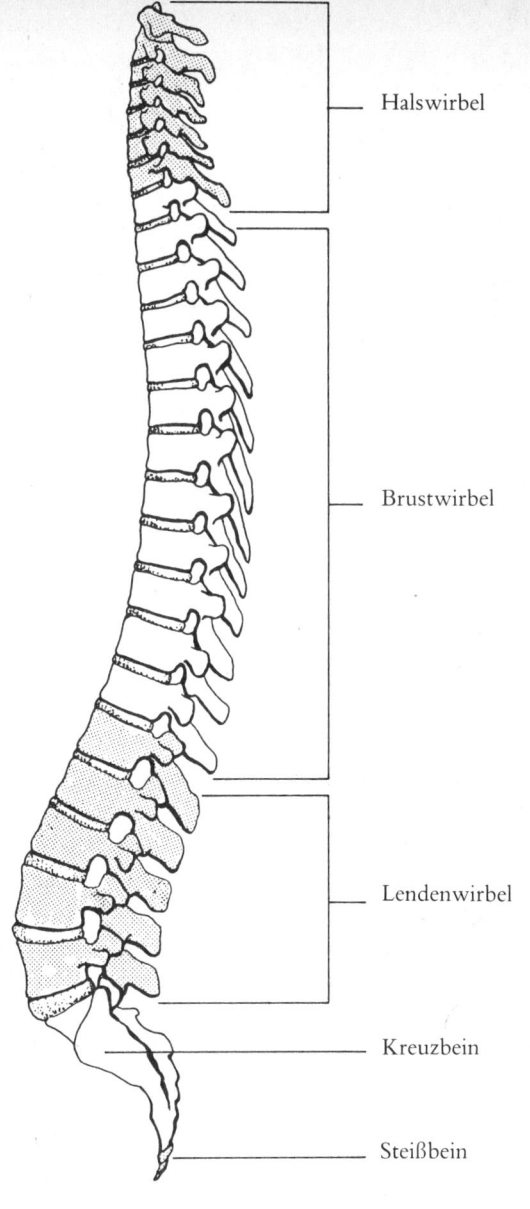

Halswirbel

Brustwirbel

Lendenwirbel

Kreuzbein

Steißbein

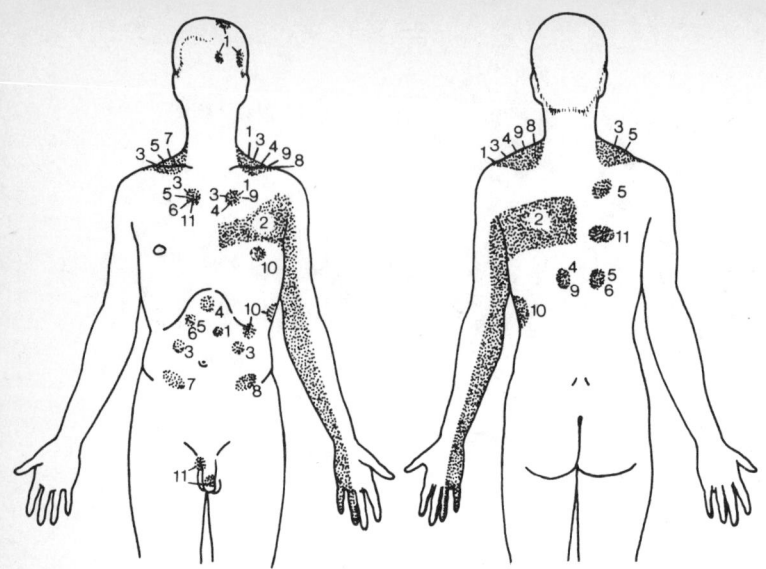

1 Herz
2 Herzkranzgefäße/Aorta
3 Lunge/Rippenfell
4 Magen
5 Leber/Galle
6 Zwölffingerdarm

7 Wurmfortsatz
8 S-förmiger Dickdarm
9 Bauchspeicheldrüse
10 Milz
11 Nieren-Harnleiter

Medizin geht man nicht davon aus, daß alles meßbar ist, sondern nimmt es als Selbstverständlichkeit, daß es mehr gibt als das, was wir sehen. Der Mensch steht im Mittelpunkt – nicht weil er das höchste Wesen in der Natur oder gar das Ebenbild Gottes wäre, sondern einfach deshalb, weil der Mensch nur vom menschlichen Standpunkt ausgehen kann. Daher bemüht man sich auch im Osten nicht um eine ohnehin nur scheinbare Objektivität, sondern akzeptiert subjektive Beobachtungen und gesteht es manchen Menschen auch zu, daß sie eine feinere Wahrnehmung besitzen als andere. Den Beobachtungen solcher Menschen verdanken die östlichen Lehren ihr Wissen um die feinstofflichen Energiekanäle, die Meridiane der chinesischen Medizin oder die sieben Chakras des indischen Yoga.

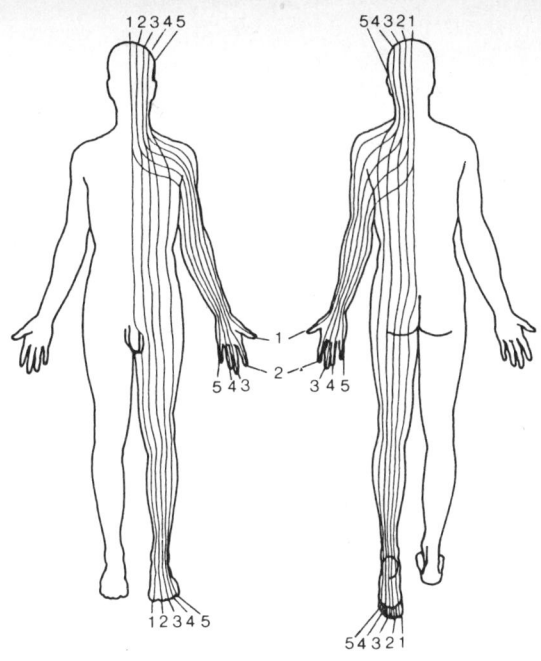

Die Reflexzonen des Dr. Fitzgerald

Der amerikanische Arzt Dr. Fitzgerald, ein Zeitgenosse von Sir Henry Head, unterteilte den menschlichen Körper in zehn senkrechte Zonen. Diese Zonen weisen eine gewisse Ähnlichkeit mit den Meridianen der chinesischen Medizin auf; vor allem sind sie ebenfalls vom Nervensystem und anderen anatomischen Strukturen unabhängig.

Die zehn Zonen kann man als eine Art vereinfachtes Meridiansystem auffassen. Obwohl Dr. Fitzgeralds Konzept lange nicht so ausgearbeitet ist wie die jahrtausendealte chinesische Theorie der Energiebahnen, ist sie doch insofern von großer Bedeutung, da sie zu einer weiteren Entwicklung führte, die einen ganz anderen, aber ebenso erfolgreichen Weg nahm wie die chinesische Akupunktur.

17

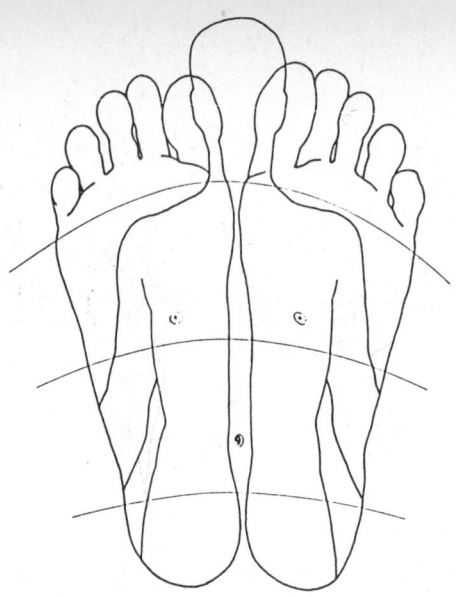

Die Reflexzonen von Füßen, Händen und Ohren

Eunice Ingham übertrug das von Dr. Fitzgerald entwickelte Konzept der zehn Zonen auf die Füße. Zusätzlich unterteilte sie den Körper in vier Querzonen, die sie ebenfalls in den Füßen widergespiegelt sah. Mit ihrer Erkenntnis, daß die Füße ein verkleinertes Abbild des gesamten Körpers mit all seinen Organen darstellen, legte sie den entscheidenden Grundstein für die heute so verbreitete Fußreflexzonenmassage, deren Heilerfolge kaum anzuzweifeln sind, obwohl sich die Reflexzonen – wie Meridiane und Chakras – anatomisch nicht nachweisen lassen.

Nachdem Eunice Ingham ihr Konzept von den Fußreflexzonen entwickelt hatte, lag es nahe, die Idee von der verkleinerten Abbildung des Körpers auch auf die Hände zu übertragen.
    Da die Hände jedoch kleiner sind als die Füße, nehmen auch die entsprechenden Reflexzonen der Organe weniger Platz ein

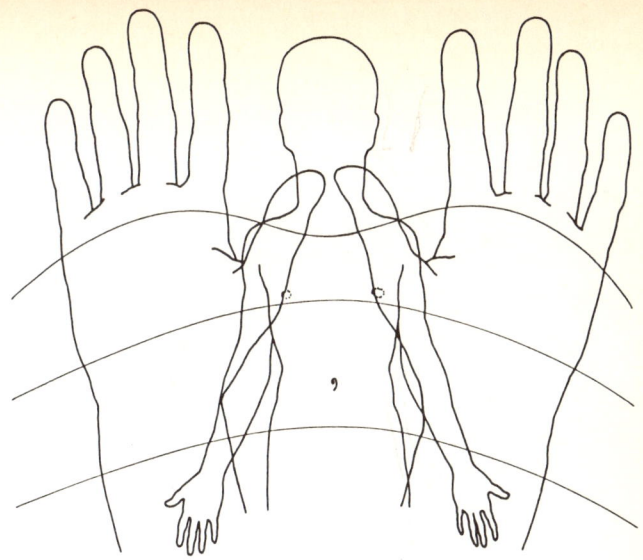

und überlappen sich noch mehr als in den Füßen. Dadurch wird eine gezielte Behandlung einzelner Organe schwieriger, und die Reflexzonen der Hände wurden daher viel weniger beachtet und untersucht – und dabei gründlich unterschätzt.

Die Hand weist dem Fuß gegenüber nämlich noch andere als nur Größenunterschiede auf. Der wichtigste Unterschied liegt wohl in den Proportionen. Die Finger der Hand nehmen gegenüber den Zehen des Fußes einen viel größeren Platz ein; das bedeutet, daß in den Händen der Kopf mit seinen Sinnesorganen überproportional groß widergespiegelt ist. Die Reflexzonen der Hände eignen sich daher besonders für die Diagnose und Behandlung der Sinnesorgane und der geistigen Funktionen.

Außerdem hat sich erwiesen, daß die Hände im körperlichen Bereich besonders schnell akute Probleme anzeigen, während die Fußreflexzonen stärker auf chronische Krankheiten ansprechen. Die Handreflexzonenmassage ist der Massage der Fußreflexzonen also insgesamt durchaus ebenbürtig.

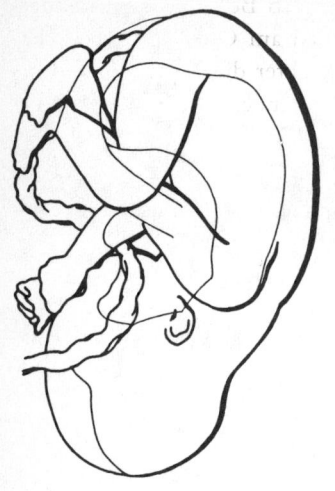
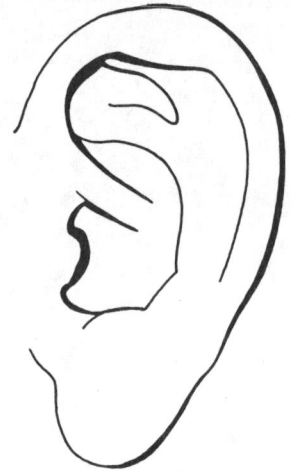

Nicht ganz so naheliegend war die Übertragung der Reflexzonenidee auf die Ohren. Zwar gab es in der orientalischen Medizin schon immer Techniken der Diagnose und Behandlung am Ohr, aber erst um 1950 entwickelte der französische Arzt Dr. Nogier die Ohrakupunktur. Das war der entscheidende Anstoß für die Reflexzonentherapie am Ohr. Auch im Ohr findet sich der ganze Körper wieder. Die Form des Ohres entspricht der des Embryos.

Die Reflexzonen am Ohr überlappen sich allerdings immer stärker, wenn der Mensch heranwächst, so daß eine gezielte Behandlung einzelner Organe nicht mehr mit Massage, sondern bestenfalls noch mit Akupunkturnadeln möglich ist. Dennoch hat die Reflexzonenmassage am Ohr nicht nur ihre Berechtigung, sondern ebenso wie die Fuß- und Handreflexzonenmassage ihre ganz besondere Bedeutung.

Durch die starke Überschneidung von Kopf- und Körperzonen ist ein besonderes Phänomen zu beobachten: Bestimmten Zonen, in denen sich Kopf- und Organbereiche überlagern, können bestimmte Gefühlszustände zugeordnet werden. Dabei unterscheiden sich das rechte und linke Ohr, da sie unterschiedlichen Gehirnhemisphären, also Bewußtseinszuständen, zugeordnet sind. Demnach können am Ohr auch »seelische« oder gefühlsmäßige Störungen leichter diagnostiziert und behandelt werden als an Füßen oder Händen allein.

Wie wirkt die Reflexzonenmassage?

Die Reflexzonenmassage basiert – wie die meisten ganzheitlichen Heilmethoden – auf langjährigen Erfahrungen. Nur durch Beobachtungen und das Erkennen bestimmter Zusammenhänge konnte sie ihre heutige Form entwickeln. Leider ist es nicht immer leicht, erfahrbare Wirkungsweisen, an denen noch so wenig Zweifel bestehen mögen, auch zu beweisen und mit wissenschaftlichen Termini zu beschreiben.

Die Wirkung der Reflexzonenbehandlung ist zwar für all jene spürbar und erfahrbar geworden, die mit dieser Massageform in Kontakt gekommen sind; dennoch kann man selbst heute noch nicht mit Sicherheit sagen, wie die Behandlung nun eigentlich wirkt. Niemand weiß es genau, es gibt allerdings verschiedene Theorien. Die am meisten verbreitete und wohl auch am ehesten zutreffende geht davon aus, daß die Lebensenergie durch die Kanäle des Körpers fließt. Diese Kanäle enden in den Reflexpunkten der Hände, Ohren und Füße. Nur wenn die Lebensenergie frei fließen kann, sind wir gesund, wenn sie jedoch blockiert oder in bestimmten Bereichen im Überfluß vorhanden ist, treten Störungen in der Harmonie auf, die letztendlich zu den verschiedensten Krankheitsbildern führen.

Die Behandlung der Reflexzonen ist somit eine energetische Behandlung, die bei den feinsten Ursachen der Erkrankungen ansetzt. Nur so können die vielfältigen Wirkungen dieser sanften Therapieform erklärt werden. In der Tat gibt es nur sehr wenige Erkrankungen, bei denen die Reflexzonenmassage nicht angewendet werden darf. Auf diese wenigen Ausnahmen werden wir später noch eingehen.

Wenn wir bei unseren Behandlungen die nötige Vorsicht walten lassen, wird sich die Reflexzonenmassage an Füßen,

Händen und Ohren als große Hilfe erweisen, und zwar sowohl bei chronischen als auch bei akuten Leiden, ob es sich dabei nun um Erkältungen, Verdauungsstörungen oder Kopfschmerzen handelt, ob wir Probleme mit unseren Nieren, unseren Gelenken oder unserer Wirbelsäule haben, ob wir unter Bluthochdruck, Herzerkrankungen oder Atembeschwerden bis hin zu Asthma leiden, ja selbst bei Allergien, aber auch bei psychischen Leiden wie Depressionen oder Angstzuständen. Auch kann die Reflexzonentherapie jede andere schulmedizinische oder alternative Behandlung unterstützen und ergänzen. Allerdings muß darauf aufmerksam gemacht werden, daß natürlich auch diese Therapieform ihre Grenzen hat, worauf wir später noch zu sprechen kommen werden. Wenden wir uns zunächst den Wirkungen der Reflexzonenmassage zu.

Die Wirkung auf die Organe

Ganz allgemein wirkt die Reflexzonenmassage, wie jede andere Massageform auch, harmonisierend und entspannend. Über die Entspannung wird auch die Blutversorgung verbessert, so daß die Funktion sämtlicher Organe auf sanfte Weise angeregt wird. Abgesehen davon kann man, ganz besonders durch die Massage der Reflexzonen am Fuß, sehr direkt auf die inneren Organe einwirken. Durch die Fußreflexzonenmassage können Magen, Darm, Herz, Lunge, Nieren, Blase, Leber, Gallenblase, Milz und auch die Geschlechtsorgane harmonisiert und positiv beeinflußt werden. Die Heilung sowohl akuter als auch chronischer Leiden wird durch die regelmäßige und richtige Stimulierung der Reflexpunkte am Fuß beschleunigt und unterstützt.

Auch im Bereich des Bewegungsapparates kann die Fußreflexzonenbehandlung oft zu erstaunlichen Resultaten führen. So spiegeln sich die verschiedenen Abschnitte der Wirbelsäule, nämlich Hals-, Brust- und Lendenwirbelsäule ebenso in den Füßen wider wie die Bandscheiben, das Kreuzbein und das

Steißbein. Erkrankungen des Bewegungsapparates, wie beispielsweise Rheuma, Arthritis und Gicht, aber auch Kreuzschmerzen und die oftmals sehr schmerzhaften Ischiasbeschwerden können über die Fußreflexzonen günstig beeinflußt werden.

Von Bedeutung sind auch die Reflexpunkte für die Stirn- und Nebenhöhlen, denn durch ihre Behandlung können die häufig auftretenden und meist sehr lästigen Erkältungskrankheiten gelindert und zum Verschwinden gebracht werden. Im Prinzip kann man sämtliche körperlichen Symptome natürlich auch über die Handreflexe angehen, erfahrungsgemäß eignet sich aber die Fußreflexzonenmassage in diesem Bereich besonders gut, da sie sehr viel schneller wirkt als die Behandlung der Handreflexzonen.

Die Wirkung auf die Psyche

Da die Reflexzonenmassage ganz allgemein sehr entspannend und wohltuend ist, eignet sie sich gerade zur Behandlung streßbedingter Krankheiten besonders gut. Diese psychosomatischen Krankheiten sind in unserer Gesellschaft leider sehr weit verbreitet. Besonders der Magen-Darm-Bereich reagiert sehr empfindlich, wenn das psychische Befinden gestört ist. Aber auch die Nieren, das Herz, der Kreislauf und die Haut sind oftmals die Leidtragenden, wenn unsere Psyche durch Streß belastet ist. Körper und Seele hängen so eng zusammen, daß es oft schwierig wird, zu entscheiden, ob ein negativer psychischer Zustand zu einer bestimmten Erkrankung geführt hat oder ob bestimmte schmerzhafte oder sonstige unangenehme Krankheitssymptome den Gefühlszustand so weit beeinflussen, daß man sich vollkommen »hängenläßt« und in depressive Stimmungen verfällt.

Wie schon erwähnt wurde, stehen die Reflexpunkte der Füße mit den verschiedenen Organen in Verbindung. Wenn wir nun reflektorisch auf seelische Störungen einwirken wollen, müssen wir wissen, daß bestimmte seelische Bereiche mit den Reflexzonen des Ohres in Verbindung stehen. Zwar wird durch die entspannende Wirkung der Fußreflexzonenmassage auch der psychische Zustand verbessert und ausgeglichen, will man aber ganz gezielt auf Ängste, Nervosität oder andere negative Gefühlszustände einwirken, ist es wesentlich effektiver, sich der Reflexpunkte an den Ohren zu bedienen und die Wechselwirkungen zwischen dem Gefühlsbereich und der entsprechenden Reflexzone auszunutzen.

Im Bereich der Ohren finden wir die Zonen für Vertrauen und emotionale Stabilität, die bei der Behandlung nervöser Leiden von besonderer Bedeutung sind. Durch die richtige Stimulierung des Aggressivitätszentrums lassen sich depressive Stimmungen neutralisieren, durch Anregung der Sexualreflexzone Blockaden abbauen. Die Möglichkeiten, über die Ohrenreflexzonenmassage negative und hemmende Gefühlszustände auszugleichen, sind – wenn auch noch wenig erforscht – so doch sehr vielfältig und oftmals erstaunlich. Bedenkt man, daß es auch für die Bereiche Kreativität und Intuition sowie für die Spiritualität reflektorische Zonen in den Ohren gibt, so bekommt man eine Ahnung von der Bedeutung der Ohrenreflexzonen für die weitere Zukunft der modernen Reflexzonentherapie.

Die Wirkung auf den Geist

Die meisten Reflexzonentherapeuten erachten die Handreflexzonen gegenüber den Fußreflexzonen als weniger wirksam. Und in der Tat sind die rein körperlichen Reaktionen auf die Handreflexzonenmassage – obwohl durchaus nachweisbar – bei weitem nicht so spektakulär wie die auf die Fußreflexzonenmassage. Insofern liegen die Therapeuten mit ihrer Beobachtung richtig. Falsch liegen sie aber andererseits, weil sie vernachlässigen, daß die Handzonen in viel stärkerem Ausmaß den sinnlichen und geistigen Vorgängen entsprechen als den körperlichen. Richtig eingesetzt ist die Handreflexzonenmassage höchst wirksam. Durch die Behandlung der Reflexzonen für das Gehirn, das räumliche Vorstellungsvermögen, die Sprache, das logische Denken, das Gedächtnis und so weiter ist es möglich, direkt auf geistige Vorgänge einzuwirken.

Der Begriff der Psychosomatik ist inzwischen allgemein bekannt, und die Bedeutung seelischer Komponenten für das Entstehen körperlicher Erkrankungen wird im großen und ganzen auch von der Schulmedizin akzeptiert. Wenn wir aber von ganzheitlicher Behandlung sprechen, dürfen wir nicht aus den Augen verlieren, daß der Mensch nicht nur über körperliche und seelische, sondern auch über geistige Möglichkeiten verfügt.

Wirkliche Gesundheit ist demnach nur zu erreichen, wenn auch die geistige Ebene harmonisiert wird. Die Entfaltung der Sinne, klares, logisches Denken, Willenskraft und Selbstkontrolle sowie Wachheit im Alltag sind also ebenfalls notwendige Voraussetzungen für wirkliche Heilwerdung und wahre Ganzheit.

Die Einheit von Körper, Seele und Geist

Aus den bisherigen Ausführungen dürfte klar hervorgegangen sein, daß der Mensch als vielschichtiges, komplexes Wesen nur durch eine ganzheitliche Behandlung Heilung erfahren kann. Wie schon der griechische Philosoph Aristoteles (384 bis 322 v. Chr.) sagte: »Die Ganzheit steht vor den Teilen.« Leider wird in der modernen westlichen Medizin Spezialisierung nach wie vor großgeschrieben. Immer weniger Ärzte sind fähig, über ihr Fachgebiet hinaus Hilfe zu leisten, Zusammenhänge zu erkennen und sich einen einigermaßen weiten Horizont zu bewahren.

Dabei ist längst bekannt, daß Erkrankungen sich immer auf den ganzen Menschen auswirken und niemals wirklich nur auf ein bestimmtes Organ begrenzt sind. Wir wissen dies aus zahl-

reichen Erfahrungen am eigenen Leib. Wenn wir etwa Magenschmerzen haben und unsere Verdauung nicht funktioniert, so
fühlen wir uns auch seelisch unwohl und reagieren gereizt.
Andererseits wird auch unsere Konzentrationsfähigkeit beeinträchtigt, so daß sich die Magenprobleme letztlich auf unser
gesamtes Wesen – auf Körper, Seele und Geist – auswirken.
Nun kann beispielsweise ein Magengeschwür zwar lokal behandelt werden, wenn aber nicht auch gleichzeitig die Seele des
Patienten mitbehandelt wird, wird sich keine dauerhafte Heilung einstellen und das Magengeschwür wird zu gegebener
Zeit wieder auftauchen.

Auch unsere Sprache kennt den Zusammenhang zwischen
seelischen und körperlichen Zuständen. Ob man sich nun »den
Kopf über etwas zerbricht«, »auf etwas gespannt ist«, ob einem
»vor Ärger die Luft wegbleibt« oder ob man sich »etwas zu
Herzen genommen hat«, eine Sache »nicht schlucken kann«
oder einem etwas »an die Nieren geht«, immer beziehen sich
diese Redensarten sowohl auf körperliche als auch auf seelische
Zustände. Im Mittelpunkt der Naturheilkunde steht die ganzheitliche Behandlung des Menschen – eine Behandlung die auf
körperliche Symptome eingeht, darüber hinaus aber auch seelische und geistige Störungen zu erkennen und zu beheben
sucht.

Obwohl die Reflexzonentherapie den Eindruck erweckt, als
würde sie nur kleine Teile, nämlich die Füße, Hände und Ohren behandeln, ist gerade sie eine Ganzheitstherapie, da sie
durch die reflektorischen Zusammenhänge auf den ganzen
Menschen einwirkt.

Kausal- und Symptomtherapie

Bevor wir uns mit dem Unterschied zwischen Kausal- und
Symptomtherapie beschäftigen, sollten wir vielleicht zunächst
die Begriffe klären. Während sich der Begriff »Symptomatik«
auf die äußeren Krankheitserscheinungen, also die spür- oder

sichtbaren Anzeichen einer bestimmten Erkrankung bezieht, kann man das Wort kausal mit »ursächlich« übersetzen. Die Kausalität bezeichnet den gesetzmäßigen Zusammenhang zwischen Ursache und Wirkung. So können wir auch im therapeutischen Bereich zwischen einer Therapie, die sich direkt auf die Krankheitssymptome konzentriert, und einer kausalen Therapie, also einer Behandlungsweise, die es sich zum Ziel gesetzt hat, die Ursachen einer bestimmten Erkrankung aufzudecken, unterscheiden.

Es ist natürlich wichtig, zunächst einmal Schmerzen zu lindern, und das ist auch durchaus legitim. Das Beseitigen und Verdrängen von Krankheitszeichen führt allerdings leider oftmals dazu, daß die Ursachen nicht mehr bewußt angegangen werden, da durch die scheinbare Gesundheit die Illusion entsteht, alles sei wieder in bester Ordnung. So stärkt beispielsweise das Abtöten von Bakterien durch Antibiotika ja noch lange nicht das Immunsystem des Patienten, ganz zu schweigen von dem möglichen Auftreten unangenehmer Nebenwirkungen.

Was heißt dies nun für die Reflexzonenmassage? In der Reflexzonentherapie unterscheiden wir zwischen den sogenannten Symptomzonen und den Kausalzonen.

Die Symptomzonen stehen direkt mit dem akut erkrankten Organ in Verbindung. In den Symptomzonen können beim ersten Abtasten sehr starke Schmerzen auftreten. Besonders bei der ersten Behandlung sollte die Empfindlichkeit und Schmerzhaftigkeit sämtlicher Reflexpunkte kontrolliert werden, um einen ersten Eindruck zu bekommen. Die Kausalreflexzonen hängen mit der Ursache des jeweiligen Krankheitsbildes zusammen. Über die Kausalzonen kann man somit direkt an die Krankheitsursachen herankommen. Sie haben für die ganzheitliche Heilung eine besondere Bedeutung. Manchmal treten bei der Behandlung auch in den Kausalzonen Schmerzen auf, und demnach erfordert es schon ein gewisses Geschick Kausal- und Symptomzonen auseinanderzuhalten. Allerdings deuten sehr starke Schmerzen in bestimmten Reflexzonen eher auf eine Symptomzone als auf eine Kausalzone hin.

Wenn wir beispielsweise eine Patientin behandeln möchten, die über Kopfschmerzen klagt, werden wir vermutlich zunächst einmal das Symptom – also die Schmerzen – zu lindern versuchen. Für diesen Teil der Therapie werden wir an der Kopfzone ansetzen. Die Kopfschmerzen können aber beispielsweise auch durch Störungen in den Verdauungsorganen, in der Atmung oder im Zahn- und Kieferbereich verursacht sein. Auch eine psychische Ursache muß selbstverständlich in Betracht gezogen werden.

Da es sehr umständlich, zeitaufwendig und überdies auch ziemlich unsinnig wäre, bei einem bestimmten Symptom alle erdenklichen Kausalreflexzonen mitzubehandeln, ist ein einfühlsames und individuelles Vorgehen wichtig. Das Befragen des Patienten kann hier ebenso Aufschluß geben wie der Tastbefund, aber auch Körperhaltung, Stimme und Ausstrahlung des Patienten. Erst im Laufe der Zeit wird man den tieferliegenden Ursachen der Erkrankung mit relativ hoher Wahrscheinlichkeit auf die Spur kommen, denn man muß ja einerseits um die Zusammenhänge wissen, andererseits aber auch seine Beobachtungsgabe schulen und ganz allmählich ein Gespür für den Patienten entwickeln.

Die ganzheitliche Heilung einer Krankheit schließt also sowohl die Symptom- als auch die Kausaltherapie ein. In allen Fällen, in denen nicht ganz spezifische und akute Krankheitssymptome einer schnellen Behandlung bedürfen, empfehlen wir die Grundbehandlungen des gesamten Fußes, der ganzen Hand und des ganzen Ohres. Nur so ist gewährleistet, daß sämtliche Symptom- und Kausalzonen behandelt werden.

Die Grenzen der Reflexzonenmassage

Trotz aller genannter Vorteile, die uns die Reflexzonenmassage bringen kann, hat sie doch auch gewisse Grenzen, die man kennen muß. Oft stimmen gute Ergebnisse nach Reflexzonenbehandlungen sehr euphorisch, und man kann leicht dem Irrtum erliegen, man hätte es hier mit einer Allheilmethode zu tun. Dem ist aber nicht so! Denken Sie daran, daß jede Erkrankung einen komplizierten Zustand der Disharmonie darstellt, der weder ohne weiteres durchschaubar noch einfach zu beseitigen ist. Je ernsthafter die Erkrankung, desto wichtiger ist die Hilfe eines professionellen Therapeuten oder Arztes. Bei allen akuten Krankheiten, Entzündungen, bei lebensbedrohenden Erkrankungen, aber auch bei dramatischen psychischen Störungen, ist höchste Vorsicht geboten. Wir werden darauf auch im praktischen Teil noch einmal ausdrücklich hinweisen.

Vorsichtshalber sei noch betont, daß die Behandlung über die Reflexzonen ein Mittel ist, das man nicht unterschätzen darf. Falsche Diagnosen, unvorsichtige Vorgehensweise bei der Massage und die Überschätzung der eigenen Möglichkeiten können durchaus zu Schädigungen führen. Daher sollte man mit viel Verantwortungsbewußtsein an die Behandlung herangehen und im Zweifelsfalle immer einen Arzt oder Heilpraktiker zu Rate ziehen.

Die Selbstmassage

Üblicherweise wird der Eigenbehandlung innerhalb der Reflexzonentherapie relativ wenig Bedeutung beigemessen. Die Selbstmassage der Reflexzonen wird bestenfalls als vorbeugende Maßnahme oder auch als schnelle Erste Hilfe empfohlen.

In der Tat hat die Eigenbehandlung auch einige Nachteile. Zum einen ist die Selbstmassage längst nicht so entspannend wie die Behandlung durch einen anderen Menschen, denn wenn man massiert wird, kann man ganz und gar loslassen und entspannen. Darüber hinaus kommt es während der Behandlung durch einen Partner – besonders wenn uns dieser Partner nahesteht – zu einem Austausch von Energie. Die Nähe eines anderen Menschen schenkt Vertrauen, und eine Massage bietet außerdem eine wunderbare Möglichkeit der nicht-verbalen Kommunikation. Den anderen zu spüren, sich ihm anzuvertrauen, ihn zu berühren und von ihm berührt zu werden – all dies hat natürlich einen ganz besonderen Reiz, und Sie sollten auch unbedingt versuchen, sich regelmäßig – und sei es nur alle zwei bis drei Wochen einmal – von jemand anderem behandeln zu lassen.

Auf der anderen Seite muß man leider sagen, daß es nicht immer leicht ist, jemanden zu finden, der die Zeit und vor allem auch die notwendigen Fähigkeiten besitzt, unsere Reflexzonen in der richtigen Weise zu behandeln. Es ist also durchaus sinnvoll, sich mit der Eigenbehandlung der Reflexzonen zu beschäftigen.

Die Selbstmassage hat auch einige Vorteile, die oft übersehen werden. Sie kann durchgeführt werden, wann immer wir das Bedürfnis nach einer energetischen Aufladung haben. Darüber hinaus erhöht die Selbstmassage aber auch das Körpergefühl und die Sensibilität für die eigenen Bedürfnisse. Wenn wir bewußt und einfühlsam unsere Reflexzonen massieren, treten wir in Kommunikation mit unserem eigenen Körper, aber auch mit unseren Gefühlen und unseren geistigen Energien. Indem wir uns uns selbst zuwenden, können wir lernen, uns auch selbst zu akzeptieren. Dies ist von großer Bedeutung, da wir ja letztlich weniger auf die vielfältigen Meinungen und Bewertungen der anderen als vielmehr auf unsere Selbsteinschätzung hören lernen sollten, um auf diese Weise ein Selbstbewußtsein zu entwickeln, das diesen Namen tatsächlich verdient. Die Eigenbehandlung unserer Reflexzonen kann uns dabei eine große Hilfe sein.

Im Grunde gelten für die Eigenbehandlung dieselben Prinzipien wie für die Fremdbehandlung. Wir empfehlen Ihnen daher, die Abschnitte über Massagetechniken und allgemeine Vorbereitungen zu lesen, bevor Sie mit der Selbstmassage beginnen. Wir wollen Sie an dieser Stelle auch noch einmal besonders darauf hinweisen, bestimmte Vorsichtsmaßnahmen zu beachten: Behandeln Sie sich bei akuten Entzündungen, schweren Infektionserkrankungen und nach Operationen auf keinen Fall selbst. Sehen Sie auch bei Risikoschwangerschaften und schweren psychischen Störungen von einer Selbstbehandlung ab. Obwohl eine sehr vorsichtige, zarte und einfühlsame sowie kurze Behandlung niemals Schaden anrichten kann, fehlt uns doch oft die notwendige Sensibilität, und dann ist es besser, sich gar nicht zu behandeln als sich falsch zu behandeln.

Die Arbeit mit Reflexzonen erfordert langjährige Erfahrung, die nur der professionelle Therapeut besitzt. Bei allen größeren Problemen empfehlen wir Ihnen daher dringend, den Arzt oder Heilpraktiker aufzusuchen.

Die Vorbereitung

Ebenso wie bei der Massage eines Partners ist auch bei der Eigenbehandlung eine Einstimmung und Vorbereitung sinnvoll, da sie die Wirkung der Massage intensiviert. Wenn wir uns bereits vor der Selbstmassage entspannen und vom Alltag lösen, werden wir uns auch während der Massage nicht so leicht verkrampfen.

Durch meditative Einstimmung können wir uns geistig auf die Selbstbehandlung vorbereiten. Zunächst sollten wir versuchen, Abstand vom Alltag zu bekommen, und dies gelingt uns, indem wir zunächst einige Male tief durchatmen und unseren Atem zur Ruhe kommen lassen. Lassen wir dann auch die Gedanken allmählich zur Ruhe kommen und nehmen wir uns vor, wenigstens für die nächsten Minuten nicht über mögliche Probleme, Ängste und Sorgen nachzudenken.

Wenn wir an einer Krankheit leiden, machen wir uns bewußt, daß wir uns durch einfühlsame und regelmäßige Eigenbehandlungen wieder in die Harmonie bringen können. Vertrauen wir auf die Heilkräfte in unserem Körper, die wir durch die Reflexzonenbehandlung in idealer Weise anregen können.

Sobald wir das Gefühl haben, daß wir einigermaßen still geworden sind, beginnen wir mit der aktiven Vorbereitung.

Dazu wollen wir Ihnen an dieser Stelle zwei kurze und einfache Übungen vorstellen, die sich gut als Vorbereitung auf die anschließende Eigenbehandlung eignen. Da diese beiden Übungen sehr leicht durchführbar und doch sehr effektiv sind, wollen wir sie Ihnen auch für den Alltag ans Herz legen. Die Übungen lockern den Körper, entspannen den Geist und regen den Energiefluß im Organismus an.

Übung 1: Stellen Sie sich aufrecht hin, wobei die Füße etwa schulterbreit auseinander stehen und das Gesicht und die Schultern vollkommen entspannt sein sollten. Lassen Sie Ihren Oberkörper dann langsam ein wenig nach unten sinken, so daß die Arme und der Kopf locker in Richtung Boden hängen. Lassen Sie sich in dieser Stellung richtig hängen und atmen Sie entspannt weiter. Schütteln Sie dann Ihre Hände und Arme aus und stellen Sie sich dabei vor, daß Sie alles Belastende und Negative aus Ihrem Körper herausschütteln. Das Schütteln der Arme sollte so aussehen, als wollten Sie nach dem Duschen die Wassertropfen wegschütteln, weil Sie bemerkt haben, daß kein Handtuch zur Stelle ist...

Richten Sie sich nach etwa dreißig Sekunden langsam wieder auf.

Übung 2: Diese Übung können Sie gleich im Anschluß an die erste machen. Sie stehen entspannt und aufrecht, die Fußspitzen zeigen nach vorn, und die Füße stehen etwa schulterbreit auseinander. Beginnen Sie nun langsam, eine Wippbewegung aus den Füßen heraus zu machen. Dabei strecken Sie sich jedesmal kurz auf die Zehenspitzen und lassen die Fersen dann wieder zu Boden fallen. Wippen Sie dann allmählich schneller und bleiben Sie dabei so locker, daß nach und nach auch die Arme, die Schultern und schließlich der ganze Körper von den Wippbewegungen erfaßt wird.

Wichtig ist dabei, daß der Impuls aus den Fußgelenken kommt und der ganze Körper passiv bleibt, so daß er gut durchgeschüttelt wird.

Diese Übung lockert Verspannungen und regt den Blutkreislauf an. Wenn Sie es richtig machen, müßten Sie das Gefühl haben, Sie könnten ewig so weiterwippen. Sinnvollerweise sollten Sie die Übung ohne Schuhe auf einem weichen Untergrund (Teppich) machen. Es genügt eine Übungsdauer von etwa einer Minute, man kann die Übung aber auch bis zu fünf Minuten lang machen. Pausieren Sie, wenn Sie das Gefühl haben, daß sich Ihre Wadenmuskeln verkrampfen, und übertreiben Sie nichts.

Massagetechniken

Die Grundtechniken der Reflexzonenmassage (siehe Seite 65) können uneingeschränkt für die Eigenbehandlung übernommen werden. Bei der Selbstbehandlung der Füße sollte die eine Hand stützen, während die andere massiert. Es gibt zwei Grundhaltungen, in denen die Selbstmassage der Fußreflexzonen durchgeführt werden kann.

Die erste Möglichkeit ist die einfachere: Setzen Sie sich auf einen Stuhl und lehnen Sie sich zurück, so daß Sie bequem sitzen können. Schlagen Sie dann den rechten Fuß über den linken Oberschenkel. Lassen Sie den rechten Fuß dabei passiv auf dem Oberschenkel des linken Beines liegen und behandeln Sie die Fußsohle mit der linken Hand.

Wenn Sie gelenkig genug sind, können Sie Ihre Fußreflexzonen auch im Schneidersitz massieren. Hierzu stzen Sie sich auf den Boden – möglichst auf einen weichen Teppich oder auch auf eine Decke. Winkeln Sie das linke Knie an und ziehen Sie Ihren linken Fuß möglichst nah an den Körper heran, bis er idealerweise am Damm anliegt. Winkeln Sie anschließend das rechte Bein an und legen Sie den rechten Fuß auf Ihren linken Oberschenkel. Diese Haltung sollten Sie nur ausprobieren, wenn Sie keine Probleme mit den Kniegelenken haben und über eine gute Flexibilität verfügen. Der Vorteil dieser Haltung ist, daß Sie Ihren Fuß sehr nah am Körper haben und beim Massieren mehr mit dem Körpergewicht arbeiten können als mit Muskelkraft.

Menschen, die in ihren Bewegungen eingeschränkt sind, könnten Schwierigkeiten bei der Selbstmassage der Fußreflexzonen bekommen. In diesem Fall ist es sinnvoll, sich auf die Reflexzonen an Händen und Ohren zu konzentrieren, die in jeder beliebigen Körperhaltung massiert werden können. Obwohl sich die Behandlung im körperlichen Bereich nicht ganz so stark auswirkt, wie die der Fußreflexzonen, ist dennoch auch hier eine Aktivierung der Organe möglich.

Bevor Sie mit der Behandlung durch Druckstimulation be-

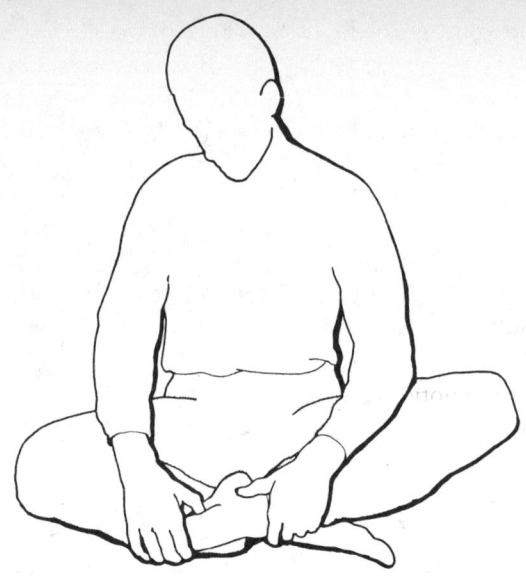

ginnen, sollten Sie zunächst die Füße, beziehungsweise Hände oder Ohren durch kräftiges Reiben aufwärmen (bei den Ohren natürlich etwas vorsichtiger sein). Kalte Hände, Füße und Ohren sind nämlich bei weitem nicht so empfänglich für die Reflexzonenmassage wie warme Körperteile. Bedenken Sie auch, daß Sie bei einer Eigenbehandlung prinzipiell langsamer arbeiten sollten als bei einer Fremdbehandlung, um so einer vorzeitigen Ermüdung vorzubeugen.

Die vitalen, emotionalen und mentalen Energien

Wenn Sie genügend Zeit zur Verfügung haben, sollten Sie Ihrer Eigenbehandlung eine ganzheitliche Ausrichtung geben. Dazu genügen schon etwa 15 bis 20 Minuten. Gerade wenn sie eine tägliche Eigenbehandlung in Erwägung ziehen, sollten Sie – um Einseitigkeit zu vermeiden – sowohl die Füße als auch Hände und Ohren massieren.

36

Wie Sie ja inzwischen wissen, wirken sich die Behandlungen an den Füßen eher auf organische Vorgänge aus, während die geistigen und sinnlichen Bereiche stärker durch Stimulation der Handzonen angesprochen werden. Durch die Massage der Ohren kann man dagegen in starkem Maße Einfluß auf das Seelenleben nehmen. Natürlich kann man diese Bereiche nicht wirklich trennen; eine Ohrenmassage wird auch körperliche Wirkungen haben, und eine Fußreflexzonenmassage wird auch das seelische Befinden beeinflussen.

Zusammenfassend ist zu sagen, daß nur durch eine gleichmäßige Beachtung sämtlicher hier aufgeführten Reflexzonen die vitalen, emotionalen und mentalen Energien angeregt und harmonisiert werden können. Da der Mensch nun einmal keine Maschine ist, bedarf er einer ganzheitlichen Betrachtungsweise – vor allem dann, wenn durch Störungen, Energieüberschuß oder Blockaden bereits Krankheiten entstanden sind.

Bei vielen Krankheiten liegt die Ursache ja gerade in einer Einseitigkeit der betroffenen Person. So muß man, will man die verlorengegangene Balance wiederherstellen, dem Bereich Energie zuführen, der bislang zu kurz kam, und andererseits jenen Bereichen Energie entziehen, die eine Überbetonung aufweisen. Die Eigenbehandlung sollte also den individuellen Bedürfnissen angepaßt sein. Demnach sollte ein sehr intellektueller »Kopfmensch« beispielsweise eher die Fußreflexe anregen, während ein körperorientierter Sportler oder Landarbeiter vielleicht mehr von einer Ohren- und Handreflexzonenmassage profitieren wird. Hier müssen wir jedoch auf unsere innere Stimme hören und natürlich auch ein wenig experimentieren.

Aufmerksamkeit und Bewußtheit

Selbstverständlich müssen wir gewisse Techniken beherrschen, um eine Selbstmassage oder auch die Massage einer anderen Person durchführen zu können. Wichtiger aber noch als alles Wissen über die Lage der Zonen, die Dauer der Behandlung, die Anwendung der Grifftechniken und anderer äußerer Faktoren ist die innere Feinfühligkeit, die Sensibilität sich selbst und anderen gegenüber, sowie die Fähigkeit, heilende Energien zum anderen oder auch in bestimmte Zentren des eigenen Körpers fließen zu lassen.

Für eine wirkungsvolle Reflexzonenmassage brauchen wir also viel Aufmerksamkeit und eine hohe Bewußtheit. Je höher unser Bewußtsein entwickelt und je größer unsere Bewußtheit ist, desto wacher stehen wir im Leben, desto mehr werden wir zu Gestaltern unseres eigenen Lebens und desto weniger lassen wir uns von negativen Kräften beeinflussen. Bewußtheit wird uns aber nicht in die Wiege gelegt, wir müssen sie vielmehr allmählich entwickeln. Nur durch Aufmerksamkeit, durch Hinwendung und Konzentration können wir unsere Bewußtheit steigern.

Wenn wir also beginnen, uns mit den Reflexzonen zu beschäftigen, bekommen wir auch eine große Chance, unsere Bewußtheit zu entfalten. Wenn wir wirklich aufmerksam bei der Behandlung sind, wenn wir uns Zeit lassen, in Ruhe in unseren Körper hineinzuhorchen und ihn dadurch wieder in Harmonie zu bringen, wird unsere Aufmerksamkeit nach und nach wachsen.

Auf diese Weise werden wir immer sensibler und feinfühliger für die Ebenen werden, die nicht ohne weiteres für jeden sichtbar und spürbar sind. Indem wir uns selbst berühren, uns Zeit für uns nehmen, indem wir lernen, uns über unsere Reflexzonen zu erfahren und die Ganzheit unseres Wesens zu erkennen, werden wir eine höhere Stufe des Menschseins erklimmen und unser Leben mit größerer Aufmerksamkeit und höherer Bewußtheit meistern.

Die Partnermassage

Wir haben uns entschlossen, der Reflexzonenmassage mit dem Partner ein eigenes Kapitel zu widmen, obwohl man sie auch einfach als Sonderfall der Behandlung irgendeines anderen Menschen sehen könnte. Eine Liebesbeziehung hat jedoch eine andere Qualität. Natürlich kann man den Partner wie jeden anderen Menschen mit Reflexzonenmassage behandeln, wenn er krank ist, aber die Reflexzonenmassage kann auch dazu beitragen, die Beziehung zu vertiefen und neue Dimensionen des gemeinsamen Erlebens zu eröffnen.

Liebe geht durch die Hände

Die Berührung der Hände hat etwas ganz besonderes. Die Hände strahlen nicht nur Wärme aus; mit den Händen kann man seinem Partner auch seine Gefühle und seine Liebe besser mitteilen als nur durch Worte. Wenn zwei Menschen sich an den Händen halten, zeigt das ihre liebevollen Gefühle füreinander. Mit seinem Partner »Händchenhalten« ist fast schon eine Massage der Handreflexzonen – eine besonders intuitive und liebevolle Methode.

Die Liebe, die durch die Hände geht, hängt aber auch von den bewußten Gedanken ab, die damit verbunden sind. Je mehr »liebevolle Energie« Sie ganz bewußt in Ihre Hände schicken, desto mehr wird Ihr Partner das auch spüren und sich zu Ihnen hingezogen fühlen.

Jede liebevolle Berührung mit den Händen ist heilsam. Ganz besonders gilt das natürlich für die Berührung bei der Reflexzonenmassage.

Die Vorbereitung ist wichtig!

Bevor Sie Ihren Partner massieren und von ihm massiert werden, sollten Sie dafür sorgen, daß die Atmosphäre stimmt. Dazu gehört auch, daß Sie nicht gestört werden können; schalten Sie also möglichst Telefon und Türklingel ab. Der Raum sollte eine Temperatur haben, bei der Sie sich auch unbekleidet wohl fühlen.

Zünden Sie vielleicht ein paar Kerzen an und sorgen Sie – z. B. mit ätherischen Ölen – für angenehme, verführerische Düfte. Nehmen Sie beide eine Dusche oder ein Bad. Legen Sie eine ruhige, sanfte Musik auf, die Ihnen beiden gefällt, und beginnen Sie langsam, sich gegenseitig zu massieren. Dabei sollte derjenige, der gerade massiert wird, sich soweit es möglich ist der Massage hingeben und versuchen, die Hände des Partners zu spüren und die Kraft, die aus den Händen strömt, ganz in sich aufzunehmen.

Die gleiche Schwingung erreichen

Noch niemand hat wirklich sagen können, was Liebe ist. Man kann lediglich versuchen, sie mit Analogien zu beschreiben. Der Ausdruck »auf gleicher Wellenlänge liegen« enthält sicherlich eine tiefere Wahrheit, denn irgendwie hat Liebe ja tatsächlich damit zu tun, daß die Partner »miteinander schwingen«, daß ihre Energie zusammen- und nicht gegeneinander wirkt.

Diese Synchronisation der Schwingungen ist ein Phänomen, das häufiger zu beobachten ist, als man denkt; es ist teilweise sogar mit dem EEG meßbar. Mutter und Kind sind anfangs »synchronisiert«, aber auch Liebende. Menschen, die sich sehr gut verstehen, tun oft »zufällig« genau dasselbe: Sie schlagen die Beine gleichzeitig übereinander, beginnen gleichzeitig zu sprechen oder versuchen sich im selben Augenblick anzurufen.

Diese Synchronisation der Rhythmen ist jedoch nicht einfach von vornherein da – außer bei Liebe auf den ersten Blick –, sie kann sich entwickeln und auch wieder verlorengehen. Die Reflexzonenmassage ist eine angenehme Möglichkeit, die individuellen Schwingungen zu synchronisieren.

Reflexzonenmassage bei sexuellen Problemen

Manchmal treten in einer Partnerschaft sexuelle Probleme auf, die zu einer starken Belastung der Beziehung führen können. Hier ist die Reflexzonenmassage als »Erste Hilfe« und zur Vorbeugung ideal, wenn sie vom Partner gegeben wird. Die meisten sexuellen Probleme entstehen, wenn die Beziehung zwischen den Partnern nicht mehr ganz stimmt, und wirken sich dann ihrerseits wieder negativ auf die Beziehung aus.

Mit der Reflexzonenmassage können Sie sich gegenseitig entspannen, offener für die sexuellen Erfahrungen werden und Streß abbauen. Sie können über die Reflexzonen aber auch die beteiligten körperlichen, seelischen und geistigen Strukturen anregen.

Im praktischen Teil finden Sie konkrete Anleitungen, wie Sie spezielle Probleme mit Hilfe der Reflexzonenmassage angehen können. Außerdem werden wir ab Seite 205 ein Programm vorstellen, das die sexuelle Energie und Hingabefähigkeit verstärkt.

Das beste ist jedoch immer noch ein liebevolles Gefühl für den anderen, Verständnis, Offenheit und die Bereitschaft zum Gespräch.

Reflexzonenmassage als Behandlungsmethode

Rechtliche und persönliche Voraussetzungen

Wenn Sie Ihren Freunden und Bekannten mit einer Reflexzonenmassage helfen wollen, so steht dem überhaupt nichts im Wege, solange Sie behutsam und verantwortungsvoll vorgehen.

Rechtlich gibt es auch keine Bedenken, wenn Sie die Reflexzonenmassage in Kursen und Seminaren weitervermitteln. Keinesfalls dürfen Sie jedoch in diesen Kursen Krankheiten diagnostizieren oder behandeln!

Wenn Sie die Reflexzonentherapie in einer Praxis zur Diagnose und Behandlung von Beschwerden und Krankheiten – auch psychischer Krankheiten! – einsetzen wollen, dürfen Sie dies nur dann selbständig tun, wenn Sie entweder Arzt oder Heilpraktiker sind. Als staatlich geprüfter Masseur dürfen Sie zwar bestimmte Krankheiten behandeln, jedoch lediglich nach Anweisung des Arztes.

Die Voraussetzungen dafür, als *Arzt* tätig zu werden, sind ein mit dem Staatsexamen abgeschlossenes Studium der Human- bzw. Zahnmedizin und die Approbation.

Heilpraktiker wird man, indem man sich der »Heilpraktikerprüfung« des Gesundheitsamtes stellt, bei der man nachzuweisen hat, daß man keine »Gefahr für die Volksgesundheit« darstellt (HPG § 2). Bei Bestehen dieser Prüfung wird die »Erlaubnis zur beruflichen Ausübung der Heilkunde ohne Bestallung« erteilt. Weitere Voraussetzungen sind ein Mindestalter von 25 Jahren, mindestens abgeschlossene Volksschulbildung und ein einwandfreier Leumund. Der Heilpraktiker unterliegt im Gegensatz zum Arzt einigen Beschränkungen:
– Er darf die Heilkunde nicht im Umherziehen oder bei Vorträgen ausüben.

- Er darf keine zahnheilkundlichen Behandlungen vornehmen.
- Er darf keine Geschlechtskrankheiten oder Leiden der Geschlechtsorgane behandeln oder untersuchen.
- Er darf keine übertragbaren Krankheiten behandeln, die im
  Bundesseuchenschutzgesetz in den §§ 3 und 45 genannt sind
  (dazu gehören auch Masern, Röteln usw.!).

Staatlich geprüfter Masseur wird man nach etwa dreijährigem
Besuch einer entsprechenden Ausbildungsstätte und dem Bestehen einer Abschlußprüfung. Danach gibt es Weiterbildun-
gen zum Reflexzonentherapeuten.

Die Vorbereitungen des Behandelnden

Bevor man mit der Behandlung der Reflexzonen bei einem
anderen Menschen beginnt, kann und sollte man gewisse Vorbereitungen treffen.

Mit diesen Vorbereitungen beginnt man zweckmäßigerweise
bei sich selbst. Das ist vor allem deshalb wichtig, weil die
Reflexzonentherapie im Grunde eine energetische Heilweise
ist, d. h. eine Behandlungsmethode, die von den Strömen der
Lebensenergie im Menschen Gebrauch macht. Diese Energieströme sind jedoch nicht ohne Übung und Verfeinerung der
Beobachtung wahrnehmbar. Das ist nun nicht ganz so geheim-
nisvoll, wie es vielleicht klingen mag; auch die Muskelbewe-
gungen der Gedärme und des Herzens werden ja erst durch
Übung der Aufmerksamkeit wahrnehmbar. Dennoch wird
wohl kaum jemand abstreiten, daß das Herz schlägt; ebenso-
wenig kann man jemanden, der gelernt hat, die Energie wahrzunehmen, davon überzeugen, daß sie nicht vorhanden wäre.

Für die Praxis spielt es keine Rolle, wie wir die angesproche-
nen »Energieströme« auffassen. Der Schulmediziner wird
wohl eher wissenschaftliche Vorstellungen heranziehen, während andere Menschen lieber von der Aura oder der Kraft der
Liebe sprechen. Wir meinen, daß eine rationale Erklärung hier

weniger bringt als bewußte Achtsamkeit, aufmerksames Fühlen und Vertrauen in die eigene Intuition.

Bewußtheit ist natürlich nicht einfach vorhanden, kann aber durchaus geübt und verbessert werden. Hier können schon einfache Entspannungs- und Meditationsübungen hilfreich sein; einige solcher Übungen, die besonders die Wahrnehmung des Energiestromes fördern, wollen wir Ihnen nun vorstellen. Wenn Sie mit derlei Übungen bereits gut vertraut sind, beispielsweise weil Sie Yoga ausüben, können Sie sich selbstverständlich auch Ihr eigenes Vorbereitungsprogramm zusammenstellen. Es sollte mindestens fünf Minuten dauern und die grundlegende Entspannung und Körperbewußtheit hervorrufen, die für eine gute Reflexzonenmassage so wichtig sind.

Haltung

Am besten ist es, wenn Sie sich hinlegen; notfalls können Sie die Übungen auch im Sitzen oder Stehen machen. Bei Menschen, die ein starkes Hohlkreuz oder einen Rundrücken haben, ist die stehende oder sitzende Haltung vorteilhafter; dabei ist darauf zu achten, daß die Rückenverkrümmungen möglichst gut ausgeglichen werden und die Füße gut mit dem Boden verwurzelt sind.

Entspannung

Schließen Sie die Augen und gehen Sie kurz alle Körperteile im Geist durch. Versuchen Sie, deren Ausdehnung, Schwere und den Spannungszustand genau zu spüren; beginnen Sie bei den Füßen, dann Beine, Hüfte, Bauch, Brust, Rücken, Schulter, Arme, Hände, Nacken und Kopf. Gehen Sie danach den Körper ein zweites Mal durch. Diesmal spannen Sie die jeweiligen Muskeln kurz an und lassen dann ganz bewußt los. Beginnen Sie wieder an den Füßen und gehen Sie die Muskeln bis zu den Gesichtsmuskeln durch. Danach versuchen Sie noch einmal, auf die Entspannung des gesamten Körpers zu achten.

Bewußtmachen des Energieflusses

Achten Sie einige Atemzüge lang bewußt auf Ihre Atmung. Stellen Sie sich nun vor, daß die Luft und mit ihr die Lebensenergie durch Ihr linkes Nasenloch strömt. Lenken Sie in Ihrer Vorstellung den Atem durch den Kopf, über die linke Seite der Wirbelsäule hinab bis zum Steißbein. Dort wechseln Sie zur rechten Seite und lenken die Energie an der rechten Seite der Wirbelsäule wieder nach oben und durch den Kopf. Mit der Ausatmung stellen Sie sich nun vor, wie der Atem durch Ihre Brust bis in das Zentrum Ihres Unterleibes strömt und dort Ihr Energiezentrum auflädt.

Bei der nächsten Einatmung lassen Sie die Atmung durch das rechte Nasenloch einströmen, leiten die Energie durch den Kopf, die rechte Seite der Wirbelsäule hinab bis zum Steißbein und dann die linke Seite wieder hinauf. Bei der Ausatmung lenken Sie die Energie wieder in Ihr Energiezentrum.

Zur Unterstützung der Vorstellung können Sie auch das rechte bzw. linke Nasenloch mit dem Ringfinger verschließen.

Aufladen der Handchakras

Wir haben die Chakras, wie die Inder die Energiezentren des Körpers nennen, bereits kurz angesprochen. Auch in den Händen befinden sich solche Chakras, da sich ja der gesamte Körper auch in den Händen abbildet.

Wenn Sie vor der Behandlung Ihre Handchakras aktivieren, wird die Energie, die durch Ihre Hände fließt, sozusagen »gefiltert«. Die Energie, die durch die Handchakras fließt, ist sehr aktiv und immer positiv geladen. Überdies nehmen Sie weniger negative Energien auf, wenn Ihre Handchakras aktiviert sind. Das alles führt dazu, daß die Massage, die Sie geben, noch heilsamer wirkt.

Wie im Körper, so finden sich auch in den Händen sieben Hauptenergiezentren. Für unsere Zwecke genügt es jedoch, wenn wir uns auf drei Zentren beschränken. Legen Sie sich auf den Rücken, entspannen Sie sich, und legen Sie die rechte Hand auf die Stirn und die linke Hand auf das Herz. Schicken Sie nun in Ihrer Vorstellung Energie in Ihre Hände. Führen Sie die Hände mit den Fingerspitzen zueinander und reiben Sie die Finger in kreisförmigen Bewegungen aneinander. Dadurch werden die oberen Energiezentren aufgeladen.

Nun legen Sie Ihre rechte Hand auf die Herzgegend und die linke auf den Bauch unterhalb des Nabels. Schicken Sie wieder Energie in Ihre Hände. Reiben Sie nun die Handflächen aneinander, um die mittleren Energiezentren aufzuladen.

Jetzt legen Sie Ihre rechte Hand auf den Unterbauch und die linke auf die Stirn. Schicken Sie Energie in Ihre Hände und reiben Sie dann Ihre Handballen aneinander. Nun sind auch die unteren Energiezentren aufgeladen.

Die Vorbereitung des Klienten

Eine Vorbereitung des Klienten, an die er hoffentlich ohne besondere Aufforderung denkt, besteht darin, daß er sich vor der Behandlung gründlich die Füße wäscht. Jemand, der mit ungewaschenen oder gar übelriechenden Füßen zur Reflexzonenbehandlung kommt, macht sich offenbar nicht allzuviele Gedanken um andere; insbesondere zeigt er dem Therapeuten gegenüber nicht gerade Respekt. Das darf natürlich kein Grund sein, sich beleidigt von seinem Klienten abzuwenden, sondern stellt einen besonderen Anhaltspunkt für die Diagnose dar. Es stellt sich dann unter anderem die Frage, ob der Klient nicht eine – vielleicht unbewußte – Abwehrhaltung gegen die Massage hegt. In diesem Fall muß man auch bei sich selbst nach Fehlern suchen.

Von diesem – seltenen – Sonderfall abgesehen, können Sie selbst Ihren Klienten auf die Reflexzonentherapie vorbereiten. Diese Vorbereitungen dienen dazu, den Klienten empfänglicher für die Wirkungen der Massage zu machen und etwaige

Ängste und Sorgen mit ihm durchzusprechen und sie aufzulösen.

Die grundlegendste Vorbereitung des Klienten auf die Behandlung ist also das Gespräch. Besonders das allererste Gespräch mit dem Klienten ist wichtig. Hier haben Sie die Chance, ihn über die Reflexzonenmassage aufzuklären und ihm seine eventuellen Sorgen und seine Skepsis bezüglich dieser Methode zu nehmen. Wichtig ist, daß Sie eine einfache, für den Klienten verständliche Sprache wählen und sich nicht des Fachjargons bedienen. Natürlich kommt es auch immer auf den jeweiligen Klienten an, welche Worte Sie am besten wählen. Anschauliche Bilder sind jedoch fast immer sinnvoller als theoretische Erläuterungen!

Bevor Sie mit der Reflexzonenmassage beginnen, sollten Sie mit dem Klienten eine kurze Entspannungsübung machen. Im Prinzip gehen Sie dabei vor, wie wir es oben bei der Übung zu Ihrer eigenen Vorbereitung vorgeschlagen haben.

Bitten Sie den Klienten, sich entspannt hinzulegen, die Augen zu schließen und sich soweit wie möglich zu entspannen. Meist ist es gut, eine Decke bereit zu haben, da man schnell friert, solange noch Verspannungen vorhanden sind. Lenken Sie nun die Aufmerksamkeit Ihres Klienten auf seine Atmung und lassen Sie ihn möglichst tief in den Bauch atmen. Nach einigen Atemzügen beginnen Sie dann mit den Entspannungsübungen.

Fangen Sie bei den Füßen an und geben Sie langsam, mit ruhiger Stimme und angemessenen Pausen die Anweisungen. Rechten Fuß anspannen ... und entspannen ... Linken Fuß anspannen ... und entspannen ...

Gehen Sie auf diese Weise den gesamten Körper durch. Zum Abschluß lassen Sie den gesamten Körper noch einmal anspannen und wieder entspannen. Die Muskeln sind nun deutlich lockerer, und der Körper ist aufnahmebereiter für die Reflexzonenmassage und die einfließende Energie.

Die besondere Verantwortung

Wenn Sie jemanden behandeln, nehmen Sie auch stets eine gewisse Verantwortung auf sich. Dies gilt natürlich ganz besonders, wenn Sie beruflich kranke Menschen mit Reflexzonenmassage behandeln oder wenn Sie selbst Seminare über Reflexzonenmassage geben. Dann haben Sie eine wichtige Verantwortung übernommen, die Sie sich ja immerhin auch bezahlen lassen. Ihre Patienten oder Schüler haben ein Anrecht darauf, daß Sie persönlich alles getan haben, was in Ihrer Macht steht.

Dazu gehört auch, daß Sie sich stets Ihrer eigenen Grenzen bewußt sind und nicht versuchen, Krankheiten zu behandeln, deren Verlauf, Entstehung und Auswirkungen Ihnen nicht genauestens bekannt sind! Die Reflexzonentherapie ist eine sehr sanfte Methode, die in nahezu allen Fällen helfen oder zumindest unterstützen kann. Sie macht aber nicht alle anderen Heilverfahren überflüssig. Selbst der Einsatz von starken Medikamenten kann mitunter notwendig sein und erst die Voraussetzung für eine ganzheitliche, sanfte und naturgemäße Heilung schaffen.

Wenn Sie dieses Buch intensiv durchgearbeitet haben, werden Sie in der Lage sein, sich selbst und möglicherweise auch Ihre Bekannten mit Reflexzonenmassage zu behandeln. Aber dieses Buch allein kann natürlich nicht die Erfahrungen eines Arztes, eines Heilpraktikers oder eines erfahrenen Reflexzonentherapeuten ersetzen.

Der Umgang mit der Energie

Positive und negative Energien

Wie wir bereits erwähnt haben, handelt es sich bei der Reflexzonentherapie um eine energetische Heilweise, eine Heilweise
also, bei der schwer faßbare, immaterielle Energien im Vordergrund stehen. Diese Energien sind jedoch nicht zu verwechseln
mit den elektrischen Strömen in den Nervenfasern. Man kann
diese Energien als nicht- oder feinstoffliche Kräfte auffassen
oder aber als Spannungsbögen der Bewegung. Die Prinzipien
bleiben dieselben. Energie kann positiv und negativ wirken,
die Entspannung fördern, aber auch zu Verspannungen und
Erregungszuständen führen.

Die Verstärkung des Energieflusses

Da der Energiefluß die Grundlage für die Heilwirkung der
Reflexzonentherapie darstellt, kann man davon ausgehen, daß
eine Verstärkung des Energieflusses auch die Wirkung der
Massage verstärkt bzw. die Behandlungsdauer verkürzt. Man
kann sich das vorstellen wie bei einer Batterie: Je mehr sie mit
Strom aufgeladen ist, desto stärker kann sie ein Gerät antreiben;
wenn sie fast leer ist, bewirkt sie nicht einfach weniger, sondern
überhaupt nichts mehr. Ähnlich ist es mit dem menschlichen
Körper als Energiezentrale. Ein gewisses Maß an Lebensenergie
ist notwendig, um zu leben. Wenn die Energien blockiert sind,
wird man krank. Wenn die Energie dagegen im Überfluß vorhanden ist, hat man eine »Ausstrahlung«. Alle Menschen, die
erfolgreich mit ihren Händen heilen, haben diesen Überschuß
an Energie – oder sie werden nach kurzer Zeit krank.

Jeder Mensch lädt sich über Atmung und Bewegung auf ganz natürliche Weise mit Energie auf und verteilt diese Energie über die Chakras (Energiezentren) im Körper. Durch bewußte Atmung und Bewegung können Sie jedoch viel mehr Energie aufnehmen, speichern und weiterleiten. Das kommt dann nicht nur anderen Menschen zugute, wenn Sie diese heilen, sondern auch Ihnen selbst.

Es gibt viele Übungen aus der Bioenergetik, dem Yoga oder dem Wyda, die eine Aufladung mit Energie unterstützen; jede dieser Übungen können Sie verwenden. Wenn Sie noch keine solchen Übungen kennen, versuchen Sie es doch einmal mit der folgenden leichten und sehr wirkungsvollen Technik.

Energieaufladung

Stehen Sie mit leicht gebeugten Beinen und geradem Rükken, die Füße etwa schulterbreit auseinander. Legen Sie Ihre Hände flach auf den Bauchnabel, die rechte über der linken Hand. Reiben Sie mit sanft kreisenden Bewegungen der Hände Ihren Bauch; ziehen Sie die Kreise zunächst mit, dann gegen den Uhrzeigersinn. Lassen Sie die Hände eine Weile ruhig auf dem Bauch liegen und atmen Sie tief ein und aus. Breiten Sie nun Ihre Arme weit aus, die Handflächen nach oben, und atmen Sie dabei tief aus. Wenn es möglich ist, sollten Sie dabei einen lauten Ton ausstoßen; das bringt die Energie in Bewegung.

Atmen Sie nun ein paarmal ein und aus und stellen Sie sich vor, daß Sie durch Ihre Handflächen Lebensenergie aufnehmen und in Ihre Körpermitte weiterleiten. Am besten ist es, wenn Sie dabei die Augen schließen; allerdings nur dann, wenn Sie keine Probleme haben, das Gleichgewicht zu halten.

Lassen Sie die Arme langsam wieder sinken und führen Sie die Hände zurück zum Bauch. Wiederholen Sie das Kreisen der Hände und stellen Sie sich dabei vor, wie sich die Energie im Körper verteilt.

Sie sind jetzt mit starker Energie aufgeladen und sollten sich wach und aktiv fühlen. Möglicherweise spüren Sie, daß Ihre Handflächen ungewöhnlich warm sind; das ist ein gutes Zeichen dafür, daß die Energie in Ihnen stark und frei fließt.

Die Neutralisierung negativer Energie

Sie übertragen Ihre positiven Kräfte auf Ihren Klienten und nehmen gleichzeitig Energien von ihm auf. Wenn Ihr Klient krank ist, werden gerade die negativen Energien, die ihn krank gemacht haben, von Ihnen aufgenommen. Dennoch ist der Austausch von Energie wichtig. Die negativen Energien, die auf Sie überfließen, helfen Ihnen nämlich, das Problem nicht nur intellektuell, sondern auch gefühlsmäßig nachzuvollziehen.

Trotzdem – wenn man ständig kranke Menschen behandelt, wird man beinahe unweigerlich selbst krank, wenn es einem nicht gelingt, diese negativen Energien zu neutralisieren.

Daher sollte man sich nach der Reflexzonenmassage – wenn sie zur Behandlung eingesetzt wurde – einer Technik bedienen, die eine Neutralisierung der negativen Energie bewirkt.

Eine sehr gute Methode ist die folgende:

Neutralisierung
Ballen Sie die Hände zu Fäusten, atmen Sie einige Male tief ein und aus. Öffnen Sie dann mit einer tiefen Ausatmung die Hände und ziehen Sie sie rasch abwärts. Schütteln Sie die Hände nun mehrmals kräftig nach unten und atmen Sie dabei kräftig aus. Waschen Sie danach Ihre Hände zuerst mit warmem, dann mit kaltem Wasser ab.

Jetzt sollten Sie von allen durch die Hände aufgenommenen negativen Kräften frei sein. Ideal ist es jedoch, wenn man jede Massage zusätzlich mit einer kleinen Meditation abschließt, die die negativen Energien neutralisiert.

Teil 2

Die Praxis

Reflexzonenkarten

Den folgenden Abbildungsseiten können Sie den anatomischen Aufbau sowie die Reflexzonen von Füßen, Händen und Ohren entnehmen.

In der Handfläche sind – wie auf der Fußsohle – die inneren Organe abgebildet. In der Hand überlappen sich die Zonen jedoch stärker als auf der Fußsohle. Daher sind nicht alle Organe so gut aufzufinden und zu behandeln wie am Fuß. Andererseits zeigen sich chronische Störungen der Organfunktion in der Hand besonders deutlich.

Proportional gesehen nehmen die Finger – sie entsprechen dem Kopfbereich – einen recht großen Raum ein. Die Sinnesorgane, aber auch geistige Funktionen sind demnach in den Händen besonders gut aufzufinden, während auf der Fußsohle der körperliche Bereich besonders gut auf den Fußsohlen widergespiegelt ist.

Einige der auf den Handflächen abgebildeten geistigen Funktionen möchten wir hier kurz erläutern:

1.–4. Sehen, Hören, Riechen, Schmecken: Diese Zonen betreffen nicht nur die Sinnesorgane Augen, Ohren, Nase, Zunge, sondern auch die entsprechenden Sinneswahrnehmungen.
5. Höhere Sinne: Hierunter verstehen wir Sinnesempfindungen, die sich nicht ohne weiteres einem bestimmten Organ zuordnen lassen; die Wahrnehmung der Orientierung in Raum und Zeit, der Bewegung, aber auch die Intuition.
6. Wachheit: Diese Zone befindet sich nur an der rechten Hand, da sie der rechten Gehirnhälfte zugeordnet ist.
7. Willenskraft: Diese Zone ist der Gegenpunkt zu der Zone der Wachheit; sie befindet sich nur an der linken Hand.

Anatomie der Füße

1 Zehen: Nagelglieder
2 Zehen: Mittelglieder
3 Zehen: Grundglieder
4 Mittelfußknochen
5 Keilbeine
6 Würfelbein
7 Kahnbein
8 Sprungbein
9 Fersenbein

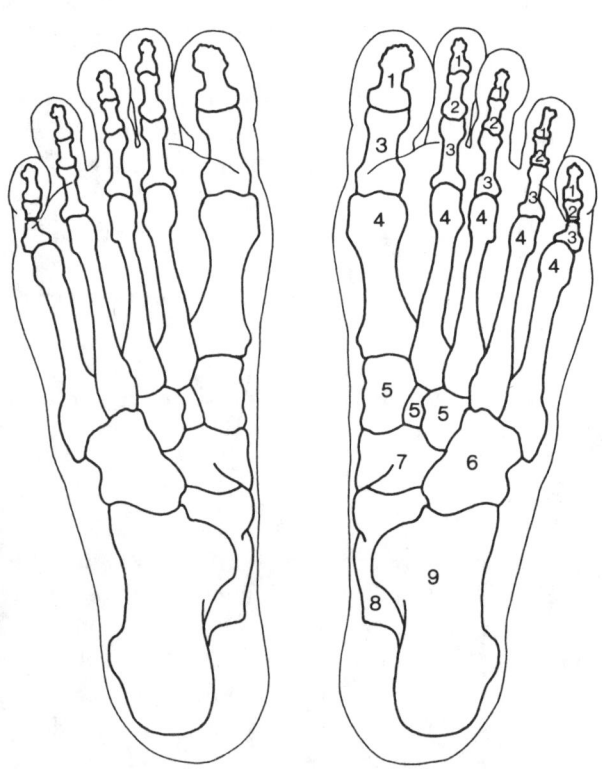

Die Reflexzonen an der Fußsohle

1 Stirn- und Nebenhöhlen
2 Hypophyse
3 Gehirn
4 Schilddrüse
5 Nebenschilddrüse
6 Mund/Rachen/Kehlkopf
7 Speise- und Luftröhre
8 Magen
9 Zwölffingerdarm
10 Dünndarm
11 Dickdarm
12 Blinddarm
13 Herz
14 Lunge
15 Nieren

16 Nebennieren
17 Harnleiter
18 Blase
19 Bauchspeicheldrüse
20 Leber
21 Gallenblase
22 Milz
23 Becken-/Geschlechtsorgane
24 Halswirbelsäule
25 Brustwirbelsäule
26 Lendenwirbelsäule
27 Kreuzbein
28 Steißbein
29 Augen
30 Ohren

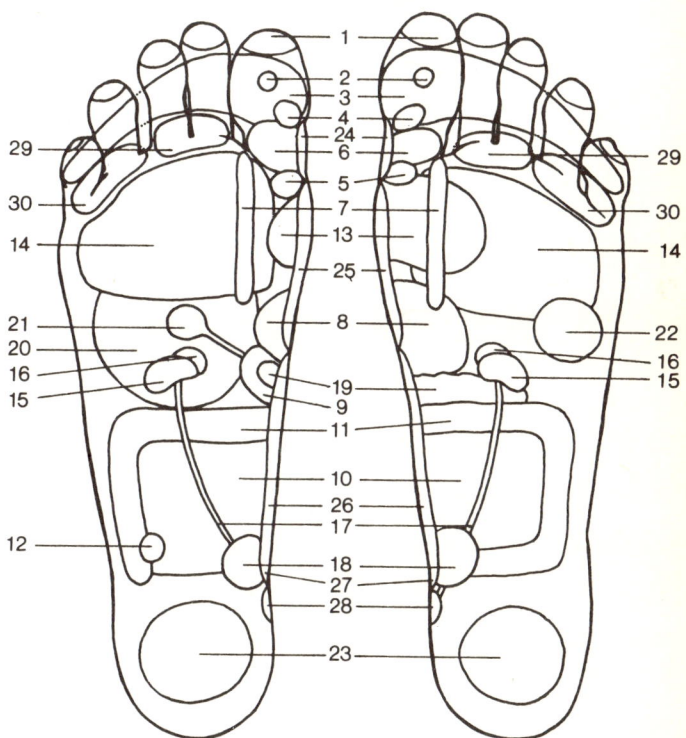

Finger-
knochen

Mittel-
handknochen

Handwurzel-
knochen

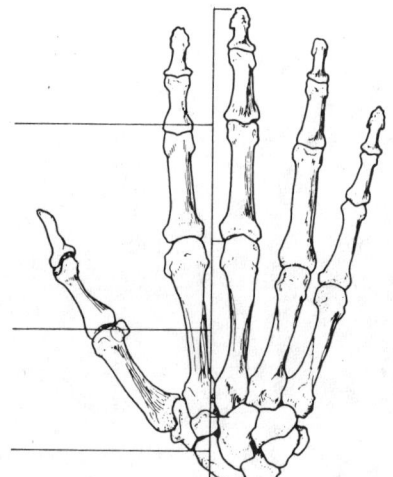

Die Reflexzonen der Hände

1	Sehen	16	Hals/Rachen
2	Hören	17	Schilddrüse
3	Riechen	18	Lunge
4	Schmecken	19	Herz
5	»Höhere« Sinne	20	Wirbelsäule
6	Wachheit	21	Magen
7	Willen	22	Darm
8	Kontrolle	23	Blinddarm
9	Logisches Denken	24	Nieren
10	Räumliche Vorstellung	25	Blase
11	Sprache	26	Milz
12	Gehirn	27	Leber
13	Gedächtnis	28	Gallenblase
14	Hypophyse	29	Penis/Vagina
15	Epiphyse	30	Hoden/Eierstöcke

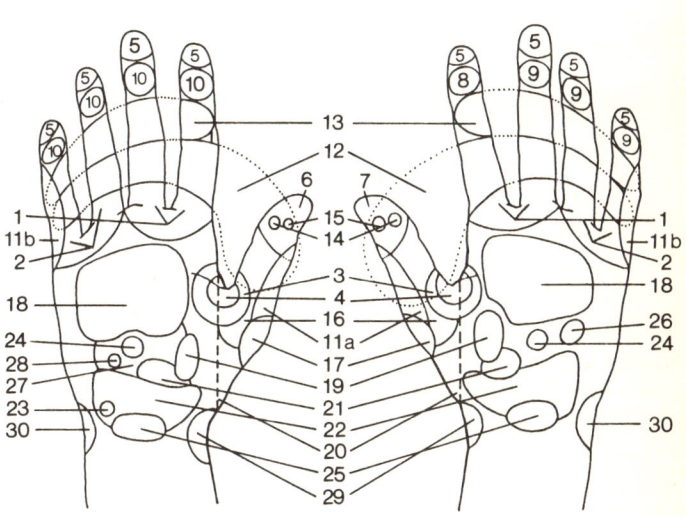

Anatomie der Ohrmuschel

1 Fossa triangularis (Dreiecksgrube)
2 Helix (Windung; Ohrleiste, äußerer Rand d. Ohrmuschel)
3 Scapha (Kahn; Grube zw. Helix u. Antihelix)
4 Antihelix (Gegenwindung)
5 Semiconcha inferior (untere Halbmuschelgrube)
6 Meatus acusticus externus (äußerer Gehörgang)
7 Tragus (Bock; Knorpel vor äußerem Gehörgang)
8 Antitragus (Gegenknorpel)
9 Semiconcha superior (obere Halbmuschelgrube)
10 Lobulus auris (Ohrläppchen)

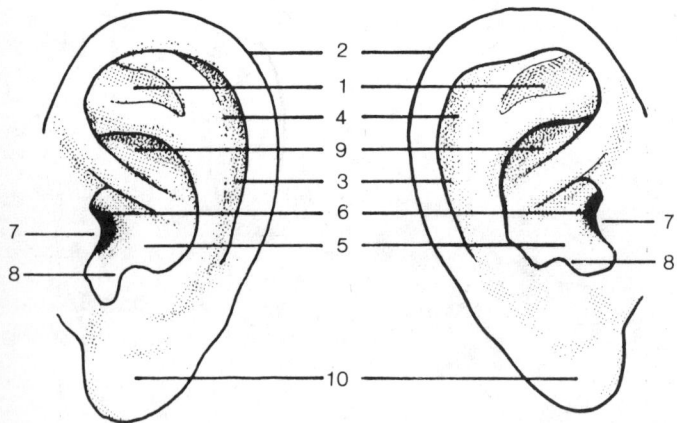

Die Reflexzonen der Ohren

1 Kreativität
2 Intuition
3 Ästhetisches Empfinden
4 Spiritualität
5 Empathie
6 Vertrauen

7 Emotionale Stabilität
8 Emotionale Gestimmtheit
9 Angst
10 Sexualität
11 Emotionale Aktivität
12 Aggressivität

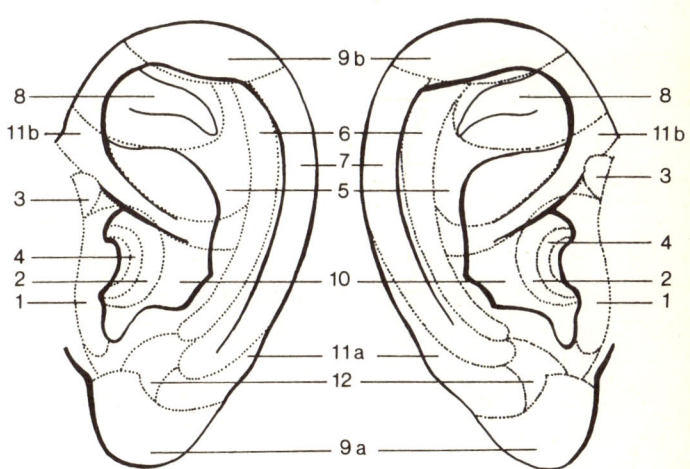

8. Kontrolle: Die Kontrolle über die bewußten Funktionen wird ebenfalls überwiegend von der linken Gehirnhälfte ausgeübt.

9. Logisches Denken: Das logische, analytische Denken ist eine weitere Domäne der linken Hemisphäre.

10. Räumliche Vorstellung: Bildhafte und synthetische Bewußtseinsinhalte werden vor allem von der rechten Hemisphäre verarbeitet. Entsprechende Reflexzonen befinden sich daher nur an der rechten Hand.

11. Sprache: Die Sprache ist eine der komplexesten Fähigkeiten des Menschen. Die klassischen »Sprachzentren« befinden sich in der linken Hemisphäre. Die emotionalen Inhalte der Sprache werden jedoch von der rechten Hemisphäre bearbeitet. Daher finden sich an beiden Händen entsprechende Reflexzonen.

12. Gehirn: Das Gehirn ist der Sitz unseres Bewußtseins, unserer Gefühle und Gedanken. Die linke Gehirnhälfte arbeitet überwiegend analytisch und linear, während die rechte eher synthetisch und parallel funktioniert.

13. Gedächtnis: Ein großer Teil unseres Denkens besteht aus Erinnerungen und Erfahrungen, die im Gedächtnis abgespeichert werden.

14. Hypophyse: Die Hypophyse oder Hirnanhangdrüse koordiniert einen großen Teil unseres Hormonsystems.

15. Epiphyse: Die Funktion der Epiphyse oder Zirbeldrüse ist bis heute noch nicht geklärt. Es ist jedoch anzunehmen, daß sie mit den höheren Bewußtseinsfunktionen zusammenhängt. Oft wird die Zirbeldrüse auch mit dem »dritten Auge« in Beziehung gebracht.

In den Ohren bilden sich emotionale Zustände ab. In Analogie zu den in den Fußreflexzonen abgebildeten Organen könnte man hier von den Reflexzonen der »Gefühlsorgane« sprechen. Da die Benennung von Gefühlen immer etwas Künstliches an sich hat, haben wir die zwölf Zonen wie folgt erläutert. Wir hoffen, daß die Erläuterungen ein klares Bild ergeben.

1. Kreativität: In dieser Zone bilden sich schöpferische Kraft und Phantasie ab. Die Zone weist Störungen auf, wenn die Phantasie blockiert oder – z. B. bei Drogenkonsum – übererregt ist.

2. Intuition: Der Bereich der Intuition stellt eine Verbindung zwischen rationalem Denken und Emotionalität dar. Ist diese Verbindung gestört, reagiert diese Zone empfindlich oder ist unnatürlich empfindungslos.

3. Ästhetisches Empfinden: Diese Zone bildet die Verbindung von Gefühlserleben und Sinneswahrnehmungen ab; die Fähigkeit, Schönheit wahrzunehmen und eine »Gefühlstiefe« zu erreichen.

4. Spiritualität: Diese Zone geht bildlich wie auch tatsächlich nach innen (in den Gehörgang). Hier bildet sich das Streben nach ideellen Zielen ab.

5. Empathie: Die Fähigkeit, sich in andere Menschen einzufühlen, heißt Empathie. Die Empathiezone ist gestört, wenn die Beziehungen und die Kommunikation mit anderen Menschen gestört ist.

6. Vertrauen: Vertrauen ist eine sehr umfassende emotionale »Fähigkeit«; sie bestimmt den Umgang mit anderen, mit sich selbst und der ideellen Welt.

7. Emotionale Stabilität: Die Gesamtheit des Gefühlslebens ist gewissen Schwankungen unterworfen. Diese Zone ist gestört, wenn diese Schwankungen zu groß (ständig wechselnde Stimmungen) oder zu klein (Apathie) sind.

8. Emotionale Gestimmtheit: Alle Wahrnehmungen haben eine emotionale Färbung. Pathologische Schwankungen (Depressivität oder Manie) zeigen sich in einer Überempfindlichkeit dieser Zone.

9. Angst: Ängste sind ein wichtiger Bestandteil unseres Lebens; ohne bestimmte Ängste wären wir nicht überlebensfähig, da wir Gefahren nicht vermeiden würden. Wenn Ängste dominierend werden oder ihre Warnfunktion nicht erfüllen, ist diese Zone gestört.

10. Sexualität: Nicht nur die Fortpflanzung, sondern auch viele

anderen Aspekte unseres Lebens werden von unserer Sexualität mitbestimmt. In dieser Zone zeigen sich nicht nur sexuelle Störungen im engeren Sinne, sondern auch subtilere Störungen in der Partnerbeziehung.

11. Emotionale Aktivität: Es gibt so etwas wie eine gesunde Stärke emotionaler Reaktionen – vergleichbar mit der gesunden Spannung eines Muskels. Abweichungen von dieser Norm (Übersensibilität oder emotionale Passivität) zeigen sich in dieser Zone.

12. Aggressivität: Aggressionen werden zwar meist negativ aufgefaßt, aber sie erfüllen auch sinnvolle Funktionen, wie die Abwehr von Angriffen (auch von Krankheitserregern) oder die Bewahrung der eigenen Identität. Abweichungen zeigen sich in einer Schmerzempfindlichkeit dieser Zone.

Grundtechniken
der Reflexzonenmassage

Wenn Sie sich zum erstenmal an die Techniken der Reflexzonenmassage heranwagen, sollten Sie eines nicht vergessen: Der Druck oder die mechanische Stimulierung bestimmter Reflexzonen – sei es am Fuß, an der Hand oder am Ohr – stellt einen Reiz dar, der ebenso genau dosiert werden muß wie ein Medikament! Eine falsche Behandlung kann durchaus unangenehme Wirkungen verursachen und im schlimmsten Falle sogar zu Behinderungen in der angestrebten Heilung führen.

Dies mag bedrohlich klingen, aber glücklicherweise treten unerwünschte Nebenwirkungen der Reflexzonenmassage höchst selten auf. Wenn wir nur einige Grundregeln beachten, können wir eine Schädigung sogar vollkommen ausschließen:

Praktische Hinweise

Die Reflexzonenmassage ist eine Heilmethode, bei der es besonders auf einfühlsames und bewußtes Vorgehen ankommt. Es fällt uns in unserer heutigen, überzivilisierten Zeit zunehmend schwerer, uns ganz auf den anderen, aber auch auf uns selbst einzulassen. Gerade dies aber ist für die Reflexzonenmassage unbedingt notwendig: immer wieder hineinzuspüren, sensibel zu sein und zunehmend auf die eigene Intuition zu hören. Wann immer unsere Bewegungen mechanisch werden, sind wir auf dem falschen Wege.

Da unsere Finger das Werkzeug für die Massage sind, sollten wir natürlich darauf achten, daß unsere Fingernägel so kurz geschnitten sind, daß wir niemanden verletzen. Bevor wir eine Behandlung beginnen, sollten wir zunächst unsere Hände aneinanderreiben und durchschütteln. So können wir vermeiden, daß wir uns im Laufe der Massage verspannen. Auch einige Dehnübungen für Hände und Finger können als Vorbereitung sinnvoll sein, da die notwendige Bewußtheit in den Händen dadurch gesteigert wird.

Grundsätzlich sollten Sie immer dann auf eine Behandlung verzichten, wenn der Patient frisch operiert worden ist oder aber an Infektionskrankheiten leidet, die mit hohem Fieber einhergehen. Auch sollten Sie – es sei denn, Sie sind ein ausgesprochener Experte – darauf verzichten, Menschen mit Krampfadern oder schwangere Frauen zu behandeln.

Bei starken Schädigungen der Organe ist eine besonders vorsichtige Behandlung angezeigt. Denken Sie daran: Kleine Reize genügen, um die Lebenskraft anzuregen, allzu starke Reize behindern sie nur.

Stets sollte das Schmerzempfinden unser Wegweiser für die Behandlung sein. Zwar dürfen wir nicht zaghaft sein, wir sollten aber dennoch nie brutal werden. Nehmen Sie Rücksicht auf Ihren Patienten – auch wenn Sie es selbst sein sollten. Sobald die Schmerzen zu stark werden, müssen Sie den Druck etwas zurücknehmen.

Im Gegensatz zur Ganzkörpermassage ist die Reflexzonenmassage immer auf bestimmte, einzelne Punkte ausgerichtet. Wir arbeiten also mehr mit Druck und weniger mit Streichbewegungen.

Beim Drücken auf die Reflexpunkte unterscheidet man prinzipiell zwischen der aktiven und der passiven Phase.

Aktive Phase: Beginnen Sie, indem Sie einen langsam zunehmenden Druck auf eine gewählte Reflexzone ausüben. Dann drücken Sie bis zum maximalen Druck tief in die Zone hinein; beachten Sie dabei aber auf jeden Fall die individuelle Schmerzgrenze.

Passive Phase: Anschließend lassen Sie den Druck so lange immer schwächer werden, bis der Finger wieder entspannt auf der Druckzone aufliegt.

Auf diese Weise entsteht eine fließende, wellenartige Bewegung, die zwischen Druck und Lösung abwechselt. Wichtig ist, daß Sie den Fuß beziehungsweise die Hand während der Massage stets locker halten. Als Anhaltspunkt könnte man sagen, daß der Therapeut während der Behandlung nicht ermüden sollte. Die Massage sollte kraftvoll, aber nicht verkrampft, dynamisch, aber frei von Hektik sein.

Lassen Sie sich von eventuellen anfänglichen Schwierigkeiten nicht zu schnell entmutigen. Sie dürfen nämlich nicht vergessen, daß die Reflexzonenmassage nur durch ständige Praxis erfaßt werden kann. Mit jeder Behandlung machen Sie Erfahrungen, welche Sie dann wiederum in die nächsten Behandlungen einbringen. Nur Übung macht den Meister. Es kann jedoch sehr hilfreich sein, sich von Anfang an einige erleichternde Tips einzuprägen:

1. Bei der Druckbehandlung der Zonen sollte darauf geachtet werden, daß die Gelenke der Finger nicht durchgedrückt werden. Vielmehr sollten die Finger immer leicht gekrümmt bleiben, da sonst eine unnötige Belastung der Fingergelenke entstehen würde.
2. Achten Sie darauf, daß der Druck nicht direkt aus den Fingern, sondern vielmehr aus der ganzen Hand kommt.
3. Entspannen Sie soweit als möglich die Schultermuskulatur und arbeiten Sie mehr mit Druckgewicht als mit reiner Muskelkraft.

Bei der Reflexzonenmassage gibt es verschiedene Möglichkeiten der Behandlung. Vor allem können wir das Massagetempo und andererseits auch die Massageintensität variieren. Tempo: langsames oder schnelles Arbeiten an den Zonen; Intensität: weiches und sanftes oder aber kräftiges, hartes Drücken.

Sowohl das Tempo als auch die Intensität sollten auf die Bedürfnisse des Patienten abgestimmt werden. Hier muß individuell und einfühlsam gearbeitet werden. Im allgemeinen kann man aber sagen, daß Menschen mit wenig Energie, die an Müdigkeit und Erschöpfung leiden, eher eine schnellere und intensivere Behandlung brauchen, da diese anregend wirkt.

Menschen mit viel Energie, die vielleicht sogar übererregt oder nervös sind, benötigen eher eine beruhigende, weiche und langsame Reflexzonenmassage. Auch ist zu beachten, daß bei akuten Erkrankungen, Entzündungen und bei stark geschädigten Organen eine sehr sanfte und vorsichtige Vorgehensweise vom Patienten bereits als relativ schmerzhaft empfunden werden kann!

Der Druck auf eine bestimmte Reflexzone sollte im allgemeinen nur wenige Sekunden lang andauern. Manchmal kann jedoch auch ein lang andauernder, mittelstarker Druck als sehr angenehm und heilsam empfunden werden. Hier müssen Sie einfach experimentieren und Erfahrungen sammeln. Auch eine häufige Wiederholung kurzer aber kräftiger Druckimpulse kann – besonders bei der Handreflexzonenmassage – zu guten Ergebnissen führen.

Entspannungstechniken

Wie jede Massage, so soll auch die Reflexzonenmassage in erster Linie entspannend und lösend wirken. Wenn Sie oder Ihr Patient verkrampft sind, wird Ihre Behandlung sicherlich nicht sehr effektiv sein. Lesen Sie daher bitte das nächste Kapitel über allgemeine Vorbereitungen (ab Seite 77), das Ihnen Anregungen gibt, wie Sie eine möglichst entspannte und harmonische Atmosphäre schaffen können. Obwohl die Reflexzonenmassage bereits seit Jahrzehnten mit großem Erfolg angewendet wird, gibt es nach wie vor unterschwellige Vorurteile dieser »Außenseitermethode« gegenüber. Außerdem muß man bedenken, daß die Angst vor Berührung in unserer westlichen Gesellschaft sehr ausgeprägt ist und Haut-zu-Haut-Kontakte daher keineswegs als selbstverständlich angesehen werden. Besonders am Fuß können die ersten Berührungen als unangenehm empfunden werden. Der Patient muß sich daher zunächst an unsere Hände gewöhnen können. Schließlich geht es ja auch darum, daß der Patient Vertrauen zu seinem Behandler entwickeln kann.

Am besten beginnt man sowohl die Fuß- als auch die Handreflexzonenmassage, indem man die zu behandelnden Füße und Hände lockert. Zunächst sollte der Behandler die Handfläche beziehungsweise die Fußsohle des Patienten ausstreichen.

Das Ausstreichen

Streichen Sie ganz leicht und ohne Druck mit den Fingerkuppen oder auch mit der ganzen Handfläche über die zu behandelnde Fußsohle oder Handfläche. Das Ausstreichen ist eine Einstimmungs- und Lösungstechnik, die eher einem sanften Streicheln als einer Massage entspricht.

Beim ersten Hautkontakt geht es zunächst einmal um das Kennenlernen und darum, einen Eindruck von Hautbeschaffenheit, Wärme und Muskeltonus zu bekommen. Als nächstes sollte man daher die zu behandelnden Füße oder Hände gründlich durchkneten. Dabei kann man bei der Fußreflexzonenmassage auch die Fußgelenke und Waden, bei der Handreflexzonenmassage die Handgelenke und Unterarme lockern und massieren. Schließlich können Sie für die Füße zusätzlich die folgenden Entspannungstechniken anwenden, um ihren Patienten auf die eigentliche Behandlung vorzubereiten.

Knöcheldrehung

Halten Sie mit einer Hand die Ferse und umgreifen Sie mit der anderen die Fußsohle des Patienten. Drehen Sie den Fuß dann vorsichtig einige Male kreisförmig in beide Richtungen (Abb. S. 70).

Dehnungsmassage

Umgreifen Sie mit beiden Händen den Fuß, so daß die Fingerspitzen auf dem Fußrücken liegen. Drücken Sie nun langsam die rechte Hand in Richtung Fußrücken und gleichzeitig die andere in Richtung Fußsohle. Führen Sie diese entgegengesetzte Druck- und Zugbewegung auch in die andere Richtung durch und wiederholen Sie dies einige Male (Abb.

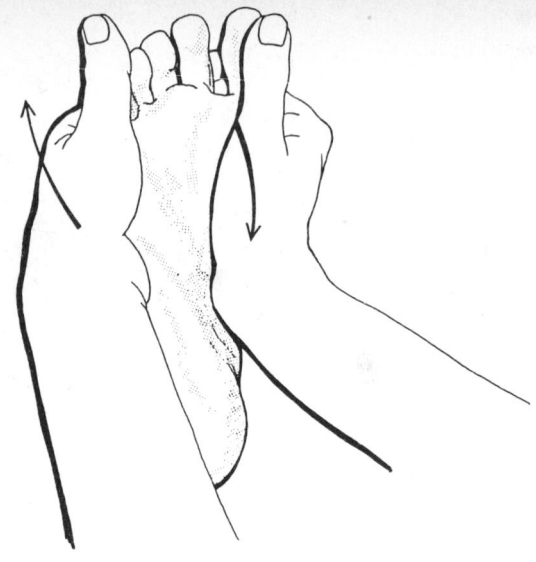

S. 71). Obwohl diese Technik vorwiegend am Fuß praktiziert wird, kann man sie auch auf die Hand übertragen.

Grundtechniken

Nach der Vorbereitung und der Aufwärmphase sollte man unmittelbar mit der Reflexzonenmassage beginnen. Zwar gibt es
eine große Anzahl von Grifftechniken, die von erfahrenen Therapeuten angewendet werden; wir möchten uns jedoch auf
die wichtigsten konzentrieren. Folgende Grundtechniken reichen aus, um eine adäquate Massage der Füße, Hände und
Ohren durchzuführen. Es ist nämlich besser, sich zwei oder
drei Grundtechniken wirklich anzueignen und erst dann mit
ausgefalleneren Techniken zu experimentieren, wenn man
schon über viel praktische Erfahrung verfügt. Es sei nochmals
erwähnt, daß Ihr Einfühlungsvermögen und Ihre Sensibilität
bei der Behandlung viel wichtiger sind als die reine Technik.

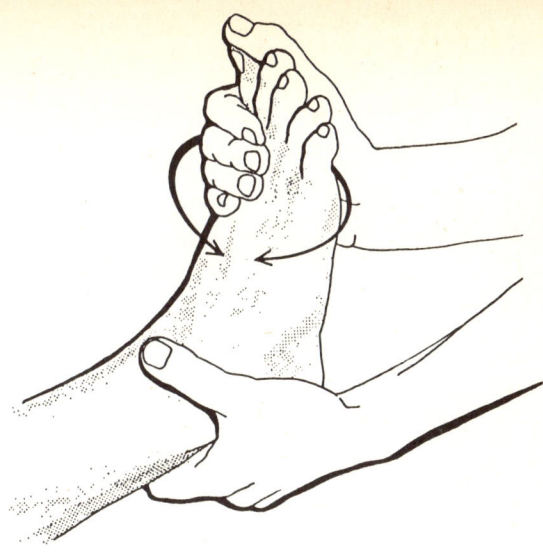

Die Stütztechnik

Besonders bei der Fußmassage ist die sogenannte Stützhand von großer Bedeutung. Die eine Hand hält den Fuß, während die andere Hand massiert. Dabei ist darauf zu achten, daß die Stützhand stets der Massagehand entgegengehalten wird. Beispielsweise stützt die Stützhand den Fußrücken, wenn die Fußsohle behandelt wird. Nur durch die richtige Stütze ist ein tiefer Druck in das Gewebe möglich. Außerdem wird dem Patienten durch die Stütze ein Gefühl der Geborgenheit vermittelt.

Bei der Handreflexzonenmassage sollten Sie mit Ihrer linken Hand den Handrücken der zu behandelnden Hand umgreifen, während Sie mit der rechten Hand die Massage ausführen.

Die Daumentechnik

Für die Massage der Reflexzonen ist der Daumen der wichtigste Finger, da er sehr beweglich und auch besonders kräf-

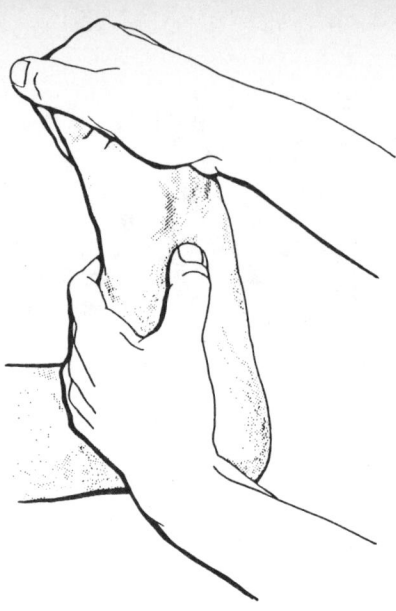

tig ist. Für die Aktivierung der Zonen gebrauchen wir die Daumenkuppe sowie die Fläche – und zwar vorwiegend die Außenfläche – des ersten Daumengliedes. Wenn man den Daumen bei der Behandlung einsetzt, muß man darauf achten, ihn nicht allzuweit abzuknicken, da sonst die Gefahr besteht, daß der Fingernagel in die Haut des Patienten gedrückt wird. Zudem würde die Massage dann eckig und verkrampft werden (Abb. oben).

Wenn Sie den entsprechenden Reflexpunkt mit der Daumenfläche drücken, sollten Sie darauf achten, daß die Haut dabei nicht verschoben wird, sondern daß der Druck senkrecht und direkt tief in das Gewebe hinein erfolgt. Um dies zu erleichtern, sollten Sie, wenn Sie beispielsweise mit dem rechten Daumen drücken, mit der linken Stützhand ein wenig Druck gegen Ihren Daumen ausüben, so daß Sie von beiden Richtungen her arbeiten.

Beachten Sie bei der Daumenmassage bitte auch die obengenannte aktive und passive Phase. Beginnen Sie langsam

72

mit der Drucksteigerung, lösen Sie dann wieder, lassen Sie den Druck erneut zunehmen und so weiter. Achten Sie immer auf diese wellenförmige, ab- und anschwellende Bewegung und vermeiden Sie plötzliches, schnelles Drücken. Behandeln Sie mit dem Daumen auf diese Weise Millimeter für Millimeter die gesamte Fußsohle oder Handfläche.

Wenn Sie auf überempfindliche Punkte stoßen, sollten Sie den Bereich um diese Punkte herum massieren und keinen direkten Druck darauf ausüben.

Der Sedierungsgriff

Für die Soforthilfe ist der Sedierungsgriff von großer Bedeutung. Bei allen akuten Erkrankungen die mit starken Schmerzen einhergehen – wie beispielsweise Zahnschmerzen, Koliken, Ohrenentzündungen, Neuralgien, Ischias etc. – kommt dieser sedierende, d. h. beruhigende oder schmerzdämpfende Griff zur Anwendung. Dazu wird der Daumen oder auch der Zeigefinger kräftig und konstant ein bis zwei Minuten lang auf die akut schmerzhafte Reflexzone gedrückt.

Die Schmerzen lösen sich oft schon nach etwa einer halben Minute auf. Dennoch sollte man den Sedierungsgriff dann noch nicht abbrechen, sondern mindestens eine Minute lang ausüben. Obgleich durch diesen Griff Schmerzen oft wirksam gelindert werden können, sollten Sie doch nach den Ursachen der Erkrankung forschen und eine ganzheitliche Behandlung anwenden, denn das Lindern der Schmerzen ist zwar hilfreich, es ersetzt aber keinesfalls die notwendige Heilung.

Die Reflexrotation

Diese Technik sollte lediglich in der Fußreflexzonenmassage zum Einsatz kommen. Die Reflexrotation wird vorwiegend bei sehr empfindlichen Punkten in der Fußmitte angewendet. Hierzu halten Sie Ihren Daumen passiv aber kräftig gegen den entsprechenden Reflexpunkt. Gleichzeitig umfassen

Sie mit der Stützhand den Fuß und drücken ihn in kreisenden Bewegungen gewissermaßen in den Daumen hinein. Übertreiben Sie jedoch nicht und achten Sie auf die Schmerzgrenze des Patienten. Die Reflexrotation ist eine anregende Technik.

Die Kreiselmassage

Bei dieser Technik werden mit dem Daumen, dem Zeigefinger oder dem Mittelfinger kreisende Bewegungen auf der entsprechenden Reflexzone ausgeführt. Hierbei ist fester Druck notwendig. Die Kreiselmassage eignet sich besonders für die Selbstbehandlung der Handinnenflächen. Die Kreiselbewegungen sollten übrigens sehr klein gehalten werden, um so eine konzentrierte Aktivierung der Reflexpunkte zu gewährleisten. Die Kreiselmassage ist eine anregende und aktivierende Technik.

Die Vibrationstechnik

Die aus der Ganzkörpermassage stammende Vibrationstechnik kann ohne weiteres auf die Reflexzonenmassage übertragen werden. Dabei wird die Kuppe des Zeigefingers oder Daumens auf die Reflexzone gesetzt und durch leichtes Schütteln des Armes die Vibration erzeugt, die sich bis in das darunterliegende Gewebe fortsetzen sollte. Wichtig ist, daß die Vibration aus dem Arm, *nicht* aus dem Finger selbst kommt. Diese Technik darf nicht zu lange angewendet werden, da sonst Verspannungen auftreten können. Die Hand kann leicht gebeugt werden, um die Technik zu erleichtern. Die Vibrationsmassage ist eine stabilisierende Technik.

Spezielle Techniken für die Reflexzonenmassage der Ohren

Bei der Reflexzonenmassage der Ohren ist etwas mehr Vorsicht geboten als bei den bisherigen Techniken, da die Ohrmuscheln sehr empfindlich sind und leicht überreizt werden können. Besonders wenn man andere behandelt, benötigt man viel Einfühlungsvermögen, um sich langsam an die Schmerzgrenzen heranzutasten. Bereits geringer Krafteinsatz bringt oft schon die erwünschte Wirkung, während kräftige Massagen diese eher hemmen werden. Während man nämlich bei der Heilung körperlicher Erkrankungen oftmals auch mal etwas massiver arbeiten muß, erfordert die Harmonisierung der feinen, psychischen Zustände auch eine entsprechend subtilere Behandlung.

Zeigefingertechnik

Ebenso wie bei der Daumentechnik sollte man auch bei der Zeigefingertechnik darauf achten, daß das Gelenk zwar leicht gebeugt, aber keinesfalls abgeknickt wird. Gedrückt wird mit der Fingerkuppe, wobei der Fingernagel nicht in die Ohrmuschel hineingedrückt werden darf. Um dies zu vermeiden, kann es auch hilfreich sein, eher die Außenseite der Fingerkuppe zu benützen als die Spitze. Der Druck am Ohr sollte nicht zu stark sein. Es genügt ein leichter, konstanter Druck, der jedoch mindestens eine halbe Minute lang gehalten werden sollte.

Auch für die Behandlung der Handrücken ist die Zeigefingertechnik sehr hilfreich. Falls man sie in der Hand- oder Fußreflexzonenmassage anwenden möchte, kann sie natürlich ruhig kräftiger ausgeführt werden.

Der Zangengriff

Die Anwendung des Zangengriffs empfiehlt sich insbesondere für die äußeren Bereiche der Ohrmuschel. Hingegen wird es um so schwieriger diese Technik zum Einsatz zu bringen, je tiefer sich die Reflexpunkte im Inneren des Ohres befinden.

Beim Zangengriff bilden Sie mit Daumen und Zeigefinger einer Hand eine Art Zange. Dabei befindet sich der Zeigefinger an der Rückseite, der Daumen an der Vorderseite der Ohrmuschel. Auf diese Weise ist es möglich, bestimmte Reflexzonen zwischen beide Finger zu nehmen und von beiden Seiten zu drücken. Einfach ausgedrückt: Sie drücken Daumen und Zeigefinger gegeneinander; die Ohrmuschel liegt dazwischen. Hierbei können Sie auch *leicht* mit dem Daumennagel in die Haut zwicken – jedoch ist dabei zu beachten, daß der Druck dann nicht länger als fünf Sekunden gehalten werden darf!

Diese kurze, aber intensive Aktivierung ist in besonderen Fällen angezeigt, auf die im Behandlungsteil jeweils hingewiesen wird.

Dort werden Sie öfter die Anweisungen »beruhigend«, »anregend« oder »ausgleichend« lesen. Dies bezieht sich auf die Behandlungsweise ebenso wie auf die Massagetechnik. Zur Erleichterung haben wir diese kleine Tabelle zusammengestellt:

Anregend	Beruhigend	Stabilisierend
schnelles Tempo intensiver Druck	langsames Tempo sanfter Druck	mittleres Tempo mittlerer Druck
Reflexrotation Kreiselmassage	Sedierungsgriff	Vibrationstechnik

Allgemeine Vorbereitungen

Die Position des Patienten

Die Position des Patienten sollte in erster Linie bequem sein, denn nur wenn man sich wohl fühlt, kann man sich der Massage wirklich öffnen und sich entspannen.

Bei der Fußreflexzonenmassage ist zu beachten, daß sich die Füße Ihres Patienten etwa in Höhe Ihres Schoßes befinden sollten. Der Patient kann beispielsweise in einem Fernseh- oder Liegesessel liegen. Diese Sessel sind verstellbar und ermöglichen einerseits eine relativ hohe Lagerung der Füße; andererseits stützen sie Kopf, Rücken und Beine des Patienten sehr gut ab. Wenn kein Liegesessel zur Verfügung steht, kann man natürlich auch auf einen einfachen Sessel, zur Not sogar auf einen Stuhl in Kombination mit einem Fußschemel zurückgreifen. Optimal wäre natürlich eine Massageliege. Da diese Liegen jedoch sehr teuer sind, werden sie in der Regel nur professionellen Therapeuten zur Verfügung stehen.

Bei der Reflexzonenmassage an Händen und Ohren ist die Position des Patienten nicht so ausschlaggebend wie bei der Fußbehandlung. Zu beachten ist lediglich, daß sich sowohl der Behandler als auch der Patient wohl fühlen sollten. Dennoch wäre es günstig, eine aufrechte Körperhaltung im Sitzen zu wählen. Bei der Ohrenreflexzonenmassage sitzen Sie am besten in gleicher Höhe mit dem zu Behandelnden, und zwar jeweils auf der Behandlungsseite. Bei der Handreflexzonenmassage ist es am besten, wenn sich Therapeut und Patient gegenübersitzen. Kranke und bettlägrige Patienten können selbstverständlich auch im Liegen behandelt werden.

Die Körperhaltung des Therapeuten ist übrigens ebenso wichtig wie die des Patienten. Wenn Sie eine Reflexzonenmassage geben wollen, sollten Sie unbedingt darauf achten, daß Sie dabei möglichst locker und entspannt bleiben. Deshalb ist es auch so wichtig, daß Sie bei der Fußreflexzonenmassage die Füße Ihres Partners ohne weiteres erreichen können. Aber auch bei der Massage der Reflexzonen an Händen und Ohren sollten Sie auf Ihre Haltung achten. Wenn Sie behandeln, sollten Sie stets aufrecht und gleichzeitig entspannt sitzen.

Nur wenn Sie einen guten Kontakt zum Boden herstellen, sich von der Erde tragen lassen und Ihren Schwerpunkt in den Bauch- und Beckenraum verlegen, können Sie sich in Schultern und Armen entspannen. Lassen Sie den Atem frei ein- und ausströmen und vermeiden Sie unnötige Anspannungen, wie beispielsweise eine verspannte Kiefermuskulatur durch unbewußtes Aufeinanderbeißen der Zähne.

Wenn Sie während Ihrer Behandlung nicht entspannt und gelöst sind, wird sich Ihre Verkrampfung einerseits auf den Patienten übertragen, andererseits werden Sie bei der Massage viel Energie und bald die Freude daran verlieren.

Der Raum

Leider haben wir nur selten die Möglichkeit, uns einen Raum extra für die Reflexzonenmassage einzurichten. Natürlich hat ein Raum, in dem ausschließlich therapeutisch gearbeitet wird, schon eine bestimmte Schwingung, die sich günstig auf alle weiteren Behandlungen auswirkt. Andererseits können wir – wenn wir nur einige Aspekte berücksichtigen – aus nahezu jedem Zimmer ein Behandlungszimmer mit einer harmonischen Atmosphäre zaubern.

Zunächst sollte unser Patient nicht frieren müssen. Die Ruhigstellung während der Reflexzonenbehandlung – die über eine halbe Stunde dauern kann – führt bei manchen Menschen zur Auskühlung. Der Raum sollte daher besonders in der kalten Jahreszeit gut geheizt werden. Zusätzlich kann man den Patienten mit einer Decke zudecken.

Die Beleuchtung im Zimmer sollte einerseits für helles und freundliches Licht sorgen, andererseits sollte direktes Licht, das eventuell blendet, vermieden werde. Wenn man sehr nervöse und unruhige Menschen behandelt, ist es sicherlich günstiger, den Raum etwas dunkler zu halten, während alle, die leicht müde werden, wenig Energie haben und einer Aktivierung bedürfen, etwas mehr Licht vertragen können.

Da es wirklich sehr störend sein kann, wenn man durch laute Geräusche oder unerwartete Besuche aus der Reflexzonenmassage herausgerissen wird, sollten mögliche Störquellen ausgeschaltet werden.

Man könnte beispielsweise das Telefon einfach ausstecken oder zumindest leise drehen und Anrufe für die Dauer der Behandlung ignorieren. Auch ein Schild mit der Aufschrift »Bitte nicht stören« kann oft Wunder wirken. Zusätzlich sollten Sie Ihren Familienangehörigen oder Mitbewohnern klarmachen, daß Sie für die nächste halbe Stunde konzentriert bei der Behandlung sein möchten und dazu Ihre Ruhe brauchen.

Wenn Sie für eine günstige Beleuchtung gesorgt, mögliche Störungen ausgeschlossen und den Raum gut gelüftet und geheizt haben, kann eigentlich nicht mehr viel schiefgehen. Allerdings können Sie es sich und Ihrem Patienten noch ein wenig angenehmer machen, indem Sie für ein paar Getränke sorgen, denn das Massieren kann durstig machen. Wenn Sie eine musikalische Untermalung wünschen, so sollten Sie sich auf klassische oder meditative Musik beschränken, eher ruhige Stücke wählen und die Lautstärke wohl dosieren, was sich eigentlich von selbst versteht.

Wenn Sie es ganz perfekt machen wollen, brauchen Sie nur noch eine Duftlampe aufzustellen und ein ätherisches Öl, wie zum Beispiel Zitrone, Kampfer, Rosmarin oder Lavendel, zu verdampfen, und schon wird sich Ihr Patient bei Ihnen pudelwohl fühlen, und natürlich werden auch Sie die Atmosphäre des Raumes genießen.

Die Einstimmung

Einen anderen Menschen zu massieren, ihn über die Reflexzonen zu harmonisieren, ihn zu berühren und ihm helfen zu wollen, all das erfordert Nähe und Vertrauen. Um diese Nähe und dieses Vertrauen zu gewinnen, ist es notwendig, daß sich beide Partner bewußt auf die Massage einstimmen. Schließlich geschieht hier etwas nicht Alltägliches: Wir übertragen unsere heilende Energie auf einen anderen, indem wir ihn berühren. Wir berühren den anderen aber nicht nur körperlich mit unseren Händen, sondern durch das Äußere gleichzeitig auch immer innerlich. Daher ist es auch so wichtig, daß wir eine harmonische und friedvolle Atmosphäre um uns herum schaffen.

Sicherlich werden einengende Kleider, Gürtel und Schmuck uns eher behindern. Wir sollten uns daher bequem anziehen, damit wir nicht durch Kleinigkeiten in unserem Wohlgefühl gestört werden.

Wenn wir jemanden behandeln, der ein gesundheitliches oder psychisches Problem hat, sollten wir uns intensiver auf ihn vorbereiten, als beispielsweise auf einen Freund, dem wir spontan eine entspannende Reflexzonenmassage geben möchten. Oft genügt es, wenn wir schon vor einer Behandlung ein Bild unseres Patienten in uns entstehen lassen – ihn mitsamt seinem Problem vor uns sehen und versuchen, uns auf ihn oder sie einzustimmen. Je mehr wir selbst im Gleichgewicht sind, desto leichter wird es uns fallen, harmonisierend auf andere einzuwirken.

Zusätzlich können wir vor der Behandlung noch einige Minuten lang in die Stille gehen, unsere Gedanken zur Ruhe kommen lassen und uns mit unserer inneren Heilkraft verbinden, die wir uns beispielsweise als ein strahlendes, helles Licht vorstellen können.

Einige Lockerungsübungen oder ein paar Dehnungen können uns helfen, ein besseres Gefühl für unseren eigenen Körper zu bekommen. Auch wenn Ihnen diese Vorbereitungen vielleicht überflüssig erscheinen, tragen sie doch dazu bei, Sie auf die folgende Behandlung einzustimmen und das für den Energiefluß so wichtige Gleichgewicht zwischen Geben und Nehmen herzustellen.

Wenn der Patient einverstanden ist, können Sie vereinbaren, während der Behandlung nicht zu sprechen. Gerade wenn Musik im Hintergrund läuft, wird es nicht schwerfallen, auf ein Gespräch zu verzichten. Wenn Sie während der Massage allerdings doch gern mit Ihrem Patienten reden möchten, sollten Sie problematische Themen und negative Gespräche unbedingt vermeiden, da dies die Behandlung beeinträchtigen würde.

Hilfsmittel

Nach der Fußreflexzonenmassage kann es sehr wohltuend sein, die Füße mit einem guten Massageöl oder einer Salbe einzureiben. Man kann neutrale, geruchlose Pflanzenöle oder Salbengrundlagen mit ätherischen Ölen vermischen. Wenn eine anregende Wirkung nach der Massage erwünscht ist, eignen sich Zitrusöle, wie Orangen- oder Mandarinenöl, aber auch Eukalyptus und Bergamotte. Eine beruhigende Wirkung haben Lavendel, Ylang-Ylang oder auch Rosenöl. Wenn Sie sich näher für dieses Thema interessieren, können Sie auf eines der zahlreichen Bücher über ätherische Öle zurückgreifen (beispielsweise *Heilende Öle und Essenzen* von Ellen Asjes / Aurum Verlag). Vermeiden Sie es bitte unbedingt, Fußsohlen oder Handflächen *vor* der Reflexzonenmassage einzuölen. Dies würde nur dazu führen, daß Sie auf der glatten Hautoberfläche abrutschen. Verzichten Sie auch auf Fußsprays oder Puder.

Über den Fachhandel kann man eine Reihe von Spezialgeräten für die Fuß- und Handreflexzonenmassage beziehen. Diese Geräte können eine Reflexzonenmassage durch einen Therapeuten oder Freund natürlich niemals ersetzen, sie bieten aber dennoch eine gute Möglichkeit, sich zwischendurch immer wieder einmal selbst zu massieren. Wir wollen hier nur zwei dieser

Geräte beschreiben. Wenn Sie Interesse haben, können Sie sich im Fachhandel nach weiteren Artikeln erkundigen.

Qigong-Kugeln haben inzwischen weite Verbreitung gefunden. Es handelt sich dabei um zwei Stahlkugeln, in denen jeweils eine weitere Kugel rotiert. Indem man diese Kugeln auf eine bestimmte Weise durch die Hände gleiten läßt, stimuliert man auf spielerische Weise die Handreflexzonen und trainiert darüber hinaus die Handmuskulatur.

Fußroller gibt es in verschiedenen Ausführungen, vom einfachen, walzenförmigen Holzroller bis hin zu ansprechenderen und natürlich auch kostspieligeren Holzgestellen mit bis zu sechs gezackten Rollen. Achten Sie bei der Massage mit einem Fußroller darauf, daß Sie zunächst die Innenseite, dann die Mitte und schließlich die Außenseite der Fußsohlen massieren. Der Druck sollte dabei jedoch nie so stark werden, daß Schmerzen entstehen; eine leichte Massage, Durchwärmung und Stimulierung der Reflexpunkte genügt vollkommen.

Wesentlich billigere Hilfsmittel für die Fußreflexzonenmassage sind unterschiedlich große, runde Kieselsteine, die Sie selbst an einem Fluß sammeln, zu Hause auf ein etwa einen Quadratmeter großes Teppichstück (oder eine Decke) legen und auf denen Sie barfuß herumlaufen.

Die schönste Selbstmassage der Fußreflexzonen besteht natürlich immer noch darin, in der warmen Jahreszeit auf Wiesen, im warmen Sand oder auf den Kieseln in der Nähe eines Flusses spazierenzugehen. Wann immer sich die Gelegenheit bietet – und sie bietet sich leider nicht gerade oft –, sollten Sie sich von einengenden Schuhen befreien, barfuß spazierengehen und bewußt in Ihre Füße hineinspüren. Auf diese Weise können Sie den Kontakt zur Erde wieder erspüren. Gerade weil wir im Alltag fast immer in Schuhen und auf harten Asphaltböden gehen müssen, sollten wir uns zum Ausgleich gelegentlich diesen Luxus für unsere Füße und somit für unseren gesamten Organismus gönnen.

Die Diagnose

Eine der am meisten verbreiteten
Krankheiten ist die Diagnose.
Karl Kraus

Wenn wir Krankheiten und Beschwerden behandeln wollen, müssen wir selbstverständlich zunächst herausfinden, welche Probleme überhaupt vorliegen. Das klingt freilich leichter als es ist. Wer sich lediglich selbst zur Vorbeugung oder seinen Partner zur Entspannung oder einfach, weil es Spaß macht, behandelt, braucht natürlich keine Diagnose zu stellen; aber schon wenn man sich bereit erklärt, einem Freund mit einem gesundheitlichen Problem zu helfen, sollte man sich über die grundsätzlichen Probleme und Schwierigkeiten der Diagnosestellung im klaren sein. Im Folgenden wollen wir einmal davon ausgehen, daß Sie die Reflexzonenmassage als Behandlungsmethode einsetzen. Daher wird von Ihrem »Patienten« die Rede sein. Das kann selbstverständlich auch ein Freund oder Bekannter sein.

Der Patient, Bekannte oder Freund kommt gewöhnlich mit ganz bestimmten Vorstellungen über seine Probleme, stellt also eine Art Selbstdiagnose. Diese Selbstdiagnose ist zwar wichtig, jedoch andererseits keineswegs immer objektiv zutreffend und nur sehr selten vollständig. Eine gute Diagnose zu stellen, ist eine große Kunst. Wir können und wollen hier nur auf einige

> Der Prozeß der Diagnosestellung besteht aus
> fünf Schritten:
> – die Feststellung der subjektiven Beschwerden,
> – die Erhebung der Anamnese,
> – die Begutachtung des Erscheinungsbildes,
> – der Befund an den Reflexzonen,
> – die ganzheitliche Auswertung aller Befunde.

wichtige Punkte und auf die besondere Bedeutung der Reflexzonen für die Diagnostik eingehen. Andererseits ist es für das
ganzheitliche Verständnis schon nötig, den Gesamtprozeß der
Diagnose kurz darzustellen.

Das sieht kompliziert aus – und ist es auch. Eine gute Diagnose zu stellen, ist wie gesagt, eine große Kunst. Nur viel
Erfahrung und Praxis können diese Kunst zur Vervollkomm-
nung bringen. Daher sollte man sich als Laie auch unbedingt
darüber im klaren sein, wo die eigenen Grenzen liegen. Andererseits wird auch der medizinische Laie davon profitieren, daß
er über den Ablauf einer guten Diagnose Bescheid weiß; und
sei es auch nur, um das Vorgehen seines Arztes oder Heilpraktikers besser beurteilen zu können.

Die Feststellung der subjektiven Beschwerden

Die subjektiven Beschwerden festzustellen, heißt zunächst einmal zuzuhören, was der Patient, Bekannte oder Freund zu sagen hat, was ihn bedrückt und belastet.

Meist werden dabei nicht nur empfundene Beschwerden ge-
äußert, sondern es wird auch eine erste selbstgestellte oder von
einem Arzt erhobene Diagnose mitgeliefert. Diese Diagnose ist
insofern von Bedeutung, als sie die Vorstellungen und Empfindungen des Patienten bis zu einem gewissen Grad mitbestimmt. Dieser Effekt muß bei allen weiteren Beschreibungen
der Beschwerden, die der Patient gibt, in Betracht gezogen
werden. Ansonsten sollte eine frühere Diagnose vorerst einmal
völlig vergessen und erst nach Abschluß der eigenen Diagnose
zum Vergleich herangezogen werden.

Wenn der Patient seine Beschwerden beschreibt, geht es
darum, ihm genau zuzuhören, um zu verstehen, worunter er
wirklich leidet, worum es ihm geht, was er sich von der Reflexzonenbehandlung erhofft und wie wichtig ihm seine Gesundheit tatsächlich ist. Versuchen Sie dabei, sich alles, was Ihr
Patient Ihnen erzählt, bildlich vorzustellen und es gefühlsmä-

ßig nachzuvollziehen. Rationale Überlegungen sind zu diesem Zeitpunkt eher ungeeignet, da Sie ja noch nicht über wirklich tiefgehende Informationen verfügen und daher nur Ihre eigenen Vor-Urteile heranziehen können. Das bildhafte Vorstellen bewirkt, daß Ihre Gefühle und Ihr ganzer Körper das Gesagte viel leichter nachvollziehen können. Sie sind also in der Lage, die Probleme Ihres Patienten bis zu einem gewissen Grad am eigenen Körper zu erfahren.

Die Erhebung der Anamnese

Sie haben nun schon einen ersten Eindruck gewonnen, worum es Ihrem Patienten geht. Das ist jedoch lediglich eine Momentaufnahme. Für ein umfassendes Verständnis der Krankheit und ihrer Ursachen genügt es nicht, nur den augenblicklichen Zustand zu kennen. Leiden und Krankheiten sind nicht statisch. Wie das Leben selbst verändert sich auch der Krankheitszustand ständig. Eine Krankheit ist nicht schlagartig da und verschwindet ebenso plötzlich; sie hat ihre Vorgeschichte und ihre Nachwirkungen.

Daher ist es sehr wichtig, die Vorgeschichte, die Anamnese (griech. *anámnesis* = Erinnerung) des Patienten zu erheben, wenn man eine zutreffende und umfassende Diagnose stellen will. Das gilt um so mehr, als man erkannt hat, daß *jede* Krankheit auch psychische Ursachen hat und durch die Lebensgeschichte des Menschen mitbestimmt ist. Solange man also die Vorgeschichte nicht kennt, wird man auch die grundlegenden Ursachen der Krankheit nicht erfassen können.

Sinnvoll ist es, bei der Anamnese in einer gewissen Reihenfolge vorzugehen; wie Sie genau vorgehen wollen, bleibt Ihnen selbst überlassen. Es ist natürlich meist nicht nötig und aus Zeitgründen oft auch nicht möglich, eine vollständige Anamnese zu erheben, die mit den frühesten Kindheitserinnerungen beginnt und bis zum gegenwärtigen Augenblick fortschreitet. Allerdings sollten Sie kurz die Lebensgeschichte durchgehen, ohne auf Einzelheiten einzugehen; besonders wichtige Punkte werden meist vom Patienten selbst deutlicher angesprochen.

Auch bei der Anamnese sollten Sie das Rationale nicht überbetonen, sondern eher versuchen, die Erlebnisse und Gefühle Ihres Patienten nachzuempfinden. Einige Überlegungen werden jedoch nötig sein, um Zusammenhänge aufzudecken.

Besonders wichtig ist das Konzept des sogenannten *sekundären Krankheitsgewinns*. Darunter versteht man den »Vorteil«, den ein Kranker aus seinem Leiden zieht. Meist ist dies emotionale Zuwendung. Solche Vorteile können manchmal schwerer wiegen als der Nachteil des Krankseins und dadurch die Krankheit aufrechterhalten, obwohl keine organische Ursache mehr vorhanden ist. Ein Grund mehr, weshalb die Anamnese so wichtig für eine zutreffende Diagnose ist!

Die Begutachtung des Erscheinungsbildes

Bevor man mit der Untersuchung der Reflexzonen beginnt, sollte man sich den Menschen, der einem gegenübersitzt, gut ansehen. Das kann natürlich bereits während des Gesprächs und der Anamnese geschehen. Schon auf den ersten Blick sind viele Dinge aus dem Erscheinungsbild eines Menschen zu erkennen. Man muß nur bewußt hinsehen.

Ein wichtiger Punkt ist zum Beispiel die Körpersprache. Die Körpersprache ist ein so umfassendes Gebiet, daß wir hier nur empfehlen können, ein gutes Buch zu diesem Thema zu lesen. Eine verklemmte, ängstliche oder nervöse Anspannung kann man jedoch sicherlich auch ohne große Übung und Erfahrung wahrnehmen.

Ebenso wichtig für die Diagnosestellung sind äußere Kennzeichen wie die Hautfärbung, die die Durchblutung anzeigt, die Atmung, der Gesichtsausdruck, die Augen und das Aussehen der Hände.

Vor allem die Atmung Ihres Patienten sollten Sie bewußt wahrnehmen. Am einfachsten geht dies, wenn Sie sich für kurze Zeit – unauffällig! – der Atmung Ihres Klienten anpassen. Sie werden dadurch leicht feststellen können, ob seine Atmung zu schnell (ein Hinweis auf Nervosität, Angst oder Asthma) oder zu langsam (z. B. bei Stoffwechselstörungen, Diabetes) ist.

Die Atmung ist auch ein guter Anhaltspunkt dafür, wo das Gleichgewicht gestört ist. Beobachten Sie das Verhältnis von Aus- und Einatmung und die Atemfrequenz. Das optimale Verhältnis von Ein- und Ausatmung ist etwa 2:1, und die Atemfrequenz in Ruhe sollte ungefähr fünf bis sieben Atemzüge pro Minute betragen.

> Zuviel Atem bedeutet zuviel Energie, zuwenig Atem einen Mangel an Energie. Dieser Grundsatz ist gerade für die Reflexzonenbehandlung von großer Bedeutung!

Der Befund an den Reflexzonen

Nun kommen wir zu dem für uns wichtigsten Punkt, zur Untersuchung der Reflexzonen. Die Verbindungen zwischen den Organen und den Reflexzonen sind nämlich wechselseitig; nicht nur wirkt die Massage der Reflexzonen auf die damit verbundenen Organe und Körperteile, sondern Erkrankungen und Veränderungen der Organe zeigen sich auch in den korrespondierenden Reflexzonen. Druck, der auf diese Reflexzonen ausgeübt wird, empfindet der Betroffene dann als Schmerz. Manchmal treten zwar keine Schmerzen auf, aber Sie stellen eine deutliche Veränderung einer bestimmten Reflexzone fest. Dies deutet auf ein bereits länger bestehendes Problem hin.

Das Abtasten der Reflexzonen hat eine ganz besondere Bedeutung. Es läßt nämlich Krankheiten erkennen, die sich noch in einer ganz frühen Entstehungsphase befinden und mit keiner Methode der traditionellen Schulmedizin festzustellen sind.

Mit Hilfe der Reflexzonendiagnose können in manchen Fällen also auch Krankheiten erkannt werden, die man sonst oft übersieht oder bei denen gerade die Früherkennung besonders wichtig ist, wie beispielsweise Krebs.

Wir möchten Ihnen nun drei Diagnoseprogramme vorstellen, die Körper, Geist und Gefühle betreffen. Sie beginnen mit den Füßen und untersuchen dort die Reflexzonen für den Körper. Dann untersuchen Sie die Reflexzonen der Hände und damit die geistigen Funktionen und die der Wahrnehmung. Und schließlich erkennen Sie über die Reflexzonen der Ohren etwaige Probleme im emotionalen Bereich. Diese drei Untersuchungen gehören zusammen, da Körper, Seele und Geist eine untrennbare Einheit darstellen.

Ihre Befunde, also schmerzende, verhärtete, kalte oder übermäßig warme Stellen, tragen. Sie am besten auf ein vorbereitetes Diagnoseblatt ein. Die Abbildung gegenüber zeigt Ihnen, wie ein solches Diagnoseblatt aussehen könnte.

Wenn Sie die Untersuchung beendet haben, sehen Sie auf dem Diagnoseblatt mit einem Blick die auffälligen Gebiete und können sie miteinander in Beziehung setzen.

1. *Die Untersuchung der Fußreflexzonen*
Wenn Sie die Fußreflexzonen abtasten, tun Sie dies am besten mit dem Daumen, während die andere Hand den Fuß hält. Beginnen Sie mit dem linken Fuß. Fangen Sie mit den Zehen an, also mit den Reflexzonen, die mit dem Kopf verbunden sind, und arbeiten Sie sich systematisch am Fuß entlang. Gehen Sie den ganzen Fuß durch und zeichnen Sie auffällige, schmerzhafte und gefühllose Stellen auf Ihrem Diagnoseblatt ein. Danach gehen Sie in gleicher Weise am rechten Fuß vor.

Wenn Sie schon etwas mehr Erfahrung haben, achten Sie vielleicht bereits auf die verschiedenen Qualitäten der Tastbefunde.

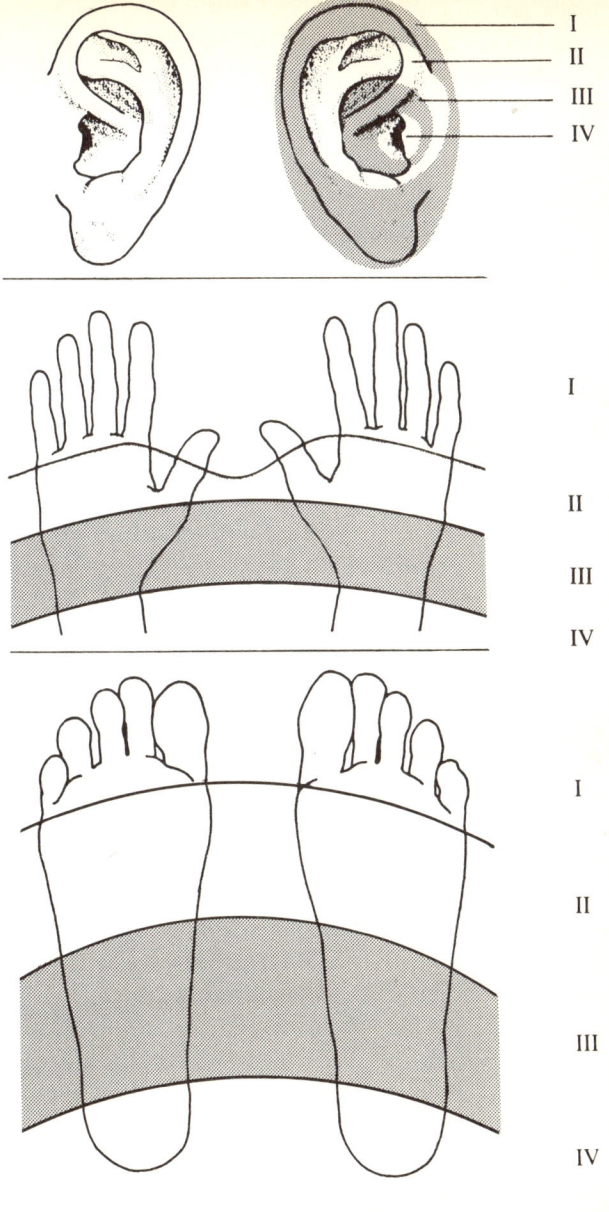

I

II

III

IV

I

II

III

IV

I

II

III

IV

2. Die Untersuchung der Reflexzonen an den Händen

Zum Abtasten nehmen Sie zunächst die linke Hand zwischen Daumen und Zeigefinger. Beginnen Sie am Daumennagel und gehen dann die obersten Glieder der anderen Finger der Reihe nach durch. Untersuchen Sie nun den gesamten Daumen und die anderen Finger. Danach tasten Sie die Handfläche systematisch ab.

Vergessen Sie nicht, Ihre Befunde in das Diagnoseblatt einzutragen.

3. Die Untersuchung der Reflexzonen an den Ohren

Stellen Sie sich hinter den Patienten. Legen Sie zum Abtasten den Daumen hinter das Ohr und fahren Sie mit dem Zeigefinger die Konturen des Ohres nach, wobei Sie sanften Druck gegen den Daumen ausüben. Arbeiten Sie sich in konzentrischen Halbkreisen von außen nach innen vor, von der Helix bis zum Gehörgang, und zeichnen Sie Ihre Befunde auf dem Diagnoseblatt ein.

Die ganzheitliche Auswertung aller Befunde

Nachdem nun alle diese Informationen gesammelt sind, kann mit der Auswertung der Befunde und der eigentlichen Diagnosestellung begonnen werden. Gehen Sie dazu noch einmal die drei Bereiche Körper, Seele und Geist durch und fragen Sie sich:
– Wie ist der körperliche Zustand?
– Welche Rolle spielen die Gedanken und Wahrnehmungen?
– Welche Gefühle sind mit im Spiel?

Dabei können Sie auch das Diagnoseblatt zu Rate ziehen. Sie sehen dort sehr gut im Überblick, welche körperlichen Probleme mit Problemen in den Gedanken und im Gefühlsleben zusammenhängen könnten.

Allein die Begutachtung der Reflexzonen ermöglicht in vielen Fällen bereits eine recht gute Diagnose. Dies sollte jedoch nicht dazu verführen, die anderen Phasen der Diagnose zu vernachlässigen oder gar auszulassen. Es darf nämlich nicht vergessen werden, daß Verhärtungen oder Schmerzen in den Reflexzonen auch ganz andere Ursachen als eine Erkrankung der inneren Organen haben können. Neue Schuhe können zu Druckstellen an den Füßen führen, ebenso kann ein kleiner Stein im Schuh Schmerzen auslösen. Ein Muskelkater nach sportlichen Anstrengungen wirkt sich ebenso auf die Reflexzonen aus wie eine ernsthafte Erkrankung.

Die Reflexzonendiagnose ist kein Beweis für eine spezifische Krankheit. Es können auch lokale Probleme (an Füßen, Händen oder Ohren) vorliegen, die ein Organproblem vortäuschen.

Auf die Erhebung einer vollständigen Diagnose kann also nicht verzichtet werden. Der medizinische Laie wird davon in der Regel überfordert sein. Wenn Ihnen Symptome unklar sind, sollten Sie unbedingt einen Arzt konsultieren, der möglichst sowohl in Naturheilkunde als auch in der Reflexzonentherapie ausgebildet ist.

Wenn Sie eine einwandfreie Diagnose gestellt haben, können Sie bei den Behandlungsprogrammen ab Seite 127 nachschlagen, ob das Problem dort aufgeführt ist. Für die häufigsten und am leichtesten diagnostizierbaren Probleme und Erkrankungen haben wir Reflexzonenbehandlungen vorgeschlagen.

Wenn Ihnen Symptome unklar sind, sollten Sie unbedingt einen Arzt aufsuchen. Falsch behandelte Beschwerden können Ihre Gesundheit dauerhaft beeinträchtigen. Denken Sie auch daran, daß bestimmte Krankheiten nur vom Fachmann behandelt werden sollten.

Grundprogramm
für die Fußreflexzonenmassage

Die in diesem Buch vorgestellten Grundprogramme dienen einer umfassenden und allgemeinen Behandlung der jeweiligen Reflexzonen. Die Fußreflexzonenmassage dient insbesondere der Aktivierung und Harmonisierung der organischen Vorgänge. Durch das Grundprogramm sollen sämtliche Organe, der Bewegungsapparat, Herz und Blutkreislauf sowie auch die Drüsen und Lymphbahnen angeregt werden. Sowohl beim gesunden als auch beim erkrankten Patienten empfiehlt es sich immer, zunächst einmal dieses Grundprogramm durchzuführen.

Gerade für die erste Behandlung sollten Sie sich etwas mehr Zeit nehmen, da es schließlich darum geht, Ihren Patienten kennenzulernen und sein Grundbefinden, aber auch seine Schwächen zu erkunden. Natürlich ist es generell wichtig, daß Sie sich immer genügend Zeit für die Behandlung der Reflexzonen nehmen. Ihre innere Ruhe wird sich dann nämlich auch auf den Patienten übertragen.

Nachdem Sie den zu Behandelnden richtig gelagert haben und selbst aufrecht und doch entspannt sitzen, können Sie beginnen. Während der Massage sollte Ihr Partner möglichst tief und ruhig atmen und sich weitgehend entspannen.

Zunächst wird der Fuß ausgestrichen und ein wenig durchgeknetet. Sind die Füße kalt, werden sie vorher fest gerieben. Achten Sie beim ersten Eindruck aber nicht nur auf die Temperatur, sondern auch auf die Hautbeschaffenheit, die Statik und auf den Gewebetonus des Fußes.

Wie gesagt sollten sich immer beide Hände am Fuß befinden, die eine als Stütz- die andere als Massagehand. Beginnen Sie eher mit sanften Druckimpulsen und überprüfen Sie zunächst die ersten Reaktionen Ihres Patienten. Im Prinzip sollte man annehmen, daß die Reaktionen der verschiedenen Reflexzonen bei gleichbleibendem Druck auch immer gleich stark sind. Dem ist aber nicht so, denn belastete Reflexzonen reagieren viel schmerzempfindlicher als gesundes Gewebe. Die Schmerzempfindlichkeit ist somit unser Wegweiser für die organischen Störungen unseres Patienten.

Es fällt den meisten Therapeuten leichter, bei der Reflexzonenmassage in einer festgesetzten Reihenfolge zu arbeiten. Zwar muß man sich nicht starr an diese Reihenfolge halten, wir empfehlen jedoch insbesondere dem Anfänger, frühestens dann von diesem festen Schema abzuweichen, wenn er schon zahlreiche Erfahrungen mit verschiedenen Patienten gesammelt und seine Intuition entsprechend entwickelt hat.

Wichtig: Wenn nicht eigens darauf hingewiesen wird, werden die Reflexpunkte immer mit der grundlegenden Daumentechnik behandelt. Außerdem ist es zweckmäßig, die Massage immer am rechten Fuß zu beginnen und immer dann, wenn Sie einen der sechs Zonenbereiche durchmassiert haben, den Fuß zu wechseln. Um es etwas einfacher auszudrücken: Beginnen Sie mit den Kopfzonen am rechten Fuß, gehen Sie dann zu den Kopfzonen am linken Fuß, behandeln Sie sodann die Zonen des Bewegungsapparates wieder erst am rechten dann am linken Fuß und so weiter.

Der Kopf

Zweckmäßigerweise beginnen wir mit der Behandlung bei den Kopfzonen. Die Reflexzonen des Kopfes befinden sich hauptsächlich in den Zehen. Besondere Bedeutung haben dabei die beiden großen Zehen, da sich in ihnen nochmals der gesamte Kopf abbildet. Aber auch der Bereich zwischen den Zehengliedern bis hinunter zur Grundgelenkslinie steht mit dem Kopfbereich in Verbindung.

Sämtliche Störungen, die mit dem Kopf zusammenhängen,

werden durch die Reflexzonenmassage an den Zehen harmonisiert. Sowohl die Stirn- und Nebenhöhlen, als auch die Augen, die Ohren, der Mund- und Rachenraum, die Zähne und der Kiefer, aber auch das Gehirn und die Hypophyse profitieren von dieser Massage.

Wir möchten Ihnen empfehlen, sich im allgemeinen eher auf die Behandlung der Fußsohlen zu konzentrieren, da die Reflexzonen auf den Fußsohlen stärker auf die Behandlung ansprechen als die auf dem Fußrücken. Die Zehen bilden allerdings bereits die erste wichtige Ausnahme. Sie sollten immer von allen Seiten behandelt werden.

1. Kreisen Sie zunächst die einzelnen Zehen langsam und vorsichtig. Massieren Sie dann die Zehen sowohl an den Unterseiten als auch seitlich und an der Oberseite mit reibenden Bewegungen.
2. Für die Verbesserung der Sehkraft drücken Sie die Punkte A und B und die parallelen Punkte am Fußrücken aktivierend.
3. Massieren Sie dann die Punkte für die Ohren, nämlich C und D, ebenfalls mit kurzem und starkem Druck, und behandeln Sie auch hier die Oberseite der Zehen.
4. Um die Gehirnfunktionen anzuregen, massieren Sie anschließend die ganze Großzehenbeere, also Feld E. Dazu können Sie die Kreiselmassage verwenden.
5. Drücken Sie den Punkt F für den Mund-, Rachen- und Kehlbereich anregend.
6. Abschließend massieren Sie noch kurz die Punkte G, die Zehenkuppen, insbesondere am großen Zeh stabilisierend.

Der Bewegungsapparat

Nach der Behandlung der Kopfzonen wenden wir uns nun den Zonen des Bewegungsapparates zu. Hierzu zählen wir sowohl die gesamte Wirbelsäule als auch den Nacken- und Schulterbereich. Am Bewegungsapparat treten heutzutage leider viele

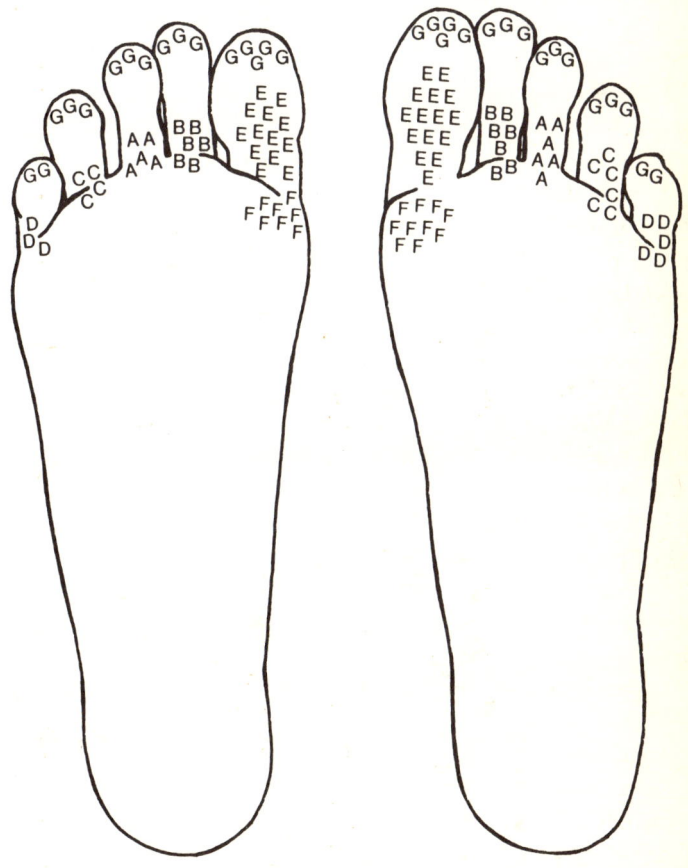

Störungen auf. Es gibt kaum jemanden, der nicht über Rükkenschmerzen oder Bewegungseinschränkungen klagt. Einseitige Belastungen und fehlerhafte Körperhaltung führen dazu, daß schon sehr junge Menschen von solchen Leiden betroffen sind. Obwohl es in diesen Fällen natürlich wichtig ist, Fehlhaltungen auszugleichen und für mehr Bewegung zu sorgen, kann auch die Fußreflexzonenbehandlung Schmerzen im Bereich des Bewegungsapparates lindern und zu einer größeren Flexibilität führen.

Da die Wirbelsäule für unsere Gesundheit von großer Bedeutung ist, beginnen wir mit der Massage der entsprechenden Zonen. Die Wirbelsäulenreflexe liegen an den Innenseiten beider Füße. Sie beginnen am ersten Gelenk der großen Zehe mit der Halswirbelsäule und gehen über die Brust- und Lendenwirbelsäule bis hinunter zum Kreuz- und Steißbein am Ende des Fersenbeines.

Anschließend behandeln wir die Zonen des Nackens und Schultergürtels, die entlang der Zehengrundgelenkslinie über die ganze Fußsohle und den Fußrücken verlaufen.

1. Beginnen Sie mit der Halswirbelsäule und massieren Sie Feld A von oben nach unten mit kräftigen Druckimpulsen aktivierend.
2. Gehen Sie dann zur Brustwirbelsäule über und massieren Sie Feld B nach unten wandernd auf dieselbe Weise.
3. Massieren Sie anschließend Feld C für die Lendenwirbel beruhigend. Da es hier oft zu starken Beschwerden kommen kann, ist es manchmal sogar sinnvoll, den Sedierungsgriff anzuwenden.
4. Massieren Sie dann die Zonen D und E für Kreuz- und Steißbein mit einer kräftigen, aktivierenden Kreiselmassage.
5. Gehen Sie dann zu den Zonen des Schultergürtels. Massieren Sie hier ruhig und konstant das gesamte Feld F und setzen Sie mit dem Daumen eher sanfte Druckimpulse. Massieren Sie auch den gegenüberliegenden Bereich auf dem Fußrücken.

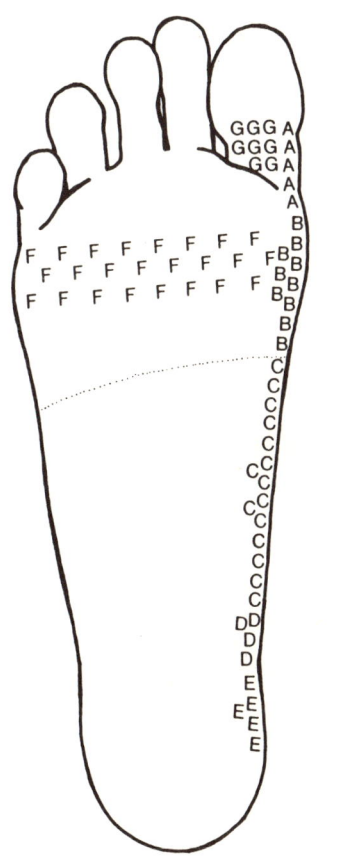
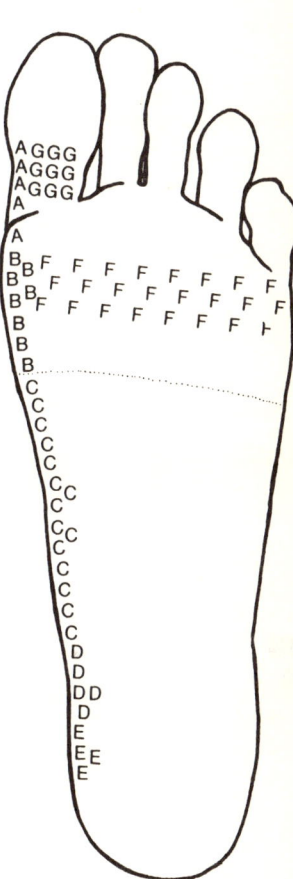

6. Abschließend führen Sie eine ausgleichende Massage an der Nackenreflexzone – Punkt G – durch.

Die Atmungsorgane, Herz und Blutkreislauf

Nachdem wir Wirbelsäule und Nackenbereich gründlich durchgearbeitet haben, gehen wir nun zu den Atemwegszonen sowie zu den Herz- und Kreislaufzonen über. Während wir im Bereich der Atemwegszonen schon mal kräftig anregen dürfen, sollten wir im Herz- und Kreislaufbereich vorsichtig sein und vorwiegend mit der normalen Daumentechnik und sanfter Vibrationstechnik arbeiten, da sonst Überreaktionen auftreten könnten.

Wir beginnen mit den Atemwegszonen von Lunge, Zwerchfell und Luftröhre; anschließend behandeln wir die Herzzonen, und zuletzt aktivieren wir den Blutkreislauf.

1. Massieren Sie die gesamte Lungenzone mit aktivierender Daumentechnik – Feld A. Massieren Sie auf die gleiche Weise das gegenüberliegende Feld auf dem Fußrücken.
2. Setzen Sie dann kurze, kräftige Druckimpulse durch die Reflexrotation im Bereich der Zwerchfellzone – Punkt B.
3. Massieren Sie nun die Luftröhre mit starkem Druck – Feld C.
4. Gehen Sie dann zu den Herzzonen über. Arbeiten Sie hier sanft, eventuell mit der Vibrationstechnik; beachten Sie bitte die an beiden Füßen unterschiedlich großen Zonenflächen – Feld D.
5. Enden Sie mit einer sanften Massage der Kreislaufzone. Sie befinden sich auf dem Fußrücken, entlang der Furchen der Mittelfußknochen. Massieren Sie dabei stets in Richtung Zehen!

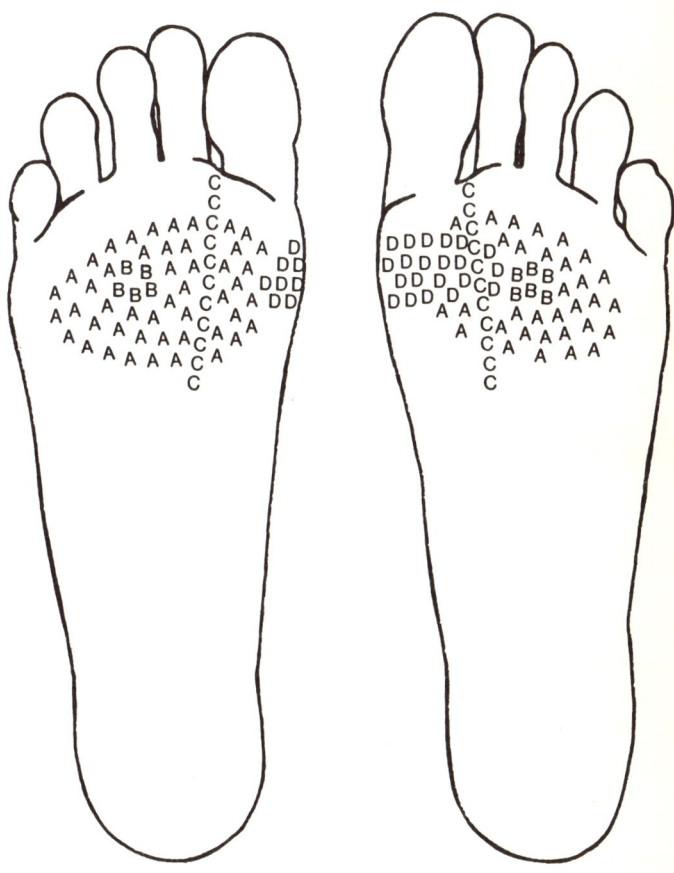

Die Verdauungsorgane

Als nächstes gehen wir zur Massage der Verdauungsorgane über. Viele Menschen sind in diesem Bereich besonders empfindlich, da er nicht selten durch einseitige Zivilisationskost erheblich gestört ist. Achten Sie bei der ersten Untersuchung daher besonders auf schmerzempfindliche Verdauungszonen. Zu den Verdauungszonen gehören die Zonen für Speiseröhre, Magen, Zwölffingerdarm, Dünndarm, Dickdarm, Blinddarm, Leber und Gallenblase. Sie alle liegen im mittleren bis unteren Bereich der Fußsohlen.

1. Beginnen Sie mit der Massage der Speiseröhrenzone von oben nach unten – Feld A.
2. Behandeln Sie anschließend die Magenzone mit einer sanften und beruhigenden Massage in Richtung Fußmitte – Feld B.
3. Gehen Sie dann zur Leberzone über und massieren Sie hier ausgleichend von außen nach innen – Feld C. Versuchen Sie es auch mit der Vibrationstechnik.
4. Aktivieren Sie die Gallenblasenzone mit kurzen und intensiven Druckimpulsen – Punkt D. Gehen Sie von hier direkt zur Zwölffingerdarmzone über, die Sie ausgleichend behandeln – Punkt E.
5. Massieren Sie nun die Dünndarmzonen in Richtung Fußmitte – Feld F – und beziehen Sie auch den Blinddarmpunkt – Punkt H – mit ein.
6. Behandeln Sie sodann den gesamten Dickdarmbereich – Feld G – sehr sanft und beruhigend. Wenden Sie notfalls auch den Sedierungsgriff an.

Nieren und Harnwege

Nachdem wir die Verdauungszonen durchgearbeitet haben, wenden wir uns nun den Nieren und den Harnwegen zu. Während sich die Nierenzone in der Fußmitte befindet, zieht sich

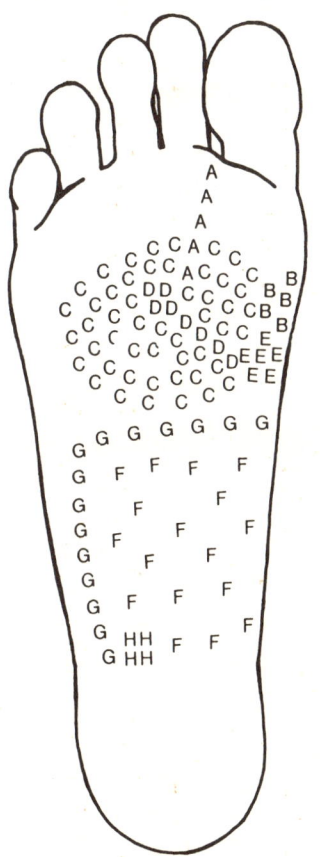
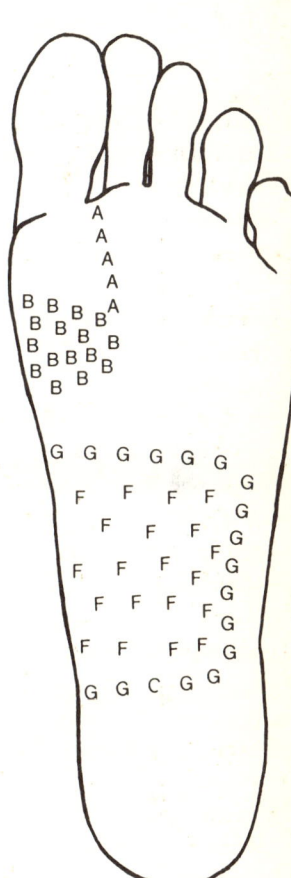

die Harnleiterzone nach unten und endet in der Blasenzone am Innenrand des Fußes.

Behandeln Sie die Nieren- und Harnwegszonen zunächst immer sehr vorsichtig und sanft. Besonders bei Nierensteinen, aber auch bei Blasenentzündungen kann die Massage der Reflexzonen nämlich sehr starke Schmerzen hervorrufen.

1. Beginnen Sie mit der Massage der Nierenzonen in der Fußmitte. Setzen Sie hier beruhigende, sanfte Druckimpulse und wenden Sie notfalls auch den Sedierungsgriff an – Feld A.
2. Massieren Sie anschließend sanft und langsam die Harnleiterzone – Feld B – millimeterweise von oben nach unten.
3. Schließen Sie mit einer Massage der Harnzone – Feld C. Hier können Sie auch etwas kräftiger massieren und die Daumenmassage mit der Kreiseltechnik variieren.

Die Geschlechtsorgane und die Drüsen

Zum Schluß wenden wir uns den Geschlechtsorganen sowie den Drüsen zu. In diesem Bereich empfiehlt sich durchaus eine aktivierende Massage, außer wenn konkrete Störungen vorliegen. Auf der Fußsohle liegen die Zonen für die Hypophyse, die Schilddrüse und Nebenschilddrüse, die Nebennieren, die Bauchspeicheldrüse sowie für die Becken- beziehungsweise Geschlechtsorgane, wobei letztere teilweise auch Reflexzonen auf dem Fußrücken haben.

Wir beenden die Grundbehandlung mit einer Massage der Milzzone. Die Milz gehört nicht zum Drüsensystem, sondern hat eine besondere Bedeutung für das Lymphsystem. Da das Lymphsystem jedoch den gesamten Organismus durchzieht, ist es sehr schwierig, es durch reflektorische Reize an einzelnen Punkten zu aktivieren. Bei Schwierigkeiten in diesem Bereich empfiehlt sich die Lymphdrainage. Da jedoch durch die geschilderte Grundbehandlung auch die Lymphzonen bereits aus-

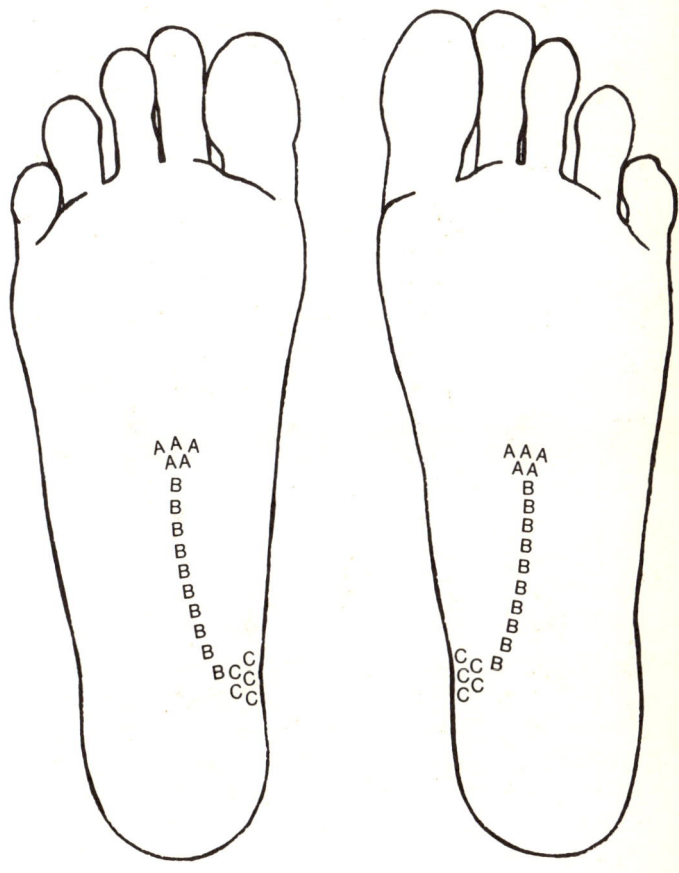

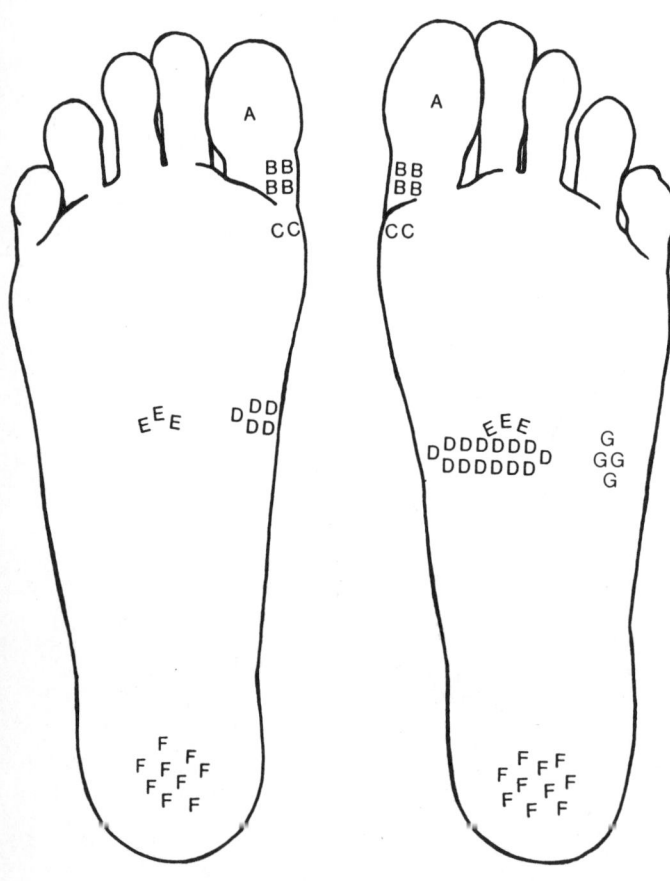

reichend angeregt wurden, haben wir uns darauf beschränkt, die Milzzone gesondert aufzuführen.

1. Massieren Sie zunächst die Hypophyse – Punkt A – mit mittelstarkem Druckimpuls ausgleichend.
2. Massieren Sie dann die Zonen der Schilddrüse – Feld B – und der Nebenschilddrüse – Feld C. Beachten Sie auch hier, daß Sie weder zu fest noch zu leicht, also stabilisierend massieren.
3. In derselben Weise massieren Sie nun die Zonen für die Bauchspeicheldrüse – Feld D – sowie die Nebennierenpunkte – Punkt E.
4. Gehen Sie schließlich zu den Geschlechtsorganen. Massieren Sie hier, notfalls mit dem Sedierungsgriff, das Feld F von außen nach innen.
5. Die Zonen für die Hoden beziehungsweise die Eierstöcke befinden sich am Fußrücken, direkt unter dem Außenknöchel. Massieren Sie hier sehr vorsichtig und sanft.
6. Zum Abschluß massieren Sie noch die Milzzone – Feld G. Hier können Sie eher aktivierend, eventuell sogar mit der Reflexrotation, massieren.

Grundprogramm
für die Handreflexzonenmassage

Im Vergleich zur Fußreflexzonenmassage führt die Handreflexzonenmassage bisher immer noch ein Schattendasein. Dies ist eigentlich sehr bedauerlich, da die Massage der Handreflexe uns wunderbare Möglichkeiten der Harmonisierung bietet.

Es ist zwar richtig, daß die inneren Organe durch die Massage der Handreflexzonen nicht so gut stimuliert werden können, wie dies bei der Fußreflexzonenmassage der Fall ist. Andererseits bietet die Handmassage gerade für alle jene, die durch eingeschränkte Bewegungsfreiheit Schwierigkeiten haben, sich selbst an den Fußsohlen zu massieren, eine sehr gute Alternative, denn wenn man nur stark genug massiert, werden die Organe auch über die Handzonenreflexe gut angeregt.

Für den Therapeuten ist jedoch ein anderer Aspekt von viel größerer Bedeutung. Da sich in den Handflächen nicht nur Organzonen, sondern auch reflektorische Zonen für die Sinne, also für Sehen, Hören, Riechen und Schmecken, für geistige Funktionen wie Wachheit, Kontrolle, Sprache sowie Zonen für das Gehirn, die Hypophyse und die Epiphyse befinden, ist es möglich, durch Anregung dieser Punkte direkten Einfluß auf das mentale Feld zu nehmen. Dies ist nicht nur im Hinblick auf eine ganzheitliche Behandlungsweise von Bedeutung, auch bei Störungen im mentalen Bereich kann die Massage der Handreflexzonen eine große Hilfe sein – ob es sich dabei um Gedächtnisstörungen handelt, um Probleme mit dem logischen Denken, ob man seine Wachheit steigern oder gar seine höheren Sinne entfalten möchte.

Natürlich gibt es auch Situationen, in denen unsere Konzentration und unser Denkvermögen stark gefordert sind – denken wir beispielsweise an Prüfungssituationen oder auch an Momente, wo wir in einer wichtigen Angelegenheit eine Entscheidung zu treffen haben. In solchen Fällen wäre es sehr sinnvoll, sich etwas Zeit für eine kurze Handreflexzonenmassage zu nehmen. Experimentieren Sie doch einfach einmal damit, wahrscheinlich werden Sie über die Wirkungen, die sich übrigens schon bei der ersten Selbstmassage einstellen, sehr erstaunt sein.

Um sämtliche Zonen der Hände ausreichend zu stimulieren, genügen bereits etwa 15 Minuten. Das gesamte Grundprogramm besteht aus vier kleinen Programmen für folgende Bereiche: Organzonen, Wahrnehmungszonen, Zonen des Denkvermögens sowie Zonen für die Entwicklung des höheren Bewußtseins.

Die Organzonen

Wir beginnen unser Grundprogramm mit einer kurzen Massage der Organzonen. Bedenken Sie dabei aber bitte, daß Sie schon recht starke Impulse einsetzen müssen, um in diesem Bereich befriedigende Ergebnisse zu erzielen. Führen Sie die Grundtechnik mit dem Daumen daher mit starkem, intensivem Druck aus und gehen Sie zügig von Zone zu Zone weiter. Wenn keine besonderen Probleme vorliegen, sollten Sie den Sedierungsgriff bei der Handreflexzonenmassage nicht anwenden, sondern lediglich mit der Daumentechnik und der Kreiselmassage arbeiten.

Auch für die Handreflexzonen gilt, daß wir eine Zone zunächst an der rechten, dann an der linken Hand massieren, um dann die nächste Zone wieder an der rechten Hand zu behandeln, und so weiter.

1. Massieren Sie zunächst die Lungenzone – Feld a. Gehen Sie dabei aktivierend von außen nach innen vor.
2. Massieren Sie nun die Herzzone – Feld b – mit starkem, konstantem Druck.
3. Gehen Sie jetzt zu den Zonen der Verdauung über und mas-

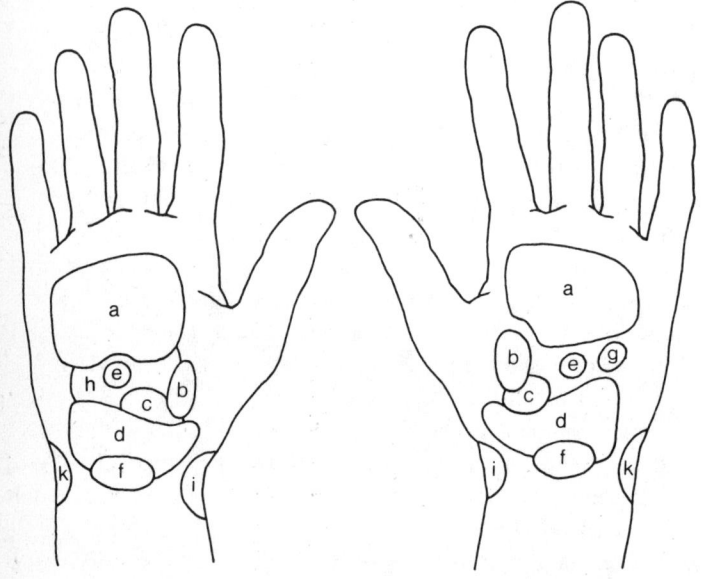

sieren Sie zunächst die Magenzone – Feld c – und dann die Darmzone – Feld d. Aktivieren Sie auch hier durch starken Druck. Sie können auch die Kreiselmassage einsetzen.

4. Anschließend stimulieren Sie die Nierenpunkte – Feld e – sowie die Blasenpunkte – Feld f. Hier sollten Sie etwas vorsichtiger sein und den Druck nicht zu lange halten.

5. Massieren Sie dann wiederum sehr kräftig, also aktivierend, den Milzbereich (nur in der linken Hand) – Feld g – sowie die Leberzone (nur in der rechten Hand) – Feld h.

6. Beenden Sie die Massage der Organzonen, indem Sie die Reflexzonen der Geschlechtsorgane sehr kräftig anregen. Hierzu drücken Sie die Punkte i und k.

Die Wahrnehmungszonen

Nachdem wir die Organzonen durchgearbeitet haben, gehen wir zu den Wahrnehmungszonen über. Durch Stimulation dieser Zonen regen wir unsere Sinne – Sehen, Hören, Geruch und Geschmack – und damit unsere Wahrnehmung an. Je mehr wir unsere Sinne entfalten, desto besser können wir unsere Umwelt wahrnehmen und desto *sinnvoller* wird unser Leben.

Die gesamte Reflexzonentherapie bietet uns ja bereits eine hervorragende Möglichkeit zur Entfaltung unserer Sinne. Dies geschieht hauptsächlich über das Ertasten des anderen bzw. unserer selbst. Nützen wir nun auch die Möglichkeiten, unsere anderen Sinne über die entsprechenden Reflexzonen anzusprechen.

1. Beginnen Sie mit den Zonen für das Sehen – Feld a. Massieren Sie mit mittelstarkem Druck und leichten Kreisbewegungen ausgleichend.

2. Gehen Sie dann zu den Zonen für das Hören über – Feld b. Massieren Sie wie bei den Zonen für das Sehen. (Wechseln Sie wiederum zwischen rechter und linker Hand ab.)

3. Massieren Sie abschließend die Zonen für Geruch – Feld c –

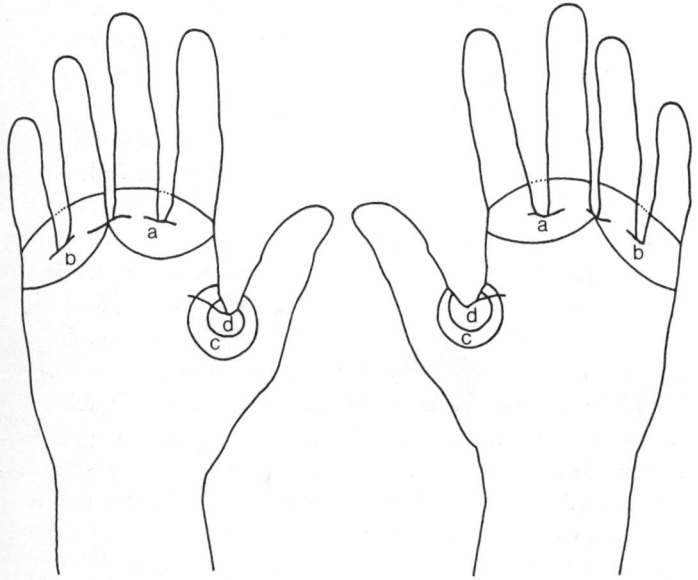

und Geschmack – Feld d. Da sich diese Zonen überlappen, sollten Sie vom Handinneren nach außen hin massieren. (Am einfachsten ist es, wenn Sie mit Daumen und Mittelfinger eine »Zange« bilden und diese Zonen mit starkem und konstantem Druck »kneifen«. Achten Sie jedoch unbedingt darauf, daß Sie die Fingernägel nicht in die Haut bohren! Massieren Sie zunächst den fleischigeren Teil und gehen Sie so lange nach außen, bis Sie nur noch die Haut zwischen Daumen und Zeigefinger halten.) Diese Massage wirkt anregend.

Die Zonen des Denkvermögens

Nach der Stimulierung der Wahrnehmungszonen widmen wir uns nun der Massage jener Zonen, die mit dem Denkvermögen zusammenhängen. Hierzu zählen wir die Gehirnzonen sowie die Zonen für das Gedächtnis, für das räumliche Vorstellungsvermögen, das logische Denken sowie die Zonen für die Sprache. Entsprechend der Verteilung dieser Zonen in den beiden Gehirnhälften, liegen auch die Reflexzonen jeweils in der entsprechenden Hand.

Indem wir diese Bereiche anregen, können wir unsere Konzentration erhöhen, und es fällt uns leichter, klare Gedanken zu fassen und diese auch zu formulieren. Aber nicht nur im sprachlichen, sondern auch im mathematischen Bereich können wir das Denkvermögen anregen. Außerdem können wir über die Handreflexzonen unsere Gedächtnisleistung verbessern. Dies ist beispielsweise vor Prüfungen von besonderer Bedeutung.

Um die Zonen des Denkvermögens anzuregen, brauchen wir keine besonders starken Druckimpulse, es genügt eine mittlere Druckintensität, wobei es manchmal einfacher ist, mit dem Zeigefinger zu drücken und den zu behandelnden Finger mit dem Daumen abzustützen.

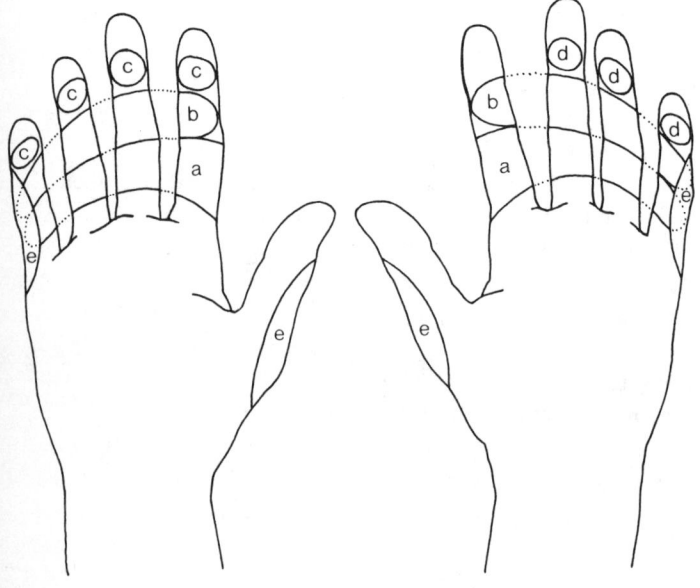

1. Beginnen Sie mit einer stabilisierenden Stimulierung der Gehirnzone – Feld a.
2. Stimulieren Sie die Zone für das Gedächtnis – Feld b – etwas kräftiger, anregend.
3. Massieren Sie anschließend die Zone für das räumliche Vorstellungsvermögen an der rechten Hand – Feld c – stabilisierend.
4. Jetzt massieren Sie die Zone für das logische Denken an der linken Hand – Feld d – leicht anregend.
5. Schließlich massieren Sie die Sprachreflexzonen – Feld e – ebenfalls leicht anregend.

Die Zonen des höheren Bewußtseins

Zum Schluß wenden wir uns noch den Reflexzonen zu, die für die Entwicklung unseres Bewußtseins besonders wichtig sind. Spätestens an diesem Punkt wird die Reflexzonenmassage zur spirituellen Therapieform, die nicht nur die Funktionen des Organismus oder des Gehirns beeinflußt, sondern uns darüber hinaus einen direkten Zugang zu höheren Bewußtseinsstufen ermöglicht.

Durch die Stimulation der entsprechenden Reflexzonen können wir unsere geistige Kontrolle verbessern, was für alle esoterischen Disziplinen sehr bedeutsam ist. Wir können unsere Wachheit im Alltag erhöhen, unsere höheren Sinne entwickeln und uns damit in die Lage versetzen, auch feinste Schwingungen wie Gedankenkräfte oder die Atmosphäre eines bestimmten Raumes wahrzunehmen. Auch können wir Einfluß auf unsere Willenskraft nehmen und unsere oberen Chakras (Energiezentren des Feinstoffkörpers) über die entsprechenden Drüsen anregen.

Da wir hier den Bereich der »groben Materie« verlassen, müssen wir uns für die Massage dieser Zonen auf unsere Intuition verlassen. Mit einfachen Erklärungen zu Druckintensität und Grifftechnik ist in diesem Bereich nichts zu gewinnen. Um

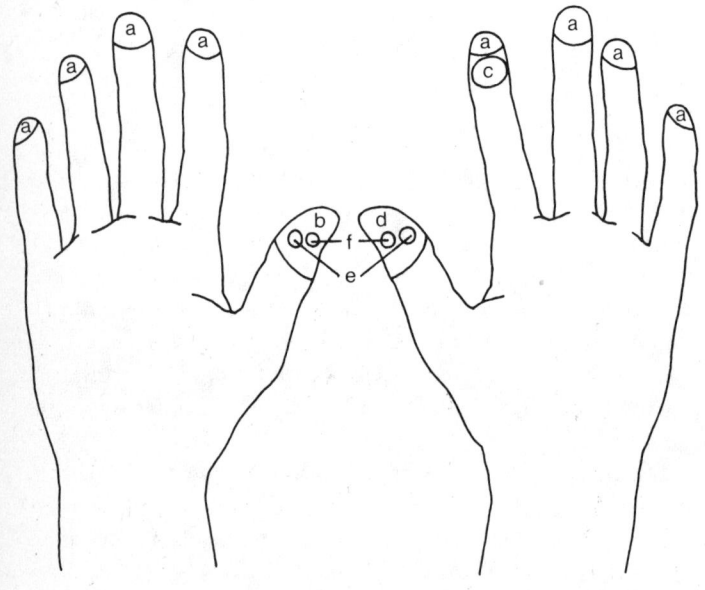

die höheren Zentren zu entwickeln, brauchen wir Zeit und Geduld. Allgemein kann man sagen, daß wir in den hier aufgeführten Bewußtseinszonen sicherlich keine starken Druckimpulse mehr benötigen, im Gegenteil: Manchmal wird bereits die sehr leichte Berührung einer Zone viel mehr bewirken als eine kräftige Massage derselben. Aber experimentieren Sie einfach selbst, dann werden Sie am schnellsten die nötigen Erfahrungen machen.

1. Stimulieren Sie zunächst die Zone für die höheren Sinne an den Fingerkuppen – Feld a.
2. Wenden Sie sich dann der Zone für die Wachheit am rechten Daumen zu – Feld b.
3. Massieren Sie dann die Kontrollzone am linken Zeigefinger – Feld c.
4. Anschließend stimulieren Sie die Zone für Willenskraft am linken Daumen – Feld d.
5. Zum Abschluß drücken Sie die Hypophyse für das Stirnchakra – Punkt e – und die Epiphyse für das Scheitelchakra – Punkt f.

Grundprogramm
für die Reflexzonenmassage am Ohr

Weil sich Kopf- und Körperzonen am Ohr überlappen, ist es möglich, auch das Gefühlsleben mit Hilfe der Reflexzonenmassage positiv zu beeinflussen. Das allein stellt ja bereits eine sehr interessante Möglichkeit dar, die die Reflexzonenmassage zu einer wirklich ganzheitlichen und umfassenden Methode macht. Unsere Gefühle haben überdies einen weit größeren Einfluß auf unseren gesundheitlichen Gesamtzustand als meist angenommen. Daher ist es möglich, über die Reflexzonen an den Ohren auch unseren allgemeinen Gesundheitszustand zu stabilisieren.

Oft erleben wir, daß Gefühle und Gedanken in völlig unterschiedliche Richtungen gehen. Dies ist aber weder ein natürlicher noch ein erstrebenswerter Zustand. Wir sind eine Einheit – Körper, Geist und Seele existieren nicht getrennt voneinander, sondern wirken stets zusammen; auch wenn wir das oft nicht erkennen und »gegen unsere Gefühle« oder »gegen unseren Verstand« entscheiden – eigentlich aber gegen unsere Bewußtheit und Ganzheit. Die Reflexzonenmassage am Ohr kann die einheitliche Wahrnehmung von Gedanken und Gefühlen fördern.

Schließlich bietet die Reflexzonentherapie am Ohr auch noch die Möglichkeit, über das Unbewußte und die Gefühle die körperlichen Vorgänge zu harmonisieren. Für das Verhältnis zwischen Körper und Gefühlsleben gilt ähnliches wie für das zwischen Gedanken und Gefühlen. Auch der Körper existiert nicht unabhängig, und es dient dem ganzen Menschen, wenn diese Einheit wirklich empfunden und gelebt wird. Dabei kann eine harmonisierende Reflexzonenmassage am Ohr helfen.

Die folgenden vier Massageprogramme stellen zusammen ein grundlegendes Harmonisierungsprogramm für die Gefühle und das Unbewußte dar. Für die Durchführung des Gesamt-programms brauchen Sie, wenn Sie etwas Übung haben, un-gefähr zehn Minuten. Wie auch die Massage der Reflexzonen an Füßen und Händen, sollten Sie die Reflexzonenmassage am Ohr zu einer Gewohnheit werden lassen. Ideal wäre es, das Grundprogramm einmal pro Woche durchzuführen. Die Mas-sage der Ohrreflexzonen sollte nicht so sehr zur Behandlung akuter Probleme eingesetzt werden, sondern eher langfristig zur Stabilisierung, Harmonisierung und Vorbeugung.

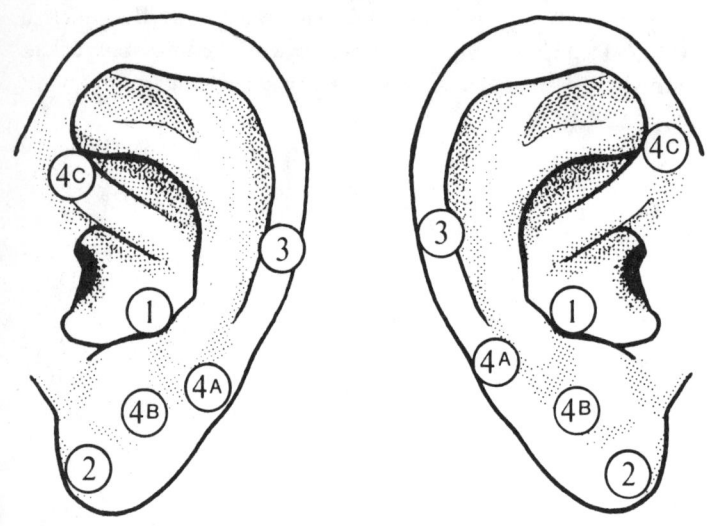

Aktivierung der Gefühlsenergie

Unsere Gefühle bewirken mehr, als wir im allgemeinen annehmen. Über den gesundheitlichen Aspekt haben wir ja bereits gesprochen, aber unsere Gefühle sind auch unser eigentliches Mittel zur Kommunikation. Die Sprache täuscht oft darüber hinweg, daß wir die wirklich wichtigen und persönlichen Dinge im Leben unbewußt über unsere Gefühle ausdrücken und die Äußerungen anderer Menschen ebenfalls unbewußt über unsere Gefühle wahrnehmen.

Um wirklich mit anderen Menschen in Verbindung treten zu können, müssen wir also in der Lage sein, unsere Gefühle wahrzunehmen. Leider bewirkt die äußere Kontrolle der Gefühle, die in unserer Gesellschaft üblich ist, daß oft auch der einzelne Mensch eine innere Kontrollinstanz aufbaut. Diese unbewußte Kontrolle bedeutet stets eine Einschränkung. Sie manifestiert sich in Vorurteilen, Ängsten und eigenartigen Moralvorstellungen. In der Psychoanalyse wird diese Kontrollinstanz auch Über-Ich genannt. Viele esoterische Schulen versuchen, das Über-Ich ins Bewußtsein zu integrieren und damit den Geist zu befreien.

Die Reflexzonenmassage am Ohr kann zwar keine jahrelange Meditation ersetzen, aber sie kann unsere emotionale Energie stärken, was dazu führt, daß wir unsere eigenen Gefühle wieder intensiver empfinden und ausdrücken können.

Behandlung:
  Beruhigen: 2
  Anregen: 1, 4A–4C
  Stabilisieren: 3

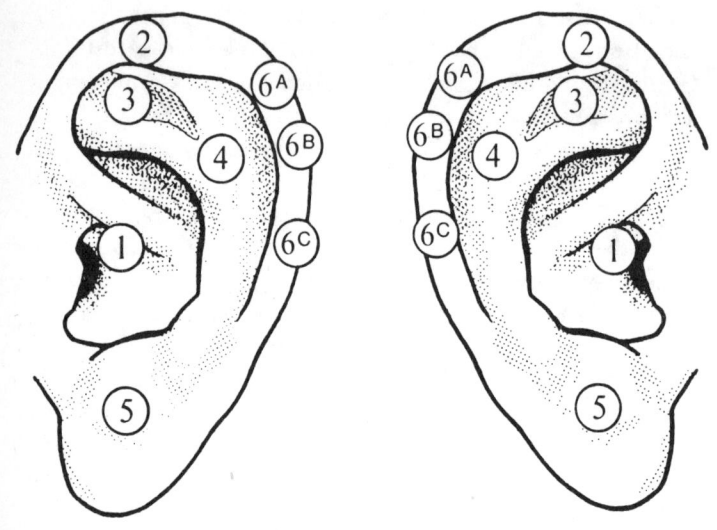

Seelische Harmonisierung

Auch die Triebe gehören zu unserem Gefühlsleben, was zur Folge hat, daß wir im Gefühlsbereich oft impulsiv handeln, dem jeweils vorherrschenden Trieb folgend. Das können Hunger, Durst oder der Geschlechtstrieb sein, aber es gibt auch »höhere Triebe«, die eigentlich den Menschen ausmachen: die Sehnsucht nach Liebe, den Drang, das Unbekannte zu erforschen oder das Spirituelle und Religiöse. Man mag darüber streiten, ob das wirklich »Triebe« im eigentlichen biologischen Sinne sind, aber es ist wohl kaum zu bezweifeln, daß diese Kräfte ihren Ursprung in tiefen Schichten des Gefühlslebens haben. Zu allen Zeiten, solange es Menschen gibt, war es der Drang nach diesen »höheren Zielen«, der die Geschicke jeder Kultur bestimmt hat.

Die »höheren Triebe« sind jedoch den niedrigeren, wie Hunger oder Durst, untergeordnet und ziehen uns daher mal dahin, mal dorthin. In der Gefühlswelt geht es also meist ziemlich durcheinander. Hier wieder Ordnung herzustellen, ist das Ziel jeder Meditation. Die Reflexzonenmassage kann die Wiederherstellung der »emotionalen Ordnung« unterstützen, indem sie die verschiedenen Gefühlsbereiche miteinander harmonisiert. Dann wird es den »höheren Trieben« leichter fallen, sich gegen die »niederen« durchzusetzen.

Behandlung:
Alle angegebenen Punkte werden stabilisierend behandelt.

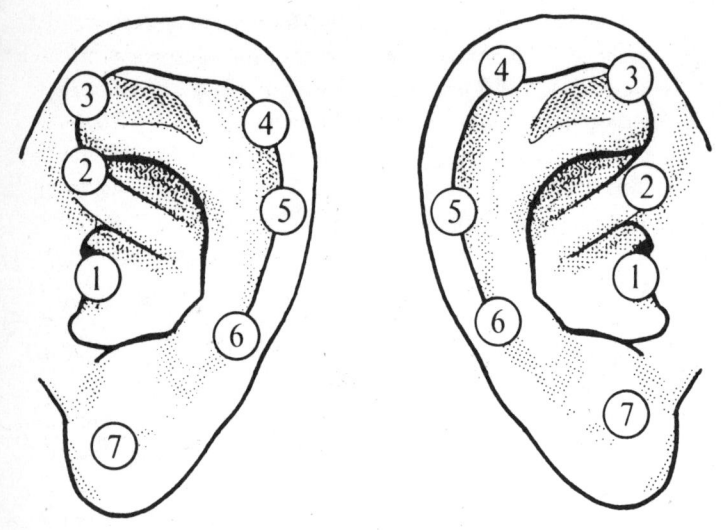

Mentale Harmonisierung

Seele, Körper und Geist werden in unserer Kultur oft als voneinander getrennt angesehen, was im Laufe der Zeit zu einer tatsächlichen Abspaltung und Disharmonie dieser Wesensaspekte geführt hat. Nur so ist es möglich, daß Denken und Fühlen uns oft als so unterschiedlich oder gar gegensätzlich erscheinen. Für eine umfassende Harmonisierung des menschlichen Geistes ist es wichtig, daß zunächst einmal die unterbewußten und gefühlsmäßigen Bereiche miteinander harmonisiert werden. Eine gute Verbindung zwischen Unterbewußtsein und Gefühlen ist die Voraussetzung für das Entstehen einer ganzheitlichen, integrierten Persönlichkeit. Wenn sich mit dem Zustandekommen dieser Verbindung ein großer Teil der unterbewußten Konflikte auflöst, wird gleichzeitig ein großes Energiepotential freigesetzt. Diese zusätzliche Energie steht nun für die Bewältigung geistiger und emotionaler Aufgaben zur Verfügung.

Um die Verbindung zwischen Unterbewußtsein und Gefühlen herzustellen, bedarf es vor allem einer Aktivierung der unterbewußten Energie. Das Zentrum der unterbewußten Energie liegt im Zentrum des Ohres. Dort wo auch die Kräfte der Intuition, der Kreativität und der Spiritualität ihre Zonen haben, setzt dieses Programm an. Das ist der Grund für die weitreichenden Auswirkungen dieser kurzen Massage.

Behandlung:
Bei dieser Massage verbleibt ein Zeigefinger im Gehörgang (1) und wird in eine leichte Vibration versetzt. Die Punkte 2 bis 7 werden währenddessen großflächig anregend massiert.

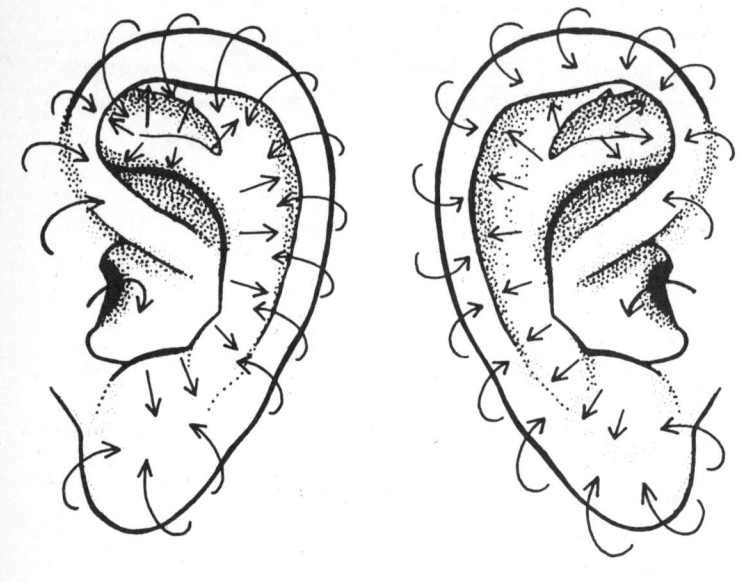

Die Harmonisierung des Körpers

Die Tatsache, daß sich im Ohr so viele Organzonen über-
schneiden, bedeutet auch, daß wir über die Massage am Ohr
eine Art Verbindung oder Kommunikation zwischen den verschiedenen Körperregionen herstellen können. Diese »Organ-
Kommunikation« führt im Laufe der Zeit dazu, daß die Organe ihre Aufgaben im Gesamtsystem besser erfüllen können
und sich gegenseitig unterstützen. Damit ist die Grundlage für
die ganzheitliche Gesundheit unseres physischen Körpers
gelegt.

Weiterhin wird sich durch die verstärkte Organ-Kommunikation unser Körperbewußtsein mit der Zeit verbessern.
Subjektiv wird dies dadurch spürbar, daß viele Bewegungen
leichter fallen, Körperteile, die bisher kaum wahrgenommen
wurden, deutlich spürbar sind (beispielsweise die Haut des Rük-
kens) und schädliche Belastungen schnell erkannt und damit
vermieden werden können. Auf diese Weise wird auch eine der
Hauptursachen für Verletzungen und Überbeanspruchungen
des Körpers bekämpft, nämlich ein mangelndes Körperbewußtsein; »Organ-Kommunikation« bedeutet eben auch ein
gesteigertes Körpergefühl.

Diese Behandlung eignet sich auch als kurze Einstimmungs-
massage vor der Behandlung der Organzonen an Füßen und
Händen.

Behandlung:

Bei der Harmonisierung des Körpers wird das Ohr als Ganzes massiert. Reiben Sie zunächst die Ohren mit kreisenden
Bewegungen Ihrer Handflächen. Dann falten Sie die Ohrmuschel nach innen und ziehen sie anschließend nach außen.
(Folgen Sie dabei den Pfeilen auf der Abbildung.)

Die Behandlung
vorwiegend körperlicher Beschwerden

Alle körperlichen Beschwerden haben immer auch psychische Hintergründe, oft sind diese Hintergründe jedoch tief verborgen und stehen nicht an erster Stelle. Daher haben wir in diesem Buch eine Unterscheidung zwischen körperlichen und seelisch-geistigen Beschwerden getroffen. Diese Zweiteilung ist aber natürlich nicht zwingend, und es gibt sicherlich Bereiche, wo es schwierig ist, zwischen körperlichen und seelischen Ursachen für ein Problem zu unterscheiden.

Wenn Sie also ein Sie betreffendes Problem in diesem Abschnitt nicht finden, sehen Sie einfach im folgenden nach. Innerhalb der Abschnitte sind die Probleme alphabetisch angeordnet.

Den Erläuterungen zu dem einzelnen Problem jeweils gegenüber finden Sie eine Tafel, der Sie die zu massierenden Punkte entnehmen können. Die Punkte sind durchnumeriert. Jeweils am Ende der Problembeschreibung ist die Behandlung aufgeführt. Die Punkte sind hier immer der notwendigen Massagetechnik – beruhigend, anregend oder stabilisierend – zugeordnet. Wenn Sie mit den Massagegriffen noch nicht vertraut sind, schlagen Sie im Kapitel »Grundtechniken der Reflexzonenmassage« (ab Seite 65) nach.

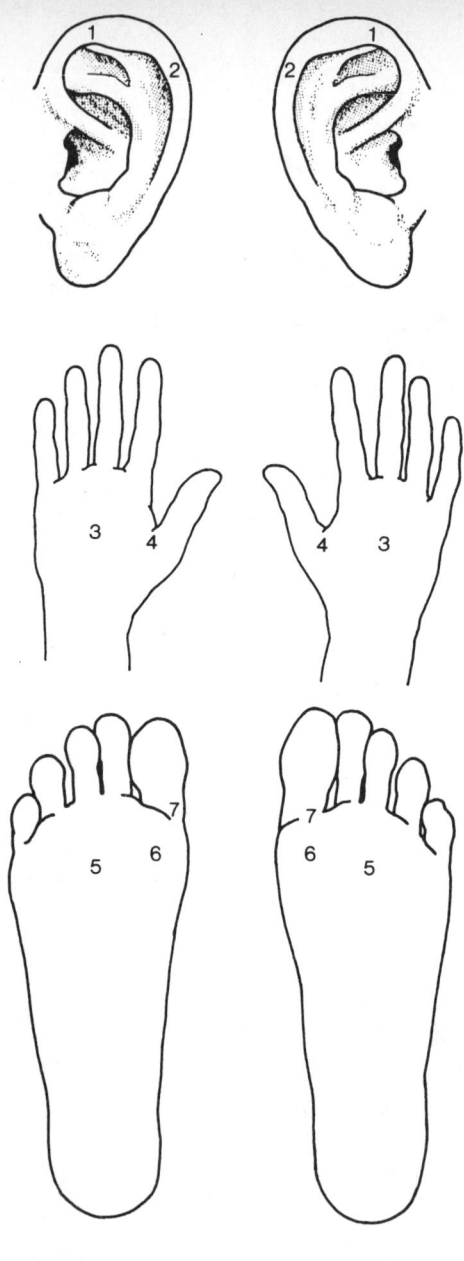

Atembeschwerden

Der Atem ist der Strom des Lebens. Ohne Atem gibt es kein Leben. Nicht umsonst schreiben viele esoterische Lehren dem Atem geheimnisvolle Kräfte zu. Probleme beim Atmen sind äußerst unangenehm und sehr belastend für den gesamten Organismus, denn der Sauerstoff, den wir mit der Atemluft aufnehmen, ist notwendig, um die Körperfunktionen aufrechtzuerhalten. Schon eine kurze Unterbrechung der Luftzufuhr führt zu Ohnmacht und dann zum Tod. Die Sauerstoffaufnahme erfolgt in den kleinen Verästelungen der Lunge; dort wird der Sauerstoff an die roten Blutkörperchen gebunden, die dann den ganzen Körper mit Sauerstoff versorgen. Besonders das Gehirn benötigt sehr viel Sauerstoff. Atembeschwerden führen daher oft auch zu Wahrnehmungsstörungen, Kopfschmerzen und Depressionen.

Atembeschwerden treten auf, wenn die sich Bronchiolen verkrampfen (beim Asthma) oder verstopft sind (bei Lungeninfekten). Mit der Reflexzonenmassage kann eine gewisse Erleichterung bei Atemproblemen erreicht werden, indem die Entspannung und Selbstreinigungsfunktion der Lunge unterstützt wird.

Behandlung:
  Beruhigen: 1, 4, 7, 6
  Anregen: 2
  Stabilisieren: 3, 5

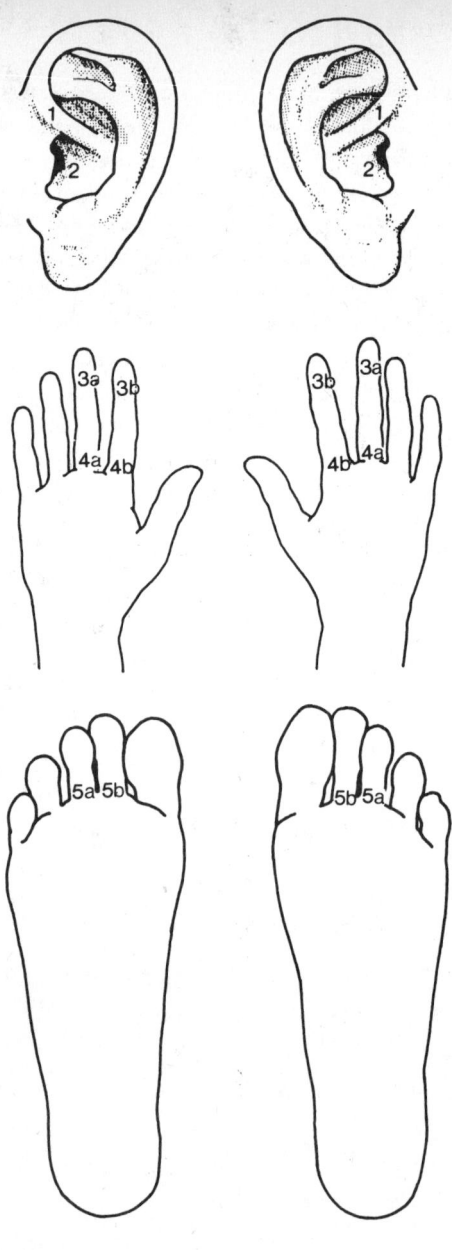

Augenprobleme

Die Augen sind die Sinnesorgane, mit denen wir die Welt in uns aufnehmen. Jeder, der einmal versucht hat, sich mit geschlossenen Augen in seiner Umgebung zurechtzufinden, weiß, wie wichtig die Augen sind. Die Augen sind die Sinnesorgane; die eigentliche Wahrnehmung findet im Gehirn statt.

Das Auge des Menschen ist ein äußerst komplexes Gebilde, an dem eine Vielzahl von Störungen auftreten können. Die Hornhaut kann Verkrümmungen aufweisen (Astigmatismus), der Augapfel kann zu lang (Kurzsichtigkeit) oder zu kurz (Weitsichtigkeit) sein, die Linse kann sich eintrüben (grauer Star), oder die Flüssigkeit im Inneren des Auges kann zu hohen Druck ausüben (Glaukom). Dazu kommen noch mögliche Störungen der lichtempfindlichen Sinneszellen (z. B. Nachtblindheit), der Augenmuskeln (Akkomodationsstörungen) und Störungen bei der Verarbeitung der aufgenommenen Informationen im Gehirn.

Während viele dieser Störungen der Behandlung durch einen Augenarzt bedürfen, kann man leichtere Beschwerden unter Umständen mit der Reflexzonenmassage lindern. Gerade eine leichte Kurzsichtigkeit, die oft auf Verspannungen beruht, kann durch eine Massage der entsprechenden Reflexzonen behoben werden.

Behandlung:
  Anregen: 1, 2
  Stabilisieren: 3a–b, 4a–b, 5a–b

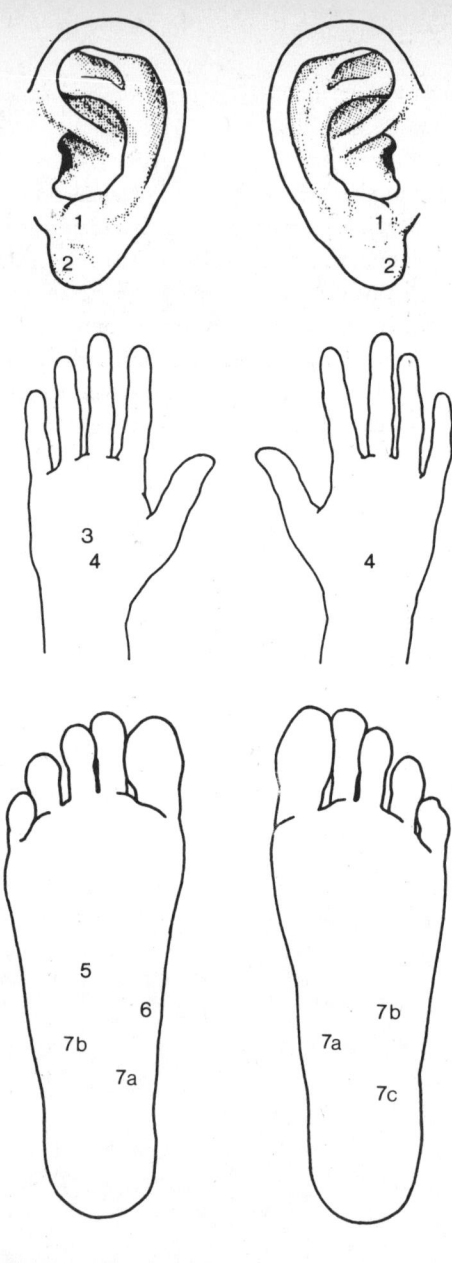

Bauchschmerzen

»Bauchschmerzen« ist natürlich ein sehr weiter Begriff. Oft ist es aber nicht möglich, ohne ärztliche Hilfe festzustellen, welche Ursache die Bauchschmerzen haben. Bei starken oder häufig wiederkehrenden Schmerzen sollten Sie der Ursache unbedingt auf den Grund gehen, bevor größere Schäden auftreten. Die Schmerzen können vom Magen, vom Darm, von der Gallenblase oder von den Eierstöcken ausgehen; es kann sich um Entzündungen, Geschwüre oder Vergiftungen handeln.

Andererseits wissen Sie manchmal auch ganz genau, welche Ursache die Schmerzen haben; beispielsweise wenn Sie übertrieben viel oder fett gegessen haben. Dann gehen die Schmerzen meist vom Magen oder von der Gallenblase aus.

Die Massage der entsprechenden Reflexzonen lindert die Schmerzen, erleichtert die Lösung von Verspannungen und stabilisiert die Funktion der Bauchorgane. Diese Behandlung ist vorwiegend symptomatisch. Wenn die Schmerzen anhalten oder nach einigen Tagen wieder auftreten, sollten Sie unbedingt einen Arzt aufsuchen.

Behandlung:
Beruhigen: 2, 4, 5, 6
Stabilisieren: 1, 3, 7a–c

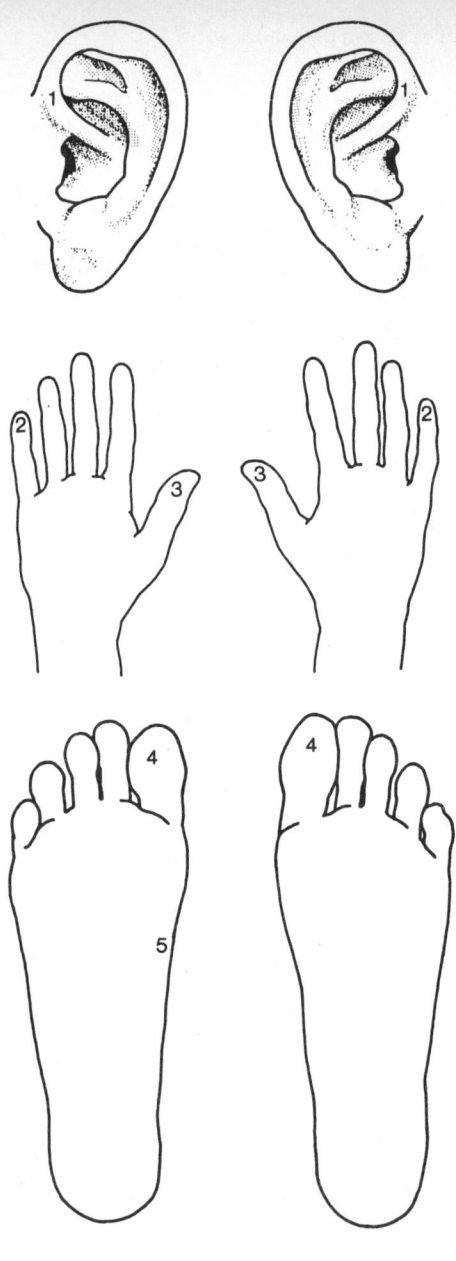

Diabetes (Zuckerkrankheit)

Diabetes ist eine Stoffwechselkrankheit, bei der der Zuckergehalt des Blutes erhöht ist. Dies hat schwerwiegende Folgen für den gesamten Organismus. Mattigkeit, ständiger Durst, Neigung zu Hauterkrankungen und Harnwegsinfekten treten bei Diabetes oft auf. Die Ursache für den erhöhten Blutzuckerspiegel ist eine Störung des Insulinhaushaltes; Insulin ist ein von der Bauchspeicheldrüse produziertes Hormon, das den Blutzuckergehalt reguliert. Diabetes entsteht entweder durch Insulinmangel oder aber durch ein Überangebot an Insulinhemmstoffen im Blut.

Die meisten Formen von Diabetes haben eine genetische Komponente, sind also erblich. Mit einer geeigneten Diät können die Symptome jedoch meistens vermieden werden. In schweren Fällen benötigt der Diabetiker eine Insulinzufuhr von außen.

Durch Reflexzonenmassage kann man versuchen, die Pankreasfunktion anzuregen und den Hormonhaushalt zu stabilisieren. Außerdem können die Folgen der Zuckerkrankheit durch eine geeignete Reflexzonentherapie abgeschwächt werden. Heilen kann man Diabetes auch mit der Reflexzonentherapie nur in seltenen Ausnahmefällen.

Behandlung:
  Anregen: 2, 3, 4, 5
  Stabilisieren: 1

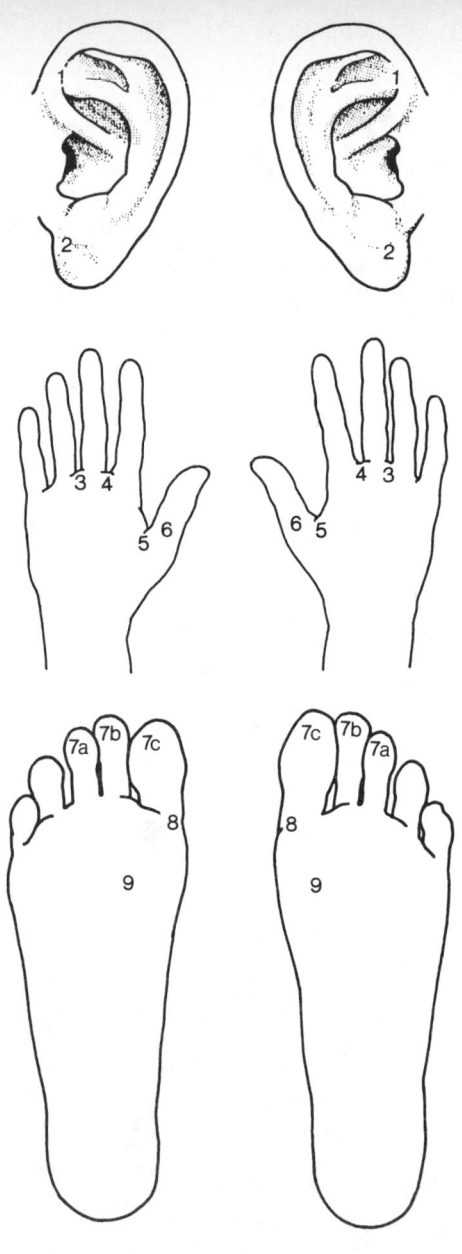

Erkältungskrankheiten

Durch Kälte wird die Immunabwehr des Körpers stark herabgesetzt. So ist es zu erklären, daß sich schon kurz nachdem man sich Kälte ausgesetzt hat, akute Probleme – meist durch Virusinfektionen – an den oberen Luftwegen einstellen können. Deshalb treten Erkältungskrankheit auch vor allem im Herbst auf. Man denkt dann oft noch nicht an ausreichenden Wärmeschutz.

Interessant ist auch, daß gerade kalte Füße sehr schnell zu einer Erkältung führen; dies ist ein deutlicher Hinweis auf die reflektorischen Wirkungen der Fußzonen!

Wenn der Hals entzündet ist und die Nase läuft, sind das nicht nur lästige lokale Erscheinungen. Meist ist dann das gesamte Befinden gestört; Kopfschmerzen und Appetitmangel folgen. Die Tatsache, daß die Atmung durch die Nase behindert ist, trägt ebenfalls dazu bei, die Krankheit zu verschlimmern. Wenn Sie allerdings bereits auf die ersten Anzeichen achten, können Sie die Erkältung meist noch abwehren. Die Reflexzonenmassage mobilisiert die Abwehrkräfte und fördert die Durchblutung der oberen Atemwege, was es Viren erschwert, sich einzunisten. Am sinnvollsten ist es natürlich vorzubeugen, indem man auf warme Kleidung und vor allem auf warme Füße achtet.

Behandlung:
  Beruhigen: 3, 4, 5, 6, 8, 9
  Anregen: 1
  Stabilisieren: 2, 7a–c

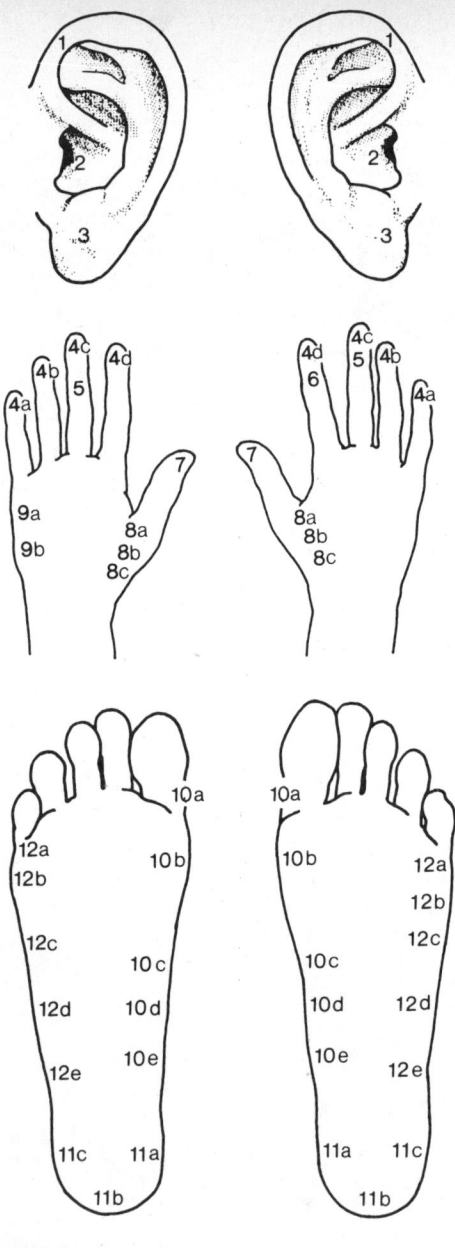

Erkrankungen des Bewegungsapparates

In unserer Zivilisation verbringen die meisten Menschen einen Großteil ihres Lebens im Sitzen. Das Sitzen auf Stühlen ist aber nun nicht gerade eine natürliche Körperhaltung, und daher verwundert es nicht, daß Haltungsschäden und Erkrankungen des Bewegungsapparates immer mehr um sich greifen. Die Muskulatur, die Gelenke und die Knochen werden nicht genug eingesetzt, um ihre natürlichen Funktionen voll aufrechtzuerhalten. Muskeln verkürzen sich oder verkümmern, die Knorpel der Gelenke werden dünner, und weniger Gelenksflüssigkeit wird produziert. In der Folge treten dann Arthrose (Gelenksdegeneration) oder Arthritis (Gelenkentzündung) auf.

Vorbeugung ist selbstverständlich auch hier das beste Mittel. Wer seinem Körper täglich ausreichend Bewegung verschafft, bewahrt ihn vor Degeneration. Am besten eignen sich dafür sanfte, umfassende Übungssysteme wie Yoga oder T'ai Chi Ch'uan. Diese Übungen können auch noch sehr spät im Leben begonnen werden und fördern das Körperbewußtsein.

Wenn bereits erste Schäden aufgetreten sind, kann die Reflexzonenmassage den Wiederaufbau und die Wiederherstellung der natürlichen Bewegungsfunktionen unterstützen. Bewegung kann sie selbstverständlich nicht ersetzen!

Behandlung:
    Beruhigen: 8a–c, 9a–b, 10a–e, 11a–c, 12a–e
    Anregen: 2, 4a–d, 6, 7
    Stabilisieren: 1, 3, 5

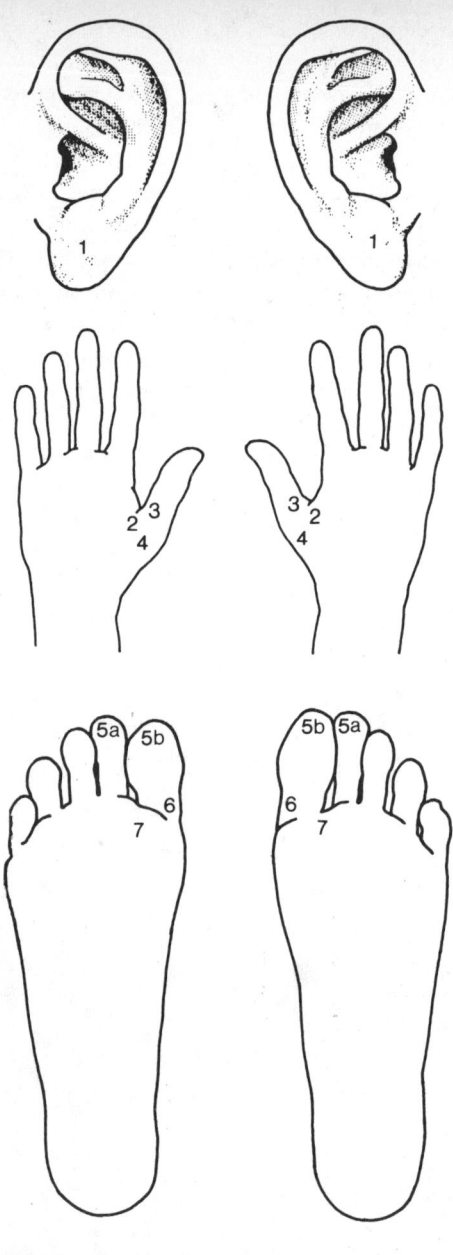

Halsentzündung

Halsschmerzen, Angina und Schluckbeschwerden sind eine
äußerst lästige Angelegenheit – besonders für Menschen, die
viel mit ihrer Stimme arbeiten, wie beispielsweise Lehrer oder
Sänger. In der kalten Jahreszeit treten Halsschmerzen besonders häufig auf.

Oft ist eine falsche Atmung mit schuld an diesen Problemen.
Eine gute Nasenatmung läßt Halsentzündungen meist gar
nicht erst aufkommen. Bei vielen Menschen ist jedoch die Na-
senscheidewand zu einer Seite hin verbogen; dadurch wird die
Nasenatmung eingeschränkt. Mit einer kleinen Operation
kann dieses Problem korrigiert werden.

Starke schmerzhafte Schluckbeschwerden treten auch bei
Angina (Mandelentzündung), Scharlach und anderen Infektionskrankheiten auf. Bei Fieber sollte Bettruhe eingehalten
werden, um Komplikationen zu vermeiden. Bei höherem Fieber sollte man von einer Reflexzonenmassage absehen.

Mit der Reflexzonenmassage können wir die Durchblutung
der Rachenschleimhaut fördern und die Immunabwehr stärken. Wenn Sie besonders anfällig für Halsentzündungen sind,
sollten Sie darauf achten, immer nur durch die Nase zu atmen
und den Hals warmzuhalten.

Behandlung:
Alle Punkte werden beruhigend behandelt.

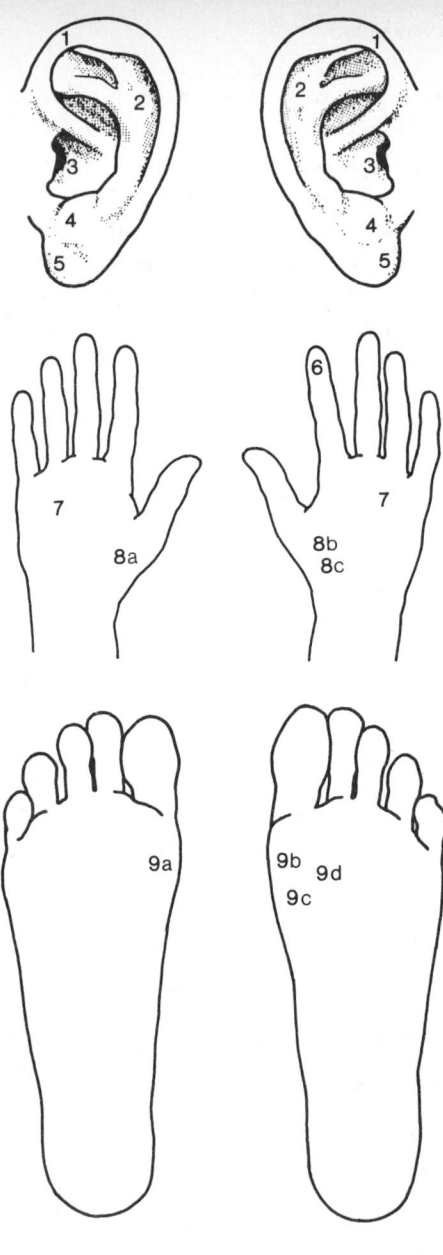

Herzbeschwerden

Das Herz ist ein Muskel, der durch rhythmische Kontraktionen das Blut durch den Körper pumpt. Dabei gibt es zwei Kreisläufe. Im kleinen Kreislauf wird das sauerstoffarme, verbrauchte Blut aus dem Körper von der rechten Herzseite aus in die Lungen gepumpt, wo es Sauerstoff aufnimmt und wieder zur linken Herzseite zurückfließt. Von dort aus wird das sauerstoffreiche Blut im großen Kreislauf durch den Körper gepumpt, wo es alle Organe mit Sauerstoff versorgt und schließlich verbraucht zur rechten Herzseite zurückfließt.

Herzbeschwerden können zahlreiche Ursachen haben, die wir hier nicht aufführen können. Es dürfte jedoch jedem bekannt sein, daß Nikotin und fettes Essen Risikofaktoren sind. Bei ersten Anzeichen von Herzproblemen sollten Sie den Arzt aufsuchen.

Manchmal beginnt jedoch mit einem Arztbesuch aufgrund von Herzproblemen eine wahre Odyssee, da ein heutzutage immer häufiger auftretendes Problem oft nicht erkannt wird: Durch die immer größeren Anforderungen und psychische Belastungen entwickeln viele, gerade auch junge Menschen, eine sogenannte Herzneurose. Dabei treten Herzklopfen und Schmerzen auf, die jedoch nicht organisch bedingt sind. Hier ist eine Psychotherapie notwendig.

Die Reflexzonenmassage kann harmonisierend auf die Herzfunktion einwirken und vorhandene Beschwerden lindern. Bei akuten Problemen sollten Sie jedoch unbedingt einen Spezialisten konsultieren.

Behandlung:
   Beruhigen: 1, 4, 5
   Anregen: 2, 3, 6
   Stabilisieren: 7, 8a–c, 9a–d

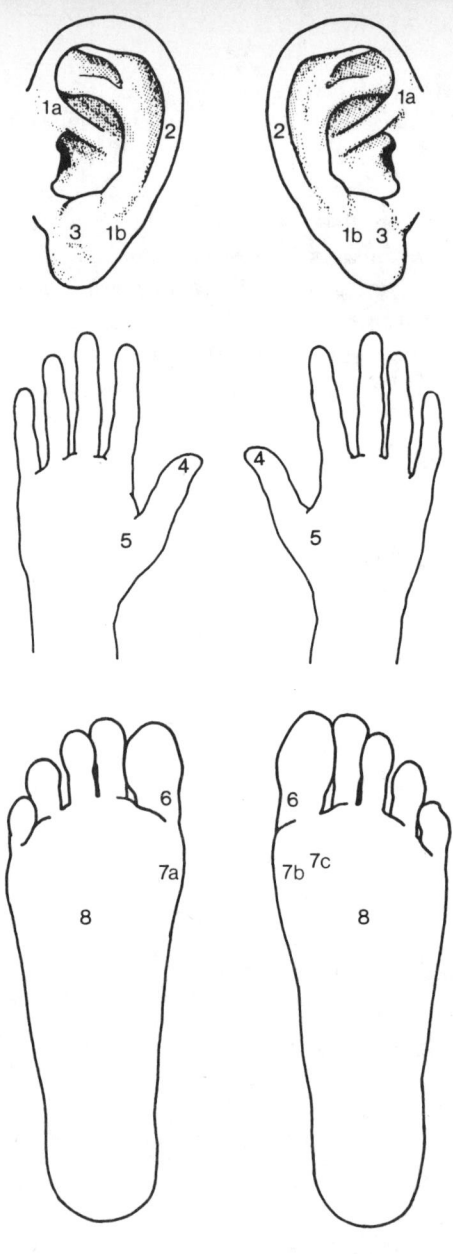

Hypertonie (Bluthochdruck)

Über 25 Prozent der deutschen Bevölkerung leiden an Bluthochdruck, davon bleiben jedoch bis zu 80 Prozent unbehandelt. Symptome zu hohen Blutdrucks sind morgendliche Kopfschmerzen, Schwindelgefühl, Ohrensausen, Nervosität, Herzklopfen, Nasenbluten und Atembeschwerden. Die meisten Menschen mit Bluthochdruck haben kaum Beschwerden. Ein zu hoher Blutdruck bringt jedoch zahlreiche Risiken mit sich, beispielsweise Arteriosklerose, Netzhautschäden, Herzinfarkt, Hirnschlag oder Hirnblutungen.

Die Ursachen der Hypertonie sind großteils unbekannt. Falsche Ernährung, Nikotin und Bewegungsmangel sind allerdings klare Risikofaktoren. Aber auch Nierenkrankheiten und Hormonstörungen können zu Bluthochdruck führen.

Wenn Sie unter Bluthochdruck leiden, sollten Sie sich nicht sofort blutdrucksenkende Mittel verschreiben lassen. Versuchen Sie, sich das Rauchen abzugewöhnen, achten Sie auf eine ausgeglichene Ernährung und Lebensweise. Oft normalisiert sich dann der Blutdruck von selbst.

Auch mit der Reflexzonenmassage kann in vielen Fällen eine schnelle Besserung erreicht werden, besonders wenn Sie gleichzeitig die obigen Hinweise beachten.

Behandlung:
Beruhigen: 1a–b, 2, 5, 7a–c
Anregen: 2
Stabilisieren: 4, 6, 8

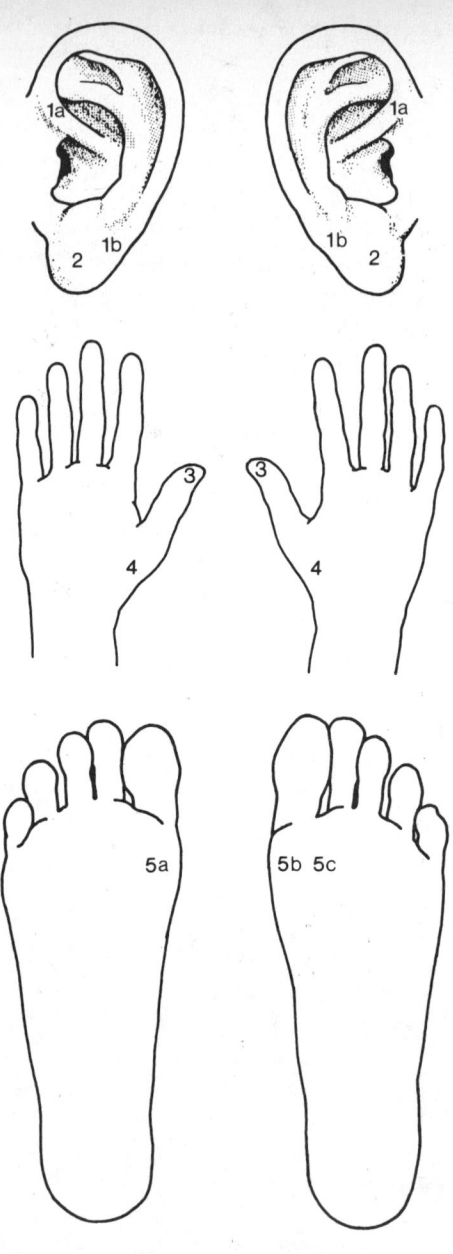

Hypotonie (niedriger Blutdruck)

Im Gegensatz zu Hypertonie stellt ein niedriger Blutdruck meist überhaupt kein Problem dar und tritt als natürliche Folge von körperlichem Training auf. Krankhaft wird die Hypotonie erst dann, wenn die natürlichen Regulationsmechanismen nicht mehr ausreichen, um einen Blutdruck aufrechtzuerhalten, der hoch genug ist, um die Organe, insbesondere Hirn und Nieren, mit Blut zu versorgen.

Einige Symptome, die als Folge von niedrigem Blutdruck auftreten können, sind Nachlassen der Leistungsfähigkeit, Schwindelgefühle, Kopfschmerzen und manchmal auch depressive Verstimmungen. Krankhafte Formen der Hypotonie können bei Hormonstoffwechselstörungen, Infektionen, Bewegungsmangel oder als Nebenwirkung bestimmter Medikamente (z. B. Psychopharmaka) auftreten.

Mit einer stimulierenden Reflexzonenmassage können wir den Blutdruck in gewissem Maße steigern, was in den meisten Fällen die Probleme behebt. Wenn die Reflexzonenmassage nicht wirkt, liegt mit großer Wahrscheinlichkeit eine behandlungsbedürftige Krankheit vor. Dann sollten Sie einen Arzt aufsuchen.

Behandlung:
  Anregen: 1a–b, 3
  Stabilisieren: 3, 4, 5a–c

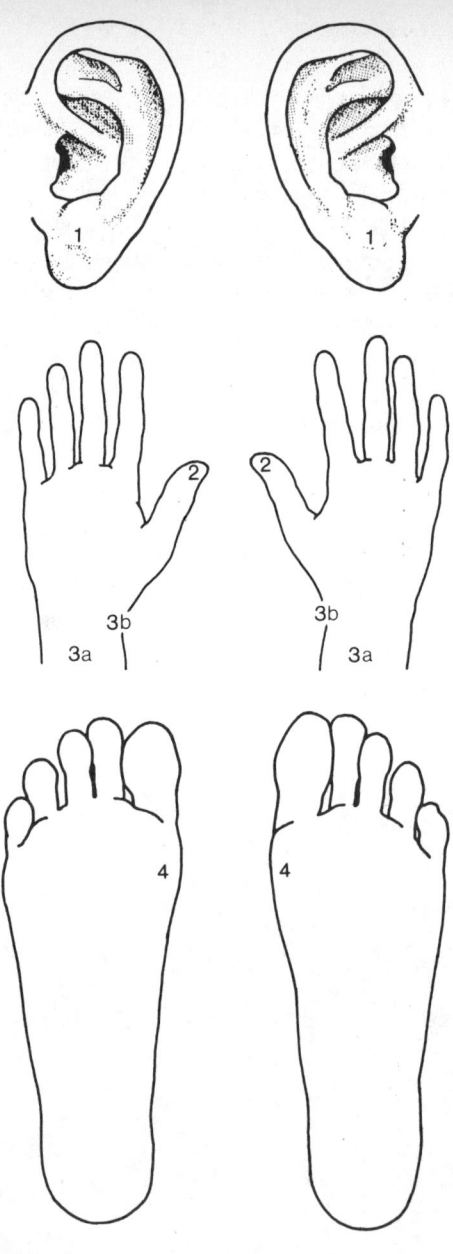

Krampfadern

Krampfadern oder Varizen sind erweiterte Venen, die vor allem an den Beinen auftreten. Krampfadern werden durch angeborene Bindegewebsschwäche, stehende Tätigkeit, Schwangerschaft und Übergewicht begünstigt.

Daraus ergeben sich auch schon einige Möglichkeiten, Krampfadern günstig zu beeinflussen. Vermeiden Sie es, lange bewegungslos zu stehen, lagern Sie Ihre Beine hoch, wann immer Sie können, und versuchen Sie, falls Sie Übergewicht haben, Ihr Gewicht zu reduzieren. Risikofaktoren sind auch Zigaretten, Alkohol und Kaffee; verzichten Sie soweit wie möglich auf diese Genußmittel.

Bewährte Mittel zur Bekämpfung von Krampfadern sind eine ausgewogene Ernährung, regelmäßige, aber nicht übertriebene Bewegung und ganz besonders Kneippkuren.

Auch die Reflexzonenmassage ist bei Krampfadern eine hervorragende Hilfe. Der Zustand des Bindegewebes kann durch vorsichtige Behandlung der Reflexzonen ebenfalls positiv beeinflußt werden.

Behandlung:
   Beruhigen: 1
   Anregen: 2
   Stabilisieren: 3a–b, 4

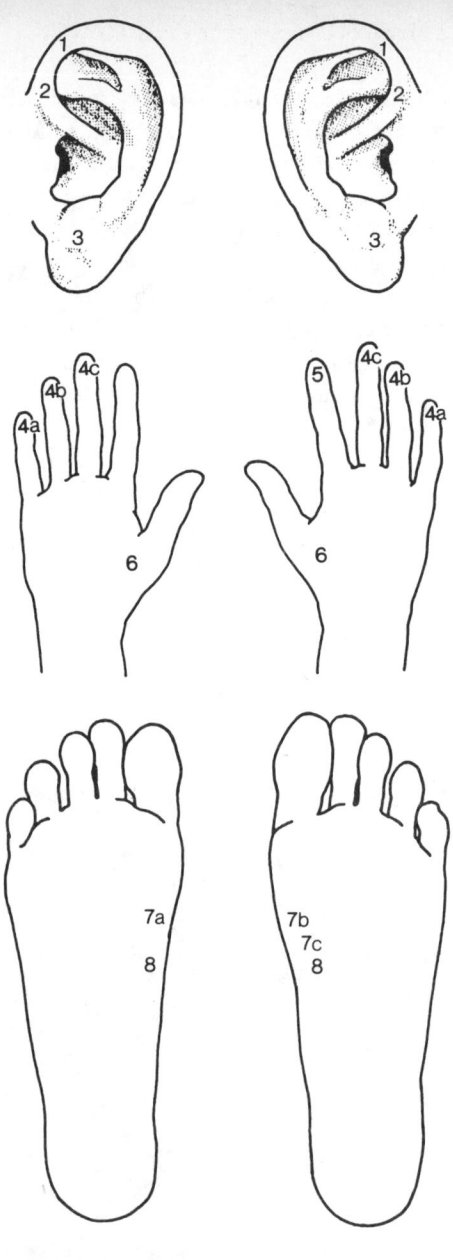

Magengeschwür (Ulcus ventriculi)

Ein Magengeschwür entwickelt sich meist auf dem Hintergrund einer jahrelang bestehenden Gastritis, durch die die Widerstandskraft der Magenschleimhaut herabgesetzt ist. Eine große Rolle bei der Entwicklung einer Gastritis und eines Magengeschwüres spielen psychische Faktoren. Das Auftreten von Magengeschwüren wird oft mit starkem psychischem Streß in Verbindung gebracht. Aber auch Alkohol, Nikotin und Acetylsalicylsäure (»Aspirin«) können zur Entstehung eines Ulcus beitragen.

Die Symptome eines Magengeschwürs sind Druck- und Völlegefühl nach dem Essen, Sodbrennen und chronische Schmerzen im Oberbauchbereich.

Neben der Vermeidung von Alkohol, Kaffee, Nikotin und Acetylsalicylsäure steht bei der Behandlung von Magengeschwüren der Abbau von Streß an erster Stelle. Autogenes Training oder Yoga können helfen, die psychischen Belastungen zu reduzieren.

Die Reflexzonenmassage ist eine sehr wirkungsvolle Therapie bei leichteren Formen des Magengeschwürs. Durch die Massage der entsprechenden Reflexpunkte wird die Magenfunktion harmonisiert, die Regeneration der Magenschleimhaut gefördert und die psychisch-physische Entspannung erleichtert.

Behandlung:
    Beruhigen: 1, 2, 6, 7a–c
    Anregen: 4a–c, 5
    Stabilisieren: 3, 8

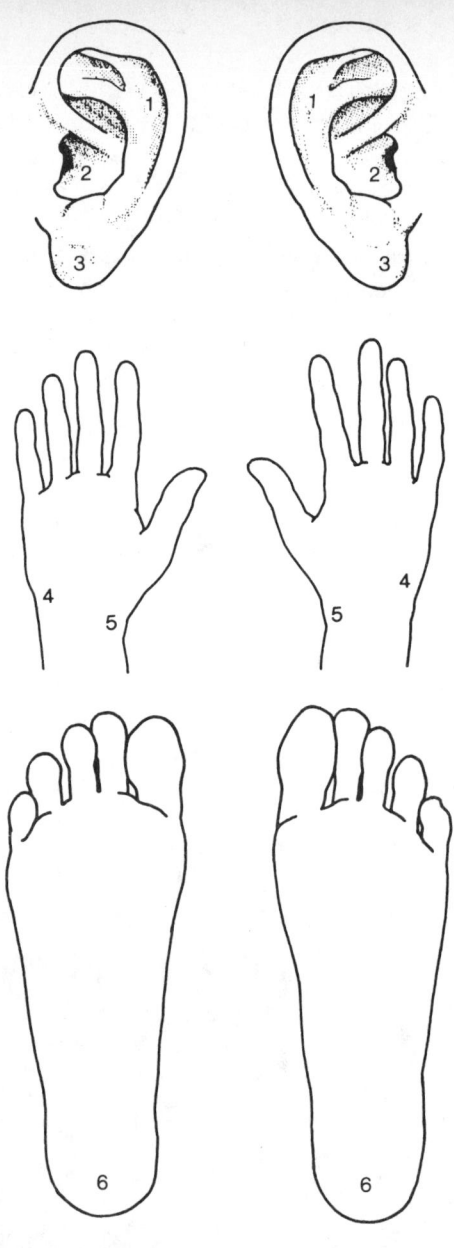

Menstruationsstörungen

Die Regelblutung der Frau erfolgt normalerweise in regelmäßigen Abständen von etwa einem Monat. In Deutschland stellt sich die erste Menstruation (Menarche) durchschnittlich im Alter von zwölf Jahren ein. Dabei gibt es natürliche Abweichungen von einigen Jahren.

Bei der Menstruation wird, wenn das Ei nicht befruchtet worden ist, die äußere Gebärmutterschleimhaut mit Blut abgestoßen. Wenn der Rhythmus der Regelblutungen unregelmäßig ist, wenn Zwischenblutungen auftreten oder wenn die Regel schmerzhaft ist, hängt dies in den meisten Fällen mit einem Ungleichgewicht im Hormonhaushalt zusammen.

Während der Pubertät sind solche Schwankungen nicht ungewöhnlich und haben nur selten Krankheitswert. Hormonelle Vorgänge können aber auch durch psychische Faktoren ausgelöst werden und sich auch auf Zeitpunkt und Ablauf der Menstruation auswirken.

Mit der Reflexzonenmassage kann harmonisierend auf den Hormonhaushalt und die Gebärmutterfunktion eingewirkt werden. Wenn sich die Periode nach der Reflexzonenbehandlung nicht normalisiert hat, sollten Sie unbedingt den Frauenarzt aufsuchen.

Behandlung:
Beruhigen: 3, 4, 6
Anregen: 1
Stabilisieren: 2, 5

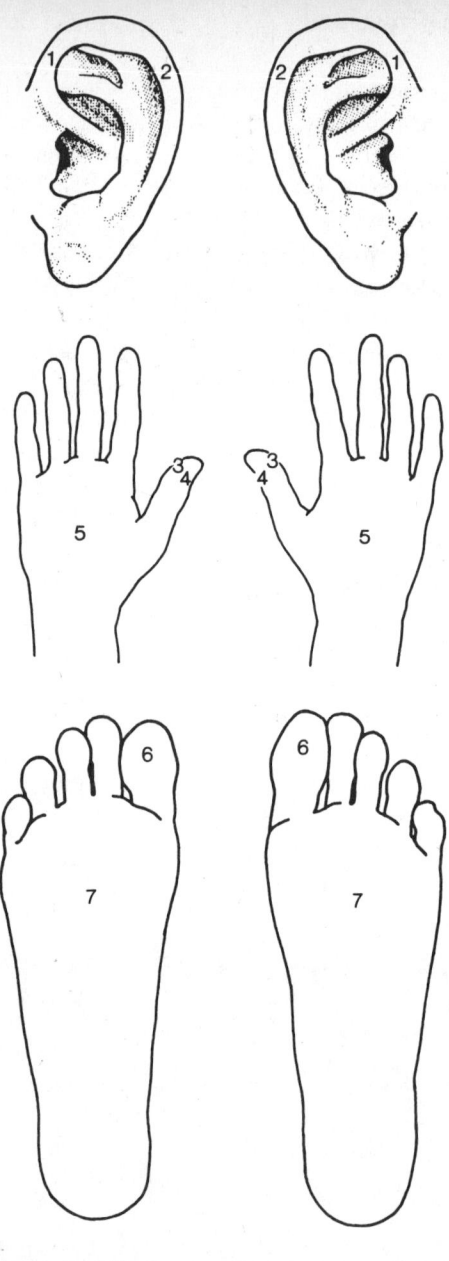

Nierenbeschwerden

Die Nieren liegen zu beiden Seiten der Wirbelsäule, etwa auf der Höhe zwischen dem 11. Brustwirbel und dem 3. Lendenwirbel. Sie gehören zu unseren wichtigsten Organen und haben viele verschiedene Aufgaben. Dazu gehören die Entgiftung des Blutes, besonders die Entfernung stickstoffhaltiger Endprodukte des Eiweißstoffwechsels aus dem Blut, die Regulation des Wasser- und Elektrolythaushaltes, die Regulation des Säure- und Basenhaushaltes und die Abgabe von zwei Hormonen, die den Blutdruck und den Knochenstoffwechsel beeinflussen.

Entsprechend vielfältig sind Störungen der Nierenfunktion und deren Auswirkungen. Eine relativ häufige Erkrankung ist die Pyelonephritis, die Entzündung der Nieren und des Nierenbeckens. Dabei treten nur schwache Symptome, wie Mattigkeit, Durstgefühl und leichtes Fieber auf. Nierenerkrankungen sollten unbedingt behandelt werden, da sich ansonsten eine Niereninsuffizienz entwickeln kann; dabei ist die Leistungsfähigkeit der Nieren eingeschränkt und die mangelnde Entgiftung des Blutes wirkt sich schädigend auf den gesamten Organismus aus.

Mit der Reflexzonenmassage können Sie die Funktion der Nieren stabilisieren und somit eine Behandlung von Nierenkrankheiten sinnvoll unterstützen. Gerade bei chronischen Nierenproblemen sollte die Reflexzonenmassage oft eingesetzt werden.

Behandlung:
  Beruhigen: 5, 7
  Anregen: 1, 2
  Stabilisieren: 3, 4, 6

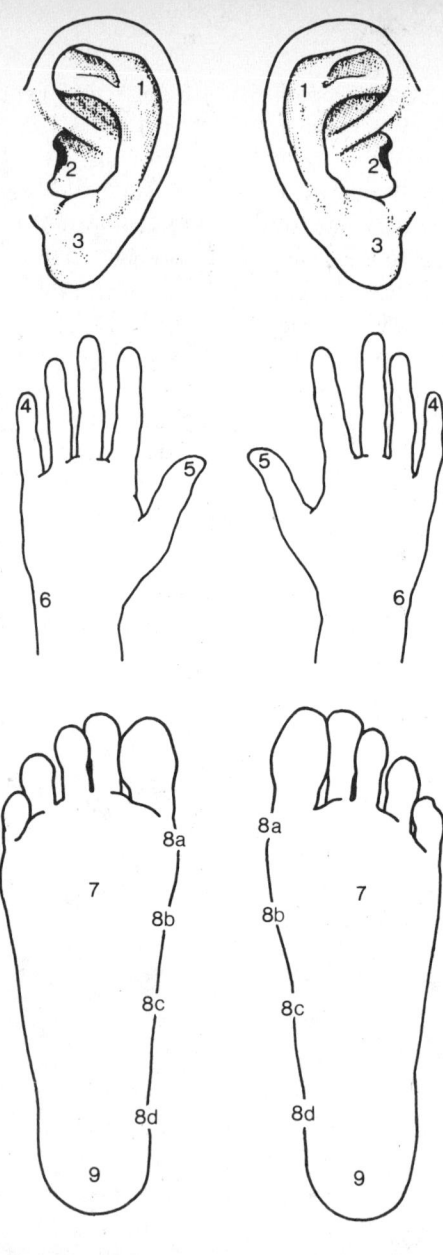

Osteoporose

Bei der Osteoporose handelt es sich um eine degenerative Erkrankung der Knochen, die soweit fortschreiten kann, bis Knochen, insbesondere Wirbel, spontan brechen. Die Ursachen für die Osteoporose liegen in einem Zusammenspiel von Östrogenmangel, einer Störung des Kalziumstoffwechsels und mangelnder Beanspruchung der Knochen.

Die größte Risikogruppe sind daher auch Frauen nach dem Klimakterium, die vorwiegend sitzende Tätigkeiten ausüben. Auch Alkoholmißbrauch scheint bei der Entwicklung der Osteoporose eine Rolle zu spielen.

Wenn die Osteoporose sehr früh erkannt wird, kann ein weiteres Fortschreiten dieser Krankheit durch eine gezielte Bewegungstherapie, kalziumreiche Ernährung und Reflexzonenmassage aufgehalten werden. Leichte, bereits vorhandene Schäden bilden sich zwar nicht zurück, können aber vollkommen kompensiert werden.

Sind die Knochen bereits stark angegriffen, kann man versuchen, die Lage mit Östrogengaben zu verbessern. Auch hier kann die Reflexzonentherapie die Hormontherapie unterstützen und dazu beitragen, die Folgeschäden der Osteoporose im Rahmen zu halten.

Behandlung:
   Beruhigen: 3
   Anregen: 1, 2, 4
   Stabilisieren: 5, 6, 7, 8a–d, 9

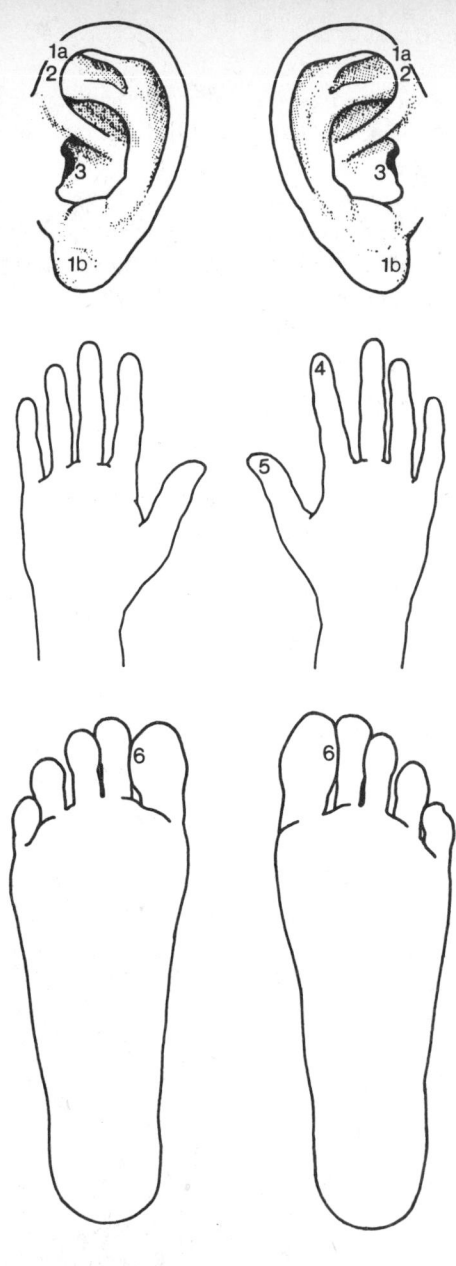

Schmerzen

Schmerzen sind natürlich keine Krankheit, sondern ein Symptom. Eine rein symptomatische Behandlung ist in den meisten Fällen nicht sehr sinnvoll; dennoch erweist es sich oft als unumgänglich, zunächst die Symptome anzugehen, wenn diese das Krankheitsbild bestimmen. Die Schmerzempfindung ist die einzige Sinneswahrnehmung, die nicht adaptiert; das heißt, an Schmerzen kann man sich nicht gewöhnen.

Schmerzen haben natürlicherweise eine Warnfunktion. Sobald diese Funktion erfüllt ist, werden die Schmerzen sinnlos oder sogar gefährlich, weil sie Wahrnehmung und Konzentration behindern. Vor allem aber schränken sie die Lebensfreude ein und können das Leben geradezu sinnlos werden lassen.

Die Warnung, die uns Schmerzen geben, sollten wir allerdings immer ernstnehmen und nicht sofort zur Schmerzbekämpfung übergehen, bevor die Ursache der Schmerzen geklärt ist. Dies kann, beispielsweise bei einer akuten Blinddarmentzündung, sogar lebensgefährlich werden, da das Krankheitsbild verschleiert wird.

Mit der Reflexzonenmassage können Schmerzen kurzfristig unterdrückt werden. Dabei sollten Sie aber nie vergessen, daß mit den Schmerzen nicht das Problem verschwindet!

Behandlung:
   Beruhigen: 1a–b
   Anregen: 2, 3, 4, 5
   Stabilisieren: 6
   Zusätzlich: Sedierungsgriff an der schmerzhaften Organzone

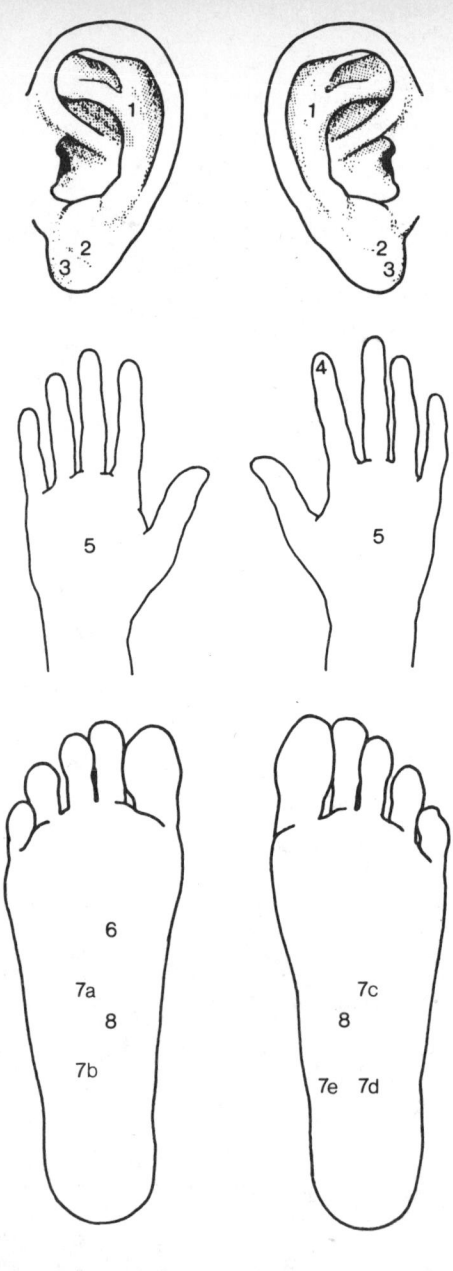

Verdauungsbeschwerden

Verdauungsstörungen können durch verdorbene oder zu fette Nahrung, durch Überfüllung des Magens oder durch Erkrankungen des Verdauungstraktes verursacht werden.

Häufige Symptome sind Durchfall und Verstopfung, die auf den ersten Blick sehr gegensätzlich erscheinen, aber beide auf Fehlfunktionen des Darms zurückzuführen sind. Die Durchfälle, die bei schweren Infektionskrankheiten (z. B. Cholera oder Ruhr) auftreten, führen zu einer schnellen Austrocknung des Körpers und sind daher lebensbedrohlich. Bei heftigem Durchfall ist besonders die Substitution des Wassers und der Mineralstoffe wichtig.

Verstopfung ist dagegen in den meisten Fällen lediglich unangenehm und gehört zu den typischen Zivilisationskrankheiten. Meist wird die Verstopfung durch eine falsche Ernährungsweise und zu wenig Bewegung verursacht. Oft hilft bei Verstopfung schon ein ausgedehnter Spaziergang!

Wenn Sie die Reflexzonen der Verdauungsorgane massieren, können Sie Ihre Verdauungsfunktion in den meisten Fällen schnell wieder harmonisieren; dies gilt sowohl für Durchfall als auch für Verstopfung. Wenn nach spätestens zwei Tagen keine Besserung eingetreten ist, sollten Sie einen Arzt aufsuchen.

Behandlung:
Beruhigen: 2, 3
Anregen: 1, 4
Stabilisieren: 5, 6, 7a–e, 8

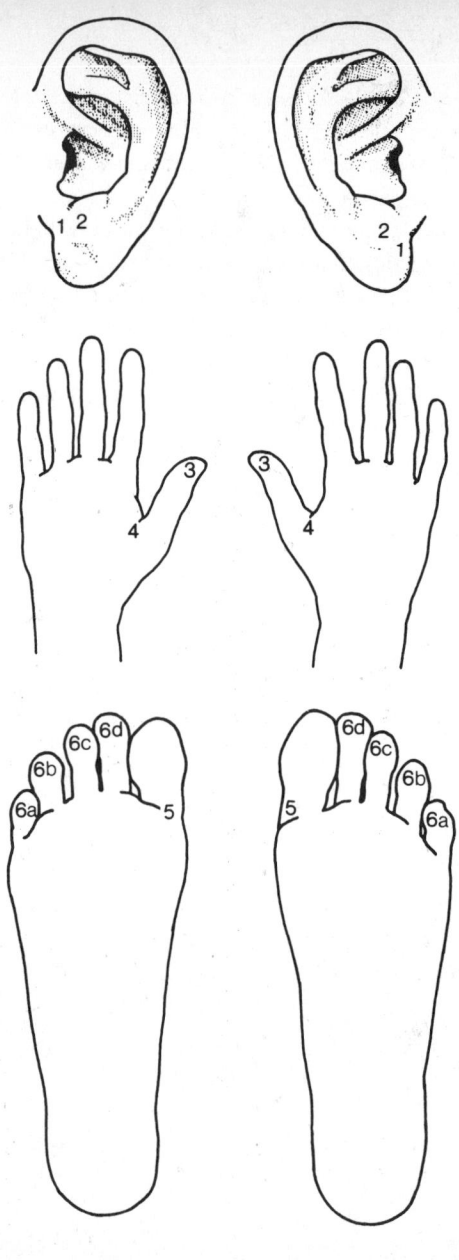

Zahnschmerzen

Zahnschmerzen sind so ziemlich die unerträglichsten Schmerzen, die man haben kann, da die Zähne mit dem Trigeminusnerv, einem der zwölf extrem empfindlichen Gehirnnerven verbunden sind. Bei Problemen mit den Zähnen sollte man wirklich sofort den Zahnarzt aufsuchen und sich nicht durch etwaige Ängste abhalten lassen, denn wenn man Zahnschmerzen spürt, ist bereits eine deutliche, behandlungsbedürftige Schädigung eingetreten. Ohne Behandlung kann es zu schweren gesundheitlichen Schäden kommen. Zumindest aber wird die zahnärztliche Behandlung dann wesentlich unangenehmer und umfangreicher ausfallen!

Mit der Reflexzonenmassage können Sie die Zähne nicht heilen, sondern nur die Zeit bis zum Zahnarzttermin überbrücken. Die Reflexzonenbehandlung wirkt auch Entzündungen und Schmerzen entgegen. Aber denken Sie daran: Auch wenn die Schmerzen nachlassen, ist das zugrundeliegende Problem nicht behoben!

Behandlung:
Alle Punkte werden beruhigend behandelt.

Die Behandlung psychischer Leiden

Emotionale und mentale Probleme treten heute mindestens so häufig auf wie körperliche Erkrankungen. Das Argument »uns geht es einfach zu gut; früher hatten die Menschen überhaupt keine Zeit für psychische Probleme« zeigt einfach nur, wie gering Geist und Seele geachtet werden. Hier stellt sich doch eher die Frage: »Geht es uns wirklich gut?« Nun, materiell mangelt es den meisten von uns an nichts. Wir leben (auf Kosten der ärmeren Länder) geradezu im Überfluß, aber gut geht es uns deswegen noch lange nicht, ganz im Gegenteil! Immer mehr Menschen erkennen, daß Konsum kein Ersatz für Glück sein kann.

Sicherlich ist etwas daran, daß die Menschen früherer Zeiten – die Sklaven, Bauern und Arbeiter jedenfalls – keine Zeit für psychische Probleme hatten. Aber in diese Zeiten will ja wohl hoffentlich niemand zurückkehren! Wenn wir heute mehr Zeit zur Selbstbesinnung und mehr Möglichkeiten zur Selbstbestimmung haben, führt dies insofern zu Problemen, als wir auch die Zeit haben, uns der unharmonischen Dinge in unserem Leben bewußt zu werden. Daraus ist aber wohl eher zu schließen, daß wir etwas an der Disharmonie ändern, nicht daß wir die Suche nach Harmonie einstellen sollten.

Die wachsende Zahl seelischer Probleme ist aber auch ein Symptom für die zunehmende Gefühlsarmut und Betonung des Materiellen in unserer Welt. Selbstverständlich können wir nicht all diese Probleme mit der Reflexzonenmassage lösen. Wohl aber kann die Massage der Reflexzonen dazu beitragen, die seelischen und mentalen Kräfte zu stärken, und somit die Bewältigung persönlicher Probleme erleichtern. Wenn wir die Welt verändern wollen, müssen wir stets bei uns selbst beginnen.

Keinesfalls ersetzt die Reflexzonenmassage eine Psychotherapie! Wenn Sie beispielsweise unter einer schweren Depression leiden, wird die Reflexzonenmassage diese Erkrankung nicht heilen können. Sie sollten sich dann auch nicht scheuen, einen Facharzt oder einen Psychologen aufzusuchen. Psychische Erkrankungen sind Krankheiten wie andere (und werden auch von den Krankenkassen als solche behandelt)!

Gerade im Bereich des Geistigen und Seelischen ist die vorbeugende Wirkung der Reflexzonenmassage sehr bedeutsam. Daher empfehlen wir Ihnen auf jeden Fall, die Grundprogramme zu einem festen Bestandteil Ihres Tagesablaufes zu machen. Ganz besonders gilt dies für das Grundprogramm der Reflexzonenmassage am Ohr.

Die im folgenden aufgeführten Probleme lassen sich besonders gut mit Reflexzonenmassage behandeln. Selbstverständlich gilt auch hier, daß die Massage allein keine Probleme löst. Sie werden jedoch sicherlich die Erfahrung machen, daß Ihnen die Lösung persönlicher Probleme nach der Massage leichter fällt.

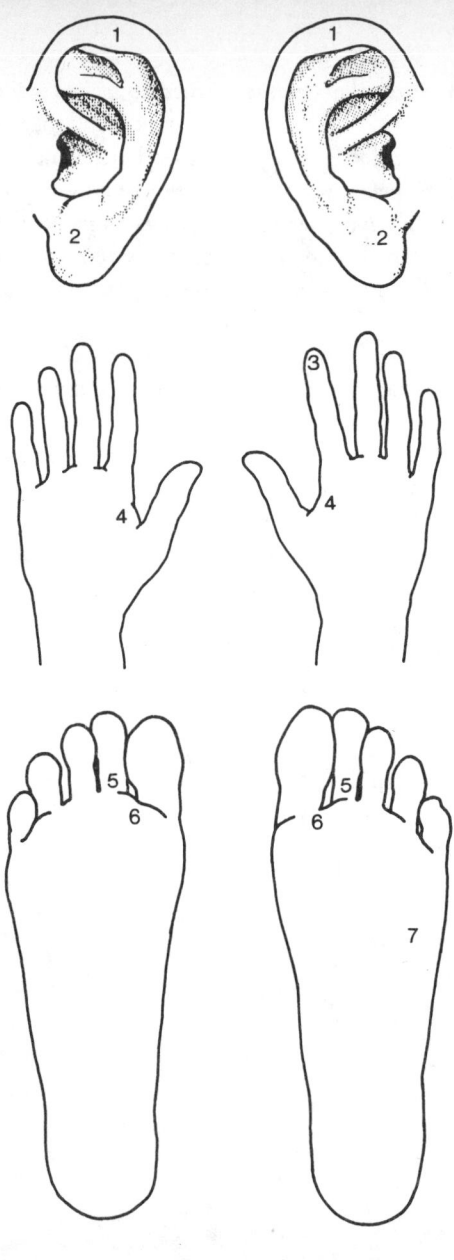

Allergien

Bei einer Allergie reagiert der Körper überempfindlich auf bestimmte Substanzen. Es gibt neben rein biochemischen Ursachen für Allergien meist aber auch psychische Ursachen. Es ist also wichtig zu erfahren, ob die Substanz und die Situation, auf die so heftig mit Abwehr reagiert wird, vom Betroffenen bewußt oder unbewußt abgelehnt wird oder ob ihm sein Körper einen Hinweis auf bestimmte falsche Verhaltensweisen geben will.

Es stellt sich auch die Frage, ob der Betroffene mit der Allergie einem Problem, einem Konflikt oder einer Entscheidung ausweichen kann. Reagiert er auch dann allergisch, wenn niemand außer ihm es bemerkt? Sind die Symptome vor allem äußerlich auffällig oder mehr nach innen gerichtet?

Eine Allergie ist immer ein Kampf, ein Anzeichen für hervorbrechende Aggressionen. Sind die Aggressionen nach außen, gegen bestimmte Situationen oder Menschen gerichtet, weist die Allergie auf ein ungelöstes Problem im Gefühlsbereich, also auf *emotionale* Schwierigkeiten hin. Dem Betroffenen fällt es schwer, seine wahren Gefühle auszudrücken, also tut es sein Körper für ihn. Wenn die Aggressionen sich nach innen richten, ist dies meist ein Hinweis auf falsche Denkweisen, also mehr auf *mentale* Probleme.

Behandlung:
Beruhigen: 1, 4, 5, 6
Anregen: 3, 7
Ausgleichen: 2

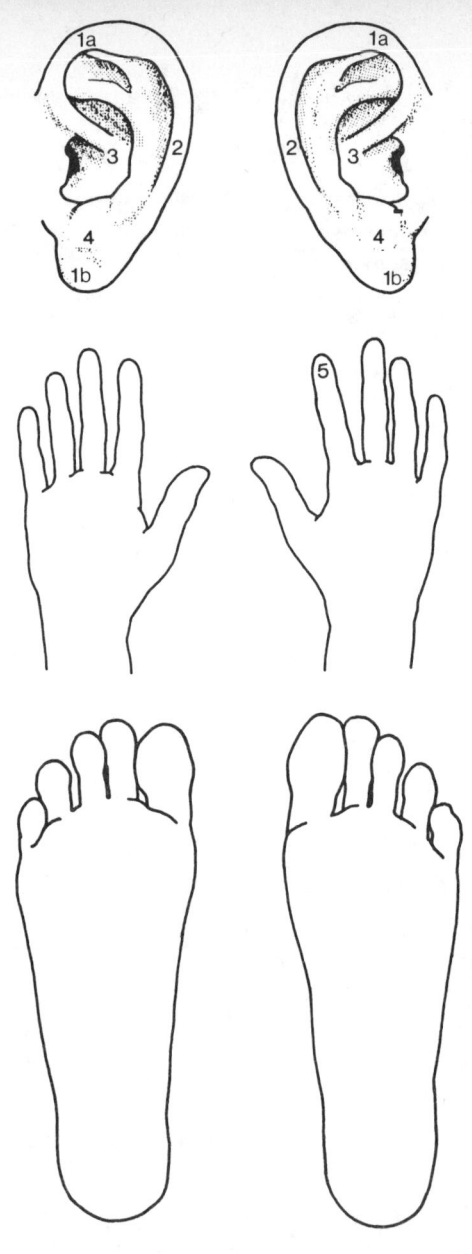

Alpträume

In Alpträumen kommen Inhalte aus dem Unterbewußtsein an
die Oberfläche, verdrängte Konflikte, die nach Auflösung streben. Dabei sind die Alpträume selbst natürlich ein ziemlich
unangemessenes Mittel zur Lösung von Problemen und stellen
lediglich einen letzten Versuch des Unterbewußtseins dar, etwas in Gang zu bringen. Sie sollten daher durchaus ernstge-
nommen werden. Alpträume sind meist ein Hinweis darauf,
daß der Träumer etwas an seinem Lebensstil ändern sollte.

Auch hormonelle Veränderungen, etwa zu Beginn der Pubertät, können Alpträume hervorrufen. Die Aufforderung, das
Leben zu verändern, ist hier sehr deutlich: Der Jugendliche
muß sich von der Kindheit verabschieden und sich dem Er-
wachsensein stellen. Die starken Ängste, die mit Alpträumen
verbunden sind, verschwinden, wenn die Konflikte ins Bewußtsein treten.

Die Reflexzonenmassage erleichtert die Bewußtmachung
unterbewußter Konflikte und löst die Ängste, die mit Alpträumen einhergehen, allmählich auf. Die emotionale Stabilität und
das harmonisierte Gefühlsleben, die durch Reflexzonenmassage erreicht werden können, erleichtern die Auflösung der
bewußt gewordenen Konflikte.

Behandlung:
  Beruhigen: 1a–1b, 4
  Anregen: 3, 5
  Ausgleichen: 2

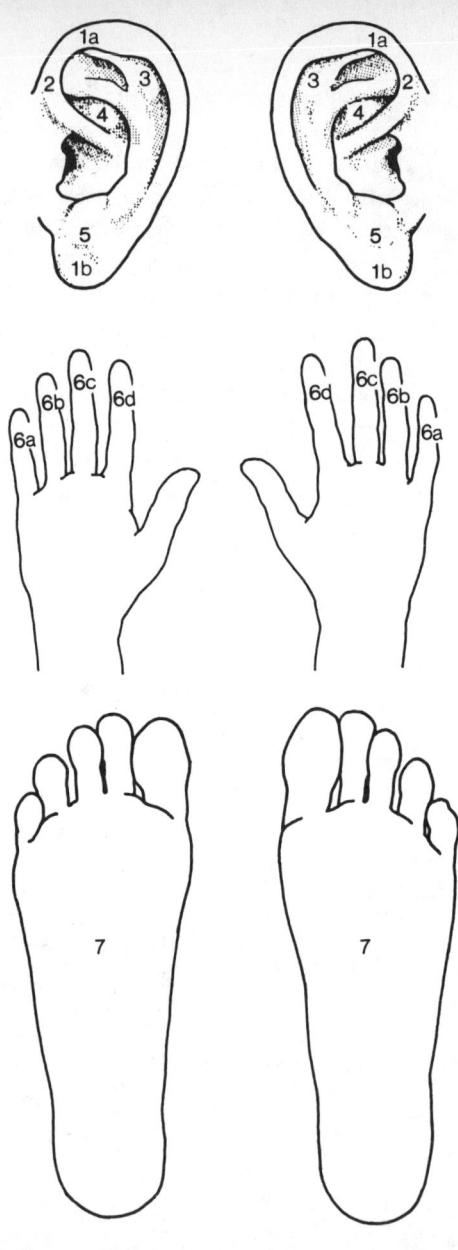

Ängste

Ängste haben eine wichtige Funktion. Sie warnen uns vor Gefahren und bewahren uns vor Verletzungen und Schmerzen. Was eine Gefahr ist, bestimmt unser Unterbewußtsein. Sind beispielsweise Spinnen gefährlich – oder Mäuse – oder ein Spaziergang im nächtlichen Wald? Sicherlich nicht, und dennoch haben viele Menschen Angst vor diesen Dingen. Eine übersteigerte, irrationale Angst wird als Phobie (von gr. *phobos* = Furcht) bezeichnet und gilt als behandlungsbedürftige Krankheit. Irrationale Ängste können nicht nur unsere Handlungen beeinträchtigen, sondern auch unser gesamtes Denken und Fühlen.

Das andere Extrem ist die Abwesenheit von Angst bei Gefahren. Das kommt häufiger vor, als man vielleicht denkt. Kaum jemand ist sich zum Beispiel der Gefahr bewußt, die mit einer durchaus alltäglichen Tätigkeit verbunden ist, dem Autofahren.

Die folgende Reflexzonenbehandlung kann Ihnen helfen, die Mitte zwischen diesen beiden Extremen zu finden.

Behandlung:
Beruhigen: 1a–1b
Anregen: 3, 4
Ausgleichen: 2, 5, 6a–6d, 7

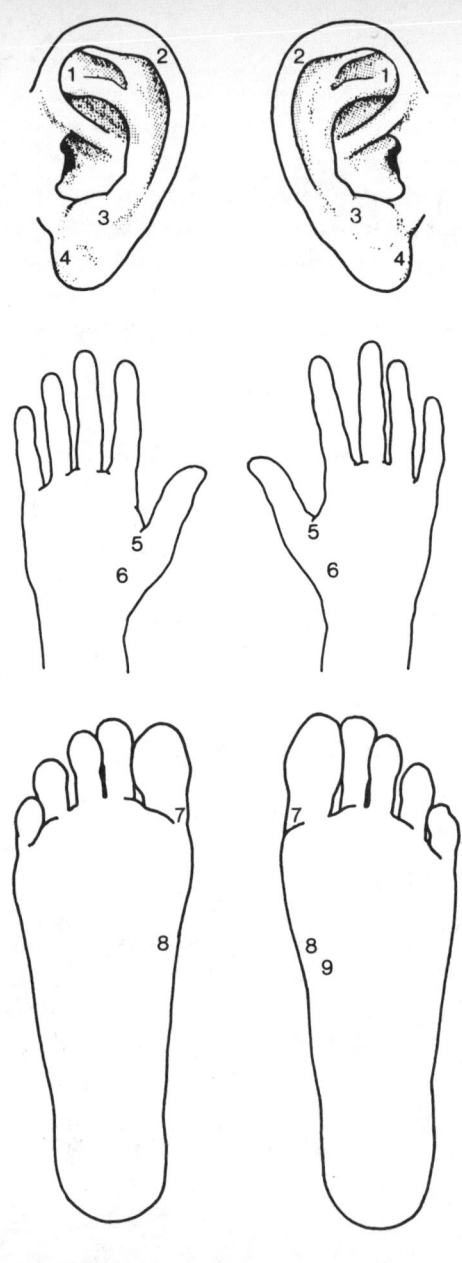

Appetitlosigkeit

Um unsere Körperfunktionen aufrechtzuerhalten, brauchen wir Energie, die wir mit der Nahrung aufnehmen. Wenn wir das über längere Zeit hinweg nicht tun, sterben wir. Die Nahrungsaufnahme ist also lebensnotwendig, und der Appetit ist das psychische »Druckmittel«, das uns daran erinnert, daß wir essen müssen. Ein Mangel an Appetit sollte daher immer ein Warnsignal sein. (Das gilt natürlich nicht, wenn wir gerade eine doppelte Portion Schweinebraten gegessen haben.)

Appetitlosigkeit ist eine Begleiterscheinung sowohl schwerer Krankheiten als auch psychischer Probleme. Bei letzteren handelt es sich meist um eine Depression: Der Magen krampft sich zusammen, und man bekommt keinen Bissen mehr hinunter. Mädchen während der Pubertät leiden manchmal unter Magersucht, die auf jeden Fall von einem erfahrenen Therapeuten behandelt werden muß.

Manche Menschen haben auch »von Natur aus« wenig Appetit, was aber nicht unbedingt natürlich ist. Untergewicht ist auf jeden Fall gesundheitsschädigend. Fast immer kann man bei diesen Menschen einen Energiemangel im emotionalen Bereich feststellen. Gerade für die Harmonisierung dieses Energieungleichgewichts ist die Reflexzonentherapie unentbehrlich.

Behandlung:
   Beruhigen: 3, 4
   Anregen: 2, 5, 7, 8
   Ausgleichen: 1, 6, 9

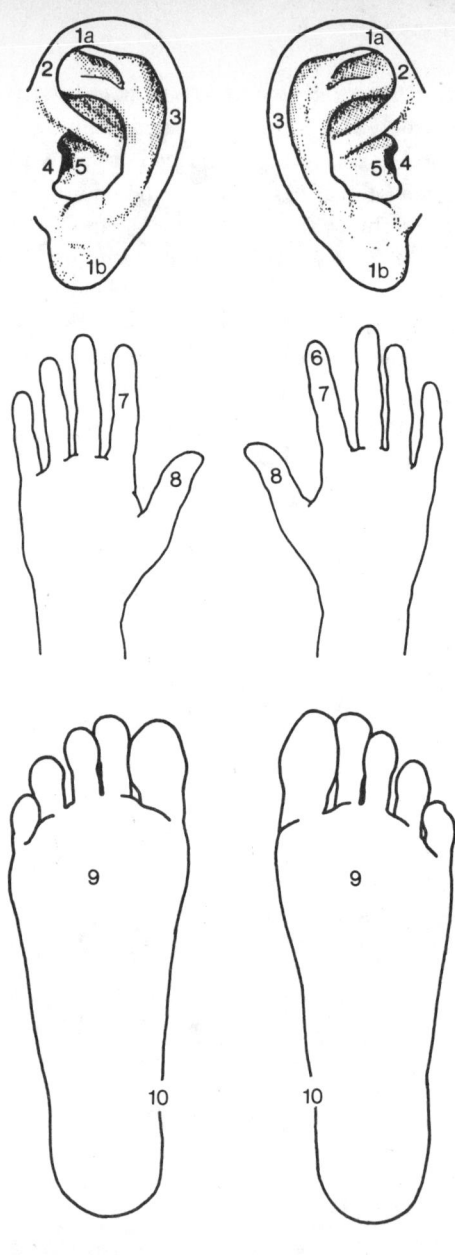

Depressionen

In der Medizin unterscheidet man im allgemeinen zwischen endogenen und reaktiven Depressionen. Eine endogene Depression entsteht durch physiologische Funktionsstörungen im Gehirnstoffwechsel. Bei dieser Erkrankung ist die Reflexzonentherapie nicht angezeigt.

Eine reaktive Depression ist dagegen eine übersteigerte Trauerreaktion auf ein emotional belastendes Ereignis, wie beispielsweise der Verlust eines geliebten Menschen, längere Arbeitslosigkeit oder Krankheit. Der Depressive ist antriebslos, kann sich zu nichts mehr aufraffen und hat möglicherweise sogar Selbstmordabsichten. (In solch schweren Fällen sollte natürlich auf jeden Fall ein Arzt oder Psychologe hinzugezogen werden!) Auf jeden Fall stellt die Depression eine unangemessene Reaktion auf ein Ereignis dar, da sie der aktiven Suche nach neuen Möglichkeiten im Wege steht.

Hier kann die Reflexzonenmassage helfen, indem sie das Niveau der körperlichen und geistigen Energie anhebt und die emotionale Gestimmtheit verbessert. Dadurch wird es dem Betroffenen erleichtert, die Antriebslosigkeit, die mit der Depression einhergeht, zu überwinden und neue Wege einzuschlagen.

Behandlung:
   Beruhigen: 1a–1b, 2
   Anregen: 3, 4, 5, 6, 9, 10
   Ausgleichen: 7, 8

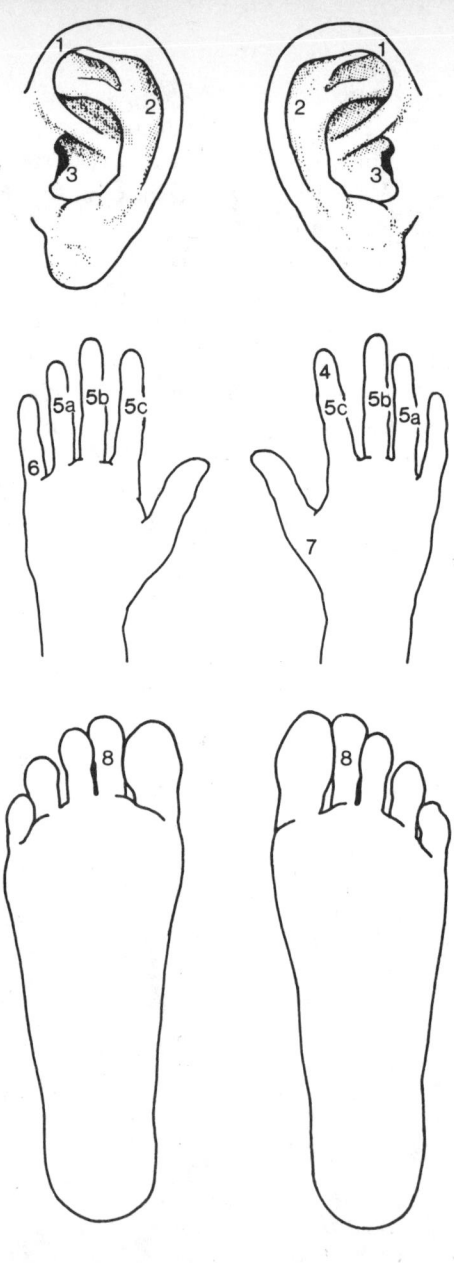

Gedächtnisschwäche

Meist ist ein schwaches Gedächtnis mit einem geringen Interesse – bewußt oder unbewußt – an den nicht erinnerten Dingen verbunden. Dahinter steht wiederum oft der unbewußte Wunsch, etwas zu vergessen. Die Behandlung einer Gedächtnisschwäche mit Unterstützung durch die Reflexzonenmassage kann dieser Tatsache Rechnung tragen, indem die Massage den Bewußtwerdungsprozeß unterstützt.

Gerade an diesem Problem wird deutlich, wie wichtig es ist, sich die Hintergründe einer Krankheit oder eines Problems klarzumachen. Bei einer Gedächtnisschwäche, die hauptsächlich durch mangelnde Konzentrationsfähigkeit verursacht wird, sind natürlich andere Kausalzonen von Bedeutung als bei einer massiven Verdrängung von Bewußtseinsinhalten. Im höheren Alter oder bei sehr auffälligen Gedächtnisstörungen sollte man auch an eine organische Ursache denken und den Arzt konsultieren.

Bei »normaler« Vergeßlichkeit, die auf zu geringe mentale Energie und Wahrnehmungsfähigkeit zurückzuführen ist, kann die Reflexzonenmassage innerhalb kürzester Zeit Hilfe bringen. Ohne Interesse an den Dingen, die im Gedächtnis gespeichert werden sollen, wird es jedoch immer schwierig bleiben, sich etwas zu merken.

Behandlung:
Beruhigen: 7
Anregen: 2, 3, 4, 5a–5c, 6, 8
Ausgleichen: 1

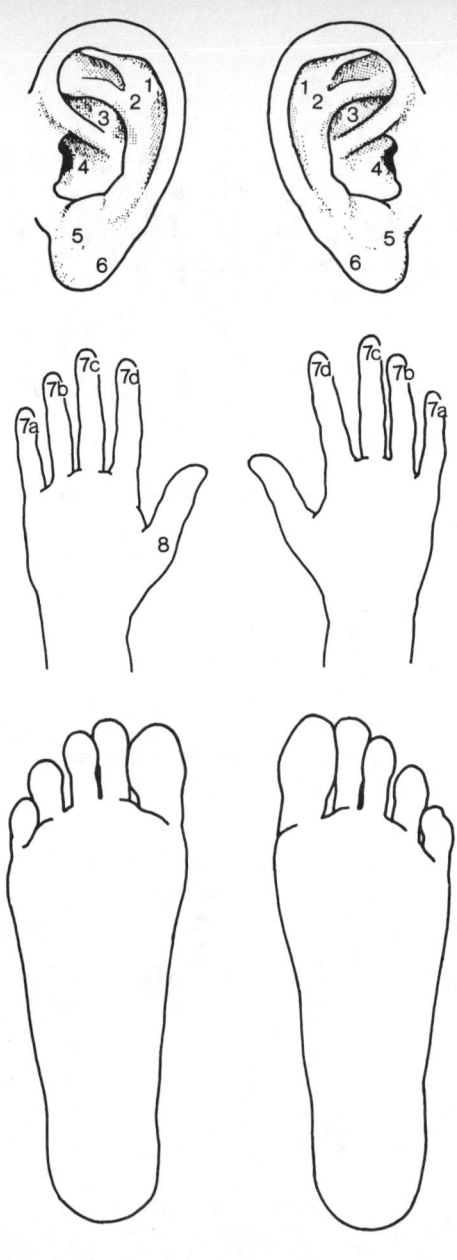

Gehemmtheit

Hemmungen und Schüchternheit sind Probleme, unter denen viele Menschen leiden. Im Grunde genommen handelt es sich dabei um Kommunikationsstörungen. Der Betroffene ist entweder nicht in der Lage, seine Gefühle angemessen auszudrükken, oder er hat Schwierigkeiten, die Signale (Körpersprache, Emotionen), die andere aussenden, richtig zu interpretieren. Daher fällt es solchen Menschen oft schwer, Kontakte zu knüpfen, wenn sie ihre Hemmungen nicht überspielen können, was wiederum eine Menge Streß bedeutet.

Besonders in der Pubertät und im Alter sind starke Hemmungen problematisch und sollten bekämpft werden. Es besteht nämlich die Gefahr, daß der Betroffene den Hemmungen zu sehr nachgibt und den Kontakt mit anderen Menschen vermeidet. Nur in der Wechselbeziehung mit anderen liegt jedoch eine Chance zur Weiterentwicklung.

Bei der Behandlung von Hemmungen steht die Bewußtmachung des eigenen Verhaltens und der eigenen Art zu kommunizieren an erster Stelle. Die Fähigkeit, emotionale Aspekte in der Kommunikation wahrzunehmen, ist zum größten Teil instinktiv. Eine Störung in diesem Bereich kann daher nur auf einer Blockade der entsprechenden Fähigkeiten beruhen. Solche Blockaden können mit Hilfe der Reflexzonenmassage aufgelöst werden, was gleichzeitig eine Steigerung der Bewußtheit bedeutet.

Behandlung:
  Beruhigen: 6
  Anregen: 1, 2, 4, 8
  Ausgleichen: 3, 5, 7

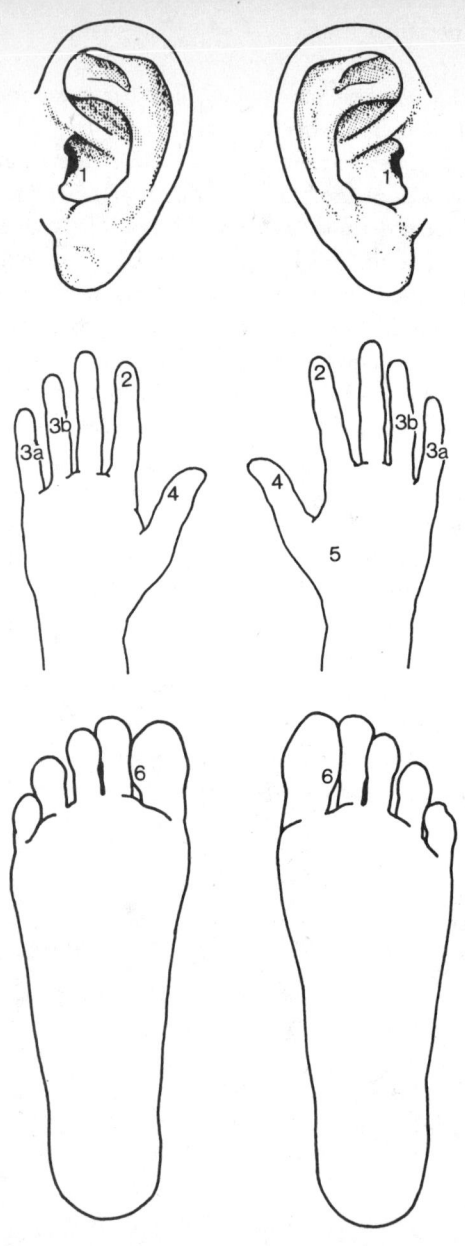

Konzentrationsmangel

Ein geistig und körperlich völlig gesunder Mensch kann sich etwa dreißig bis vierzig Minuten lang voll auf eine Tätigkeit oder Aufgabe konzentrieren. Wenn dies nicht gelingt, ist meistens die seelische Harmonie etwas aus dem Gleichgewicht. Zu viele Gedanken drängen ins Bewußtsein, der Betroffene weiß nicht mehr, auf was er seine Aufmerksamkeit richten soll. Bei starken seelischen Belastungen ist dieser Zustand ein Ausdruck des Bedürfnisses, die Belastungen zu verarbeiten; diesem Bedürfnis sollte auch nachgegeben werden.

Die Reflexzonenmassage hilft, die seelische Harmonie wiederzufinden, und unterstützt die Verarbeitung von emotionalen Belastungen.

Konzentrationsmangel weist, vor allem wenn keine aktuellen Belastungen vorliegen, auch auf ein Energiedefizit im mentalen Bereich hin. Auch bei Mangel- oder Fehlernährung, Übermüdung oder Krankheiten kann eine Konzentrationsschwäche auftreten, die aber eine natürliche Folge dieser Probleme ist.

Die Reflexzonenmassage ist ein ideales Hilfsmittel, um ein mentales Energiedefizit auszugleichen. Gleichzeitig wird durch die Massage der Reflexzonen die Voraussetzung geschaffen, um die Aufmerksamkeit besser aufrechtzuerhalten.

Behandlung:
  Beruhigen: 4, 6
  Anregen: 1, 2, 3a–3b
  Ausgleichen: 5

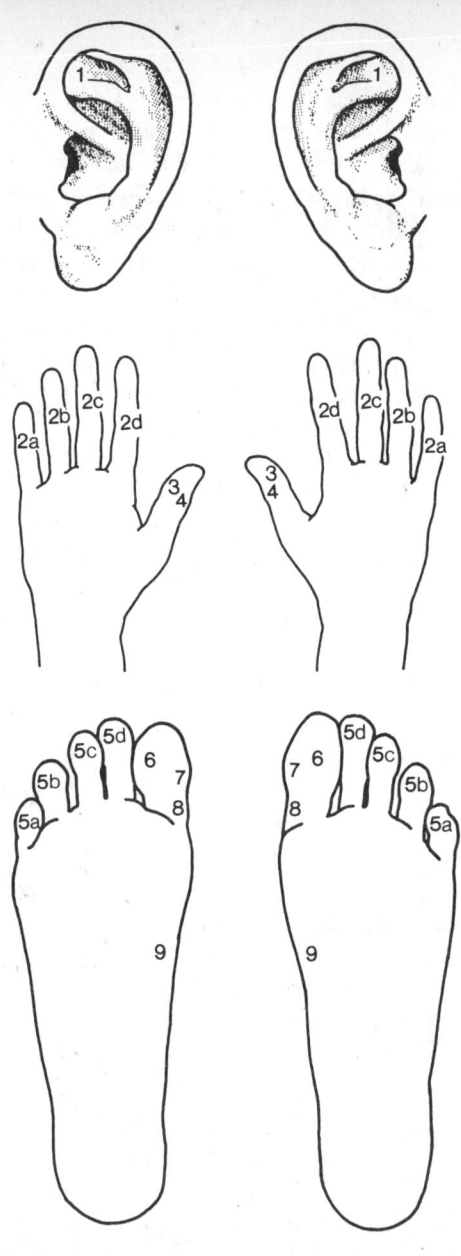

Kopfschmerzen

Es kann sehr viele verschiedene Ursachen für Kopfschmerzen geben: Zahnprobleme, Magenbeschwerden, Haltungsfehler, Kater nach Alkohol- oder Zigarettengenuß, Wetterfühligkeit oder Infektionskrankheiten. Bei länger anhaltenden oder immer wiederkehrenden Kopfschmerzen ist es also unbedingt notwendig, die Ursache vom Arzt abklären zu lassen. Deshalb ist auch keine rein symptomatische Therapie angezeigt, es sei denn, der Grund für die Kopfschmerzen ist völlig klar – beispielsweise nach einer durchzechten Nacht. Von einer ständigen Unterdrückung von Kopfschmerzen durch Reflexzonenmassage ist abzuraten.

Andererseits treten Kopfschmerzen heute sehr gehäuft auf. Einen großen Anteil daran hat der tägliche Streß und der Mangel an ausgeglichener Bewegung. Mit der Reflexzonenmassage können wir die durch Streß aufgebauten Energieblockaden wieder lösen und dieser Art der Belastung entgegenwirken. Oft verschwinden dann auch chronische Kopfschmerzen.

Die folgende Behandlung löst Grundverspannungen und hat sich auch bei Migräne gut bewährt. Allerdings sollte man während eines akuten Migräneanfalles keine Behandlung durchführen.

Behandlung:
Beruhigen: 2a–2b, 5a–5d
Anregen: 4, 6
Ausgleichen: 1, 2c–2d, 3, 7, 8, 9

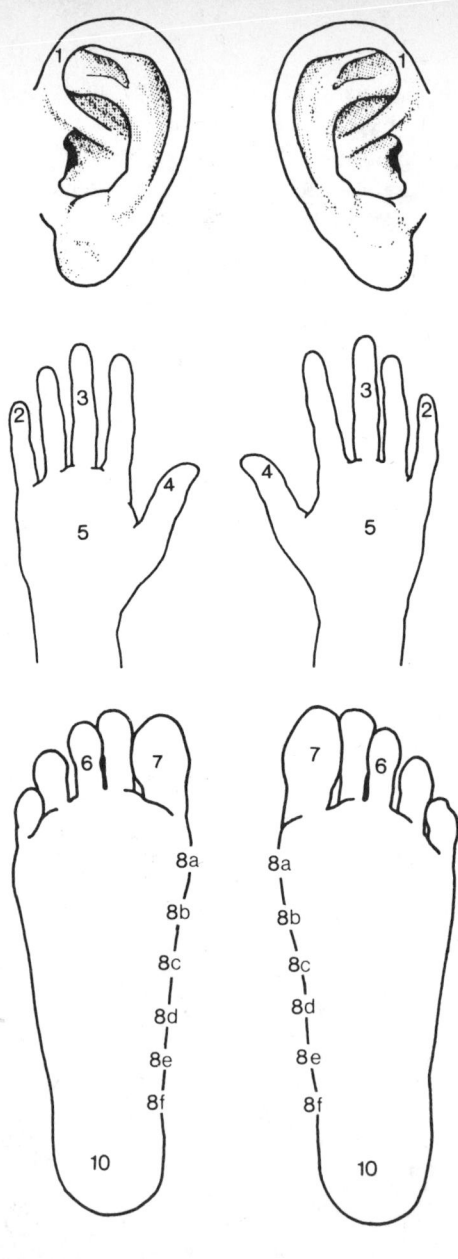

Nervosität

Wenn jemand nervös ist, heißt das, daß er physisch und psychisch leicht erregbar ist, daß er zu Hektik neigt und zuviel Energie einsetzt. Nervosität kann entweder anlagebedingt sein, ein Warnsignal des Körpers bei Krankheiten oder aber die Folge von Streß, inneren Konflikten und einer falschen Lebensweise.

Die überschießende Energie wird vor allem auf die Sinnesorgane und die Wahrnehmung gelenkt; es werden mehr Reize aufgenommen als verarbeitet werden können. Diese Art der Fehlleitung von Energie schlägt sich im Laufe der Zeit in Müdigkeit, Schlafstörungen, Verdauungsproblemen und einer erhöhten Anfälligkeit für psychosomatische Erkrankungen nieder. Ständige Nervosität sollte daher unbedingt behandelt werden, um Folgeschäden zu vermeiden.

Die übersteigerte Aktivität bei Nervosität ist nicht zielgerichtet, die Energie verpufft also ins Leere. Will man hier korrigierend eingreifen, muß man zunächst für Entspannung sorgen. Entspannung und körperliche Ruhigstellung allein sind jedoch keine Allheilmittel bei Nervosität. Es geht vielmehr darum, eine Harmonisierung der fehlgeleiteten Energie zu erreichen. Gerade dabei ist die Reflexzonenmassage als »energetische« Methode ein wertvolles Hilfsmittel.

Behandlung:
Beruhigen: 3, 6, 10
Anregen: 2, 4
Ausgleichen: 1, 5, 7, 8a–8f, 9

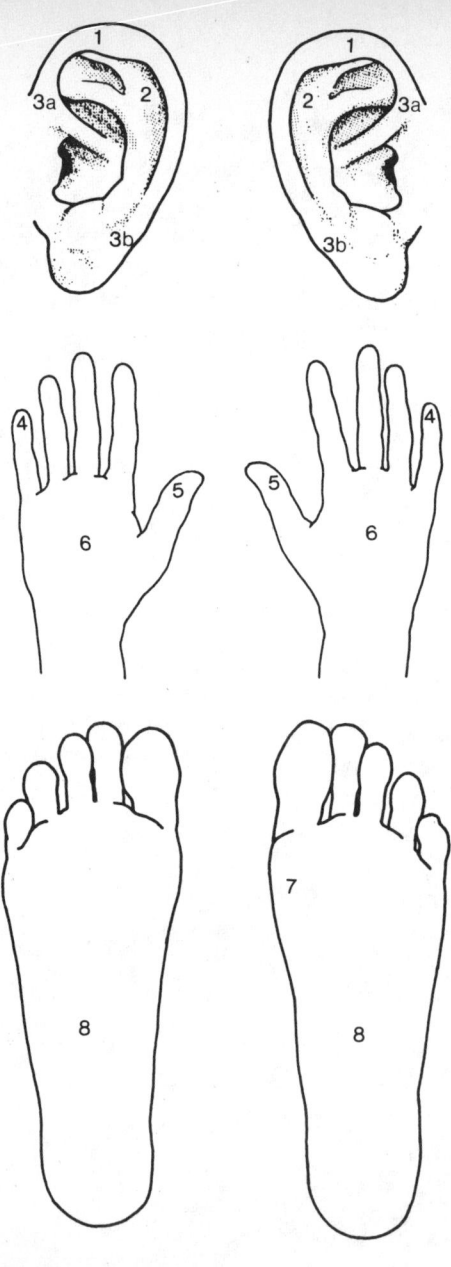

Schlaflosigkeit

Im Schlaf verarbeiten wir die täglichen Ereignisse und Erfahrungen. Dabei ist die körperliche Ruhe relativ nebensächlich. Die geistige Entspannung dagegen ist lebensnotwendig; schon einige Tage Schlafentzug führen zu schweren Bewußtseinsstörungen.

Die meisten Menschen, die unter Schlaflosigkeit leiden, werden in erster Linie von der Angst gequält, nicht einschlafen zu können, was das Einschlafen tatsächlich verzögert. Die anschließende Abgespanntheit, Müdigkeit und Nervosität resultiert aber weniger aus einem tatsächlichen Mangel an Schlaf als aus dem Streß, den das verzögerte Einschlafen mit sich bringt.

Die tieferen Ursachen für die Schlaflosigkeit sind oft in unbewältigten Ängsten und einem Mangel an Konzentrationsfähigkeit zu suchen. Fast immer sind es sich aufdrängende Gedanken und Gefühle, die den Schlaf fernhalten. Aber es gibt auch andere Gründe, die für die Schlaflosigkeit verantwortlich gemacht werden können, zum Beispiel die Angewohnheit, ein überreichliches Abendessen zu sich zu nehmen, oder Lärm in der Nähe des Schlafplatzes. Solche Ursachen müssen natürlich anders bekämpft werden. Die meisten Fälle von Schlaflosigkeit beziehungsweise Einschlafstörungen können mit der Reflexzonenmassage jedoch in kurzer Zeit behandelt werden.

Behandlung:
Beruhigen: 1, 3b, 7
Anregen: 2, 4
Ausgleichen: 3a, 5, 6, 8

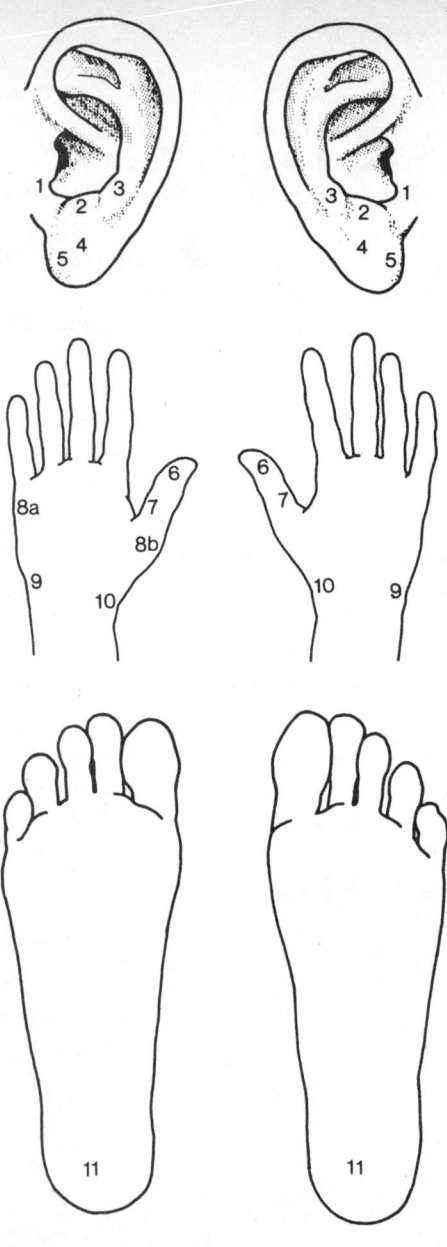

Sexuelle Probleme

Nur selten haben sexuelle Störungen wie Frigidität, Impotenz oder vorzeitiger Samenerguß organische Ursachen. In den allermeisten Fällen sind eher Streß, Erschöpfung, innere Konflikte und vor allem Konflikte mit dem Partner für die Probleme verantwortlich.

Meist ist es ein Teufelskreis: Wenn einmal ein sexuelles Problem aufgetreten ist, wirkt sich dies auf die Partnerbeziehung und das Selbstwertgefühl aus, was wiederum die sexuellen Probleme verstärkt und so weiter. Dieser Teufelskreis muß also zunächst einmal durchbrochen werden. Manchmal genügt es schon, wenn sich die Partner einmal gründlich aussprechen.

Wenn die Probleme in einer festen Beziehung nicht gemeinsam angegangen werden können, liegen sie wohl schon sehr tief und können nur noch mit Hilfe eines Therapeuten bewältigt werden. Wenn die Partner sich jedoch gegenseitig (Reflexzonen-)Massage schenken, werden sexuelle Probleme, die nicht auf organischen Veränderungen beruhen, bald verschwinden.

»Singles« mit sexuellen Problemen müssen sich vielleicht selbst massieren. Die Reflexzonenmassage kann ihnen dann helfen, ihren Hormonhaushalt zu harmonisieren und unbewußte Konflikte ins Bewußtsein zu bringen.

Behandlung:
  Beruhigen: 5
  Anregen: 1, 3, 7, 8a–8b, 9, 10, 11
  Ausgleichen: 2, 4, 6

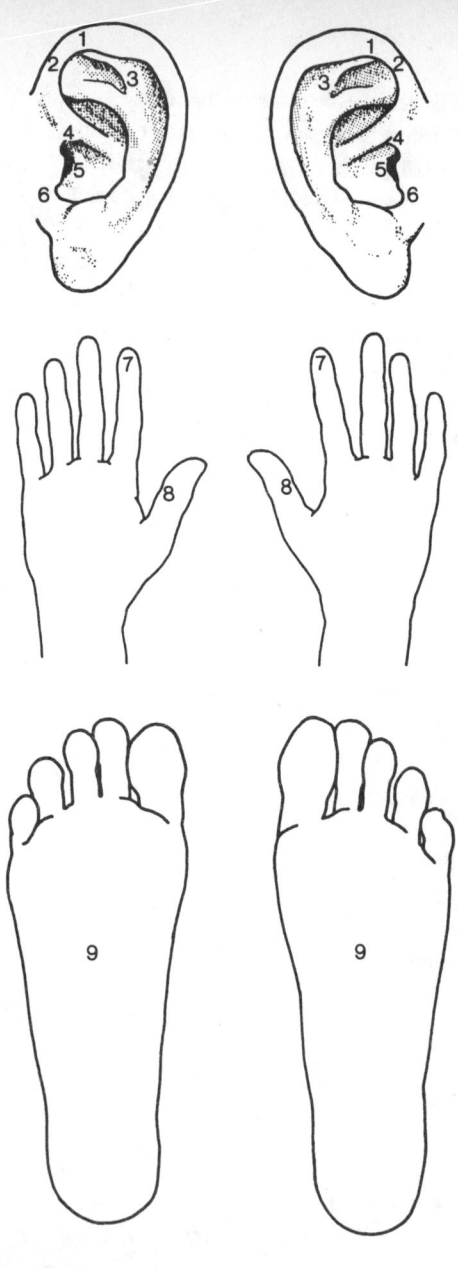

Suchtprobleme

Lediglich Alkohol, Nikotin, Heroin und bestimmte Medikamente führen zu körperlicher Abhängigkeit, schweren körperlichen und geistigen Schäden, also zur Sucht im engeren Sinne. Suchtverhalten (ein regelmäßiger, starker innerer Zwang) jedoch ist nicht auf diese Stoffe beschränkt; psychisch kann man von nahezu allem abhängig sein, von Schokolade, von Kaffee, von bestimmten Menschen, vom Erfolg oder vom Sex. Abhängigkeiten von äußeren Dingen führen jedoch früher oder später zu Problemen – spätestens dann, wenn diese Dinge nicht mehr zur Verfügung stehen. Es stellt sich bei einer psychischen Abhängigkeit immer die Frage, welcher fehlende Anteil im eigenen Innern durch etwas ersetzt werden soll, das von außen kommt.

Bei einer bestehenden Abhängigkeit von Alkohol oder Heroin kann ohne ein klinisches Entzugsprogramm, das von Ärzten und Therapeuten betreut wird, nur sehr selten etwas erreicht werden. Aber auch bei Abhängigkeiten anderer Art ist es wohl immer sinnvoll, mit Hilfe eines Psychologen nach den Ursachen zu forschen.

Die Reflexzonentherapie hilft, die emotionale und psychische Stabilität wiederherzustellen und mildert die zwanghaften Gedanken, die mit Süchten verbunden sind.

Behandlung:
  Beruhigen: 2
  Anregen: 1, 3, 4, 5, 6, 7
  Ausgleichen: 8, 9

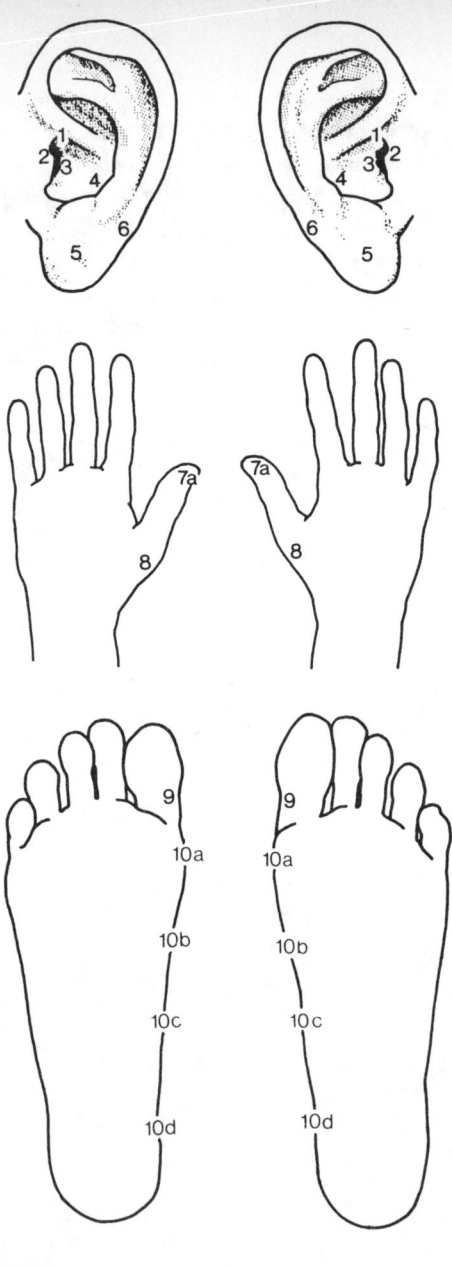

Trägheit

Viele Menschen möchten eigentlich gern etwas für sich oder andere tun, aber sie können sich einfach nicht dazu aufraffen. Manchmal wird diese Trägheit zu einer großen Belastung für diese Menschen, die ihr Problem wohl sehr deutlich erkennen, aber gerade durch ihre Trägheit daran gehindert werden, es zu bekämpfen. Es scheint wie ein Teufelskreis: Um gegen die Trägheit angehen zu können, müßte man sie erst überwinden.

Das Problem Trägheit resultiert aus einer allgemein blockierten Energie, sowohl im körperlich-geistigen als auch im seelischen Bereich. Diese Energieblockaden verstärken sich gegenseitig, daß selbst wenn der Geist einmal sehr wach ist, der Körper die Aktivität wieder hemmt und umgekehrt.

Jemand, der träge ist, wirkt manchmal langweilig, einfallslos oder schwächlich. Das trifft aber auf träge Menschen nicht häufiger zu als auf andere; nur leiden sie unter dem Problem, daß ihre Energien blockiert sind.

Mit der Reflexzonenmassage kann die blockierte Energie wieder zum Fließen gebracht werden. Dies ist der erste Schritt, um die Trägheit zu überwinden. Selbst der trägste Mensch wird sich fünf Minuten täglich aufraffen können, um die folgenden, vollkommen anstrengungs- und streßfreien Handgriffen durchzuführen.

Behandlung:
Beruhigen: –
Anregen: 1, 2, 3, 4, 5, 6, 7a–7b, 8, 9
Ausgleichen: 10a–10d

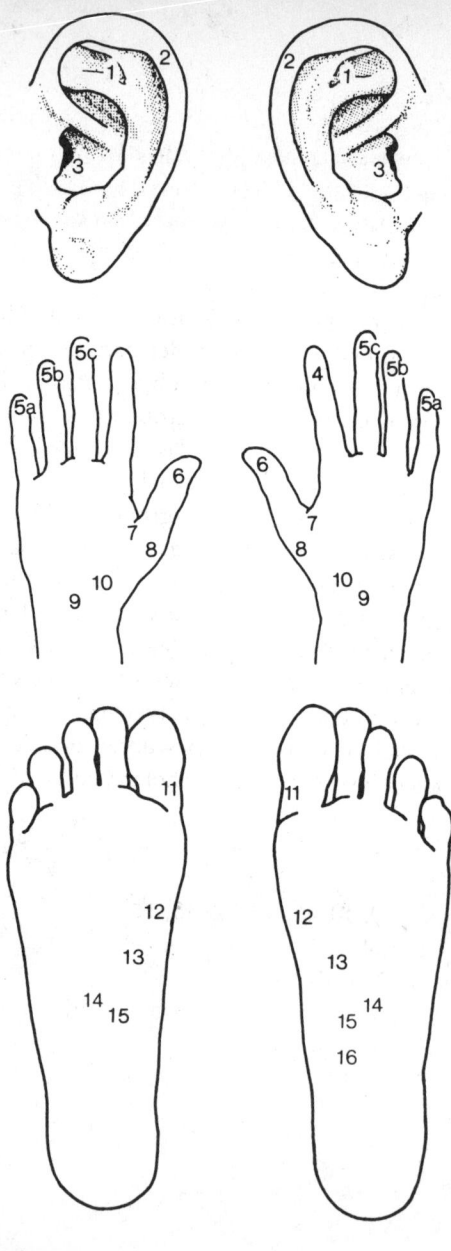

Übergewicht

Hinter dem Problem »Übergewicht« steht meist eine Art Suchtverhalten. Der Betroffene nimmt die Nahrung unkontrolliert und zwanghaft als Ersatz für etwas anderes zu sich. Bevor man sich also mit Diäten, anstrengenden Trainingsprogrammen oder Fastenkuren quält, sollte man zunächst der Ursache auf den Grund gehen.

Andererseits wird in unserer Kultur ein Schönheits- und Schlankheitsideal kultiviert, das weder natürlich noch gesund ist. Es ist also auch zu hinterfragen, ob tatsächlich ein Übergewicht vorliegt. Die Formel Körpergröße in Zentimeter minus 100 plus 10 Prozent gibt ungefähr das Gewicht in Kilogramm an, ab dem man von einem Übergewicht sprechen kann.

Das Körpergewicht kann auch aufgrund einer Stoffwechselstörung erhöht sein; dies ist allerdings sehr selten. In den allermeisten Fällen essen wir einfach zuviel. In den westlichen Industrieländern hat fast die Hälfte aller Erwachsenen Übergewicht!

Mit Reflexzonenmassage allein können Sie sicherlich keine Mannequin-Figur bekommen. Dieses Reflexzonenprogramm kann Ihnen jedoch helfen, die natürlichen Signale Ihres Körpers besser wahrzunehmen, die unterbewußten Hintergründe für Ihr Übergewicht ins Bewußtsein zu holen und Ihren Appetit zu verringern.

Behandlung:
  Beruhigen: 7, 9, 10, 12, 13, 14, 15, 16
  Anregen: 1, 3, 4
  Ausgleichen: 2, 5a–5c, 6, 8, 11

Spezialprogramme

Auf den folgenden Seiten haben wir einige Spezialprogramme zusammengestellt: eines zur Stärkung des Immunsystems, ein Schlankheitsprogramm, das eine Diät unterstützen kann, ein Programm für die Haut, eines für ein erfüllteres Geschlechtsleben und ein Energieprogramm für mehr körperliche und mentale Leistungsfähigkeit.

Denken Sie jedoch stets daran, daß auch die Reflexzonenmassage kein Allheil- und Wundermittel ist. Vor allem kann sie nicht den vernünftigen Umgang mit dem eigenen Körper ersetzen.

Wenn Sie Ihr Immunsystem stärken wollen, nehmen Sie weniger Genußgifte zu sich, versuchen weniger Abgase einzuatmen und regen Sie sich weniger auf.

Wenn Sie eine bessere Figur bekommen wollen, sollten Sie sich einmal überlegen, ob das wirklich nötig ist; was heißt schon »gute Figur«? Das ist doch in jeder Kultur anders. Und: Untergewicht ist ungesund.

Wenn Sie eine schöne Haut haben wollen, sollten Sie nicht rauchen und keinen Alkohol trinken. Auch das viele Schminken bekommt der Haut nicht. Und wenn Sie die Dreißig überschritten haben, sind Fältchen ganz natürlich und geben Ihrem Gesicht Charakter.

Wenn Sie sich ein erfüllteres Geschlechtsleben wünschen, sollten Sie auch einmal bei sich selbst nachforschen, was der tiefere Grund für Ihre Unzufriedenheit ist.

Wenn Sie mehr leisten wollen, sollten Sie nicht vergessen, sich zu fragen: Wofür? Lohnt es sich?

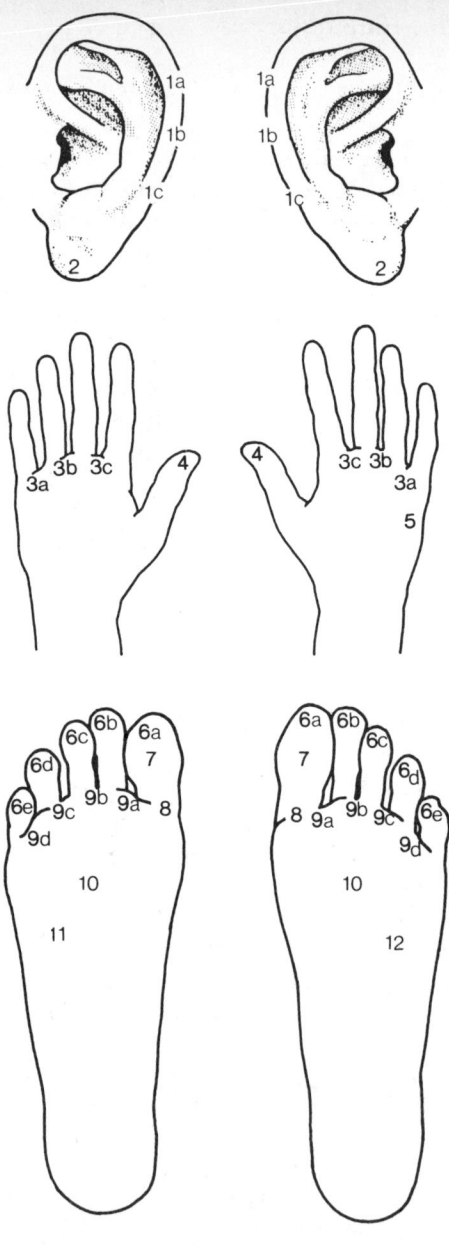

Stärkung des Immunsystems

Es gibt eine Unzahl von Faktoren, die unser Immunsystem beeinflussen: körperliche Anstrengung, Nahrung, Vitamine, Sonneneinstrahlung, Luftqualität und so weiter. Als einer der wichtigsten Faktoren für das Immunsystem hat sich jedoch das geistig-seelische Befinden herausgestellt. Menschen, die sehr gesund leben, Sport treiben und alle sonstigen physischen Voraussetzungen für eine gute Gesundheit haben, werden dennoch häufiger krank, wenn sie seelisch stark belastet sind oder unter ständigem mentalen Streß stehen.

Die beste Methode, um das Immunsystem von dieser Seite her zu unterstützen, besteht in täglichen Meditations- und Visualisierungsübungen. Doch dafür braucht man relativ viel Zeit – und wer hat die schon?

Die Reflexzonenmassage bietet die Möglichkeit, die Stärkung des Immunsystems sehr effektiv zu unterstützen. Um dieses Programm durchzuführen, benötigen Sie nur einige Minuten.

Behandlung:
Beruhigen: 1a–1c, 2, 8
Anregen: 4, 5, 6a–6e, 10, 11, 12
Ausgleichen: 3a–3c, 7, 9a–9d

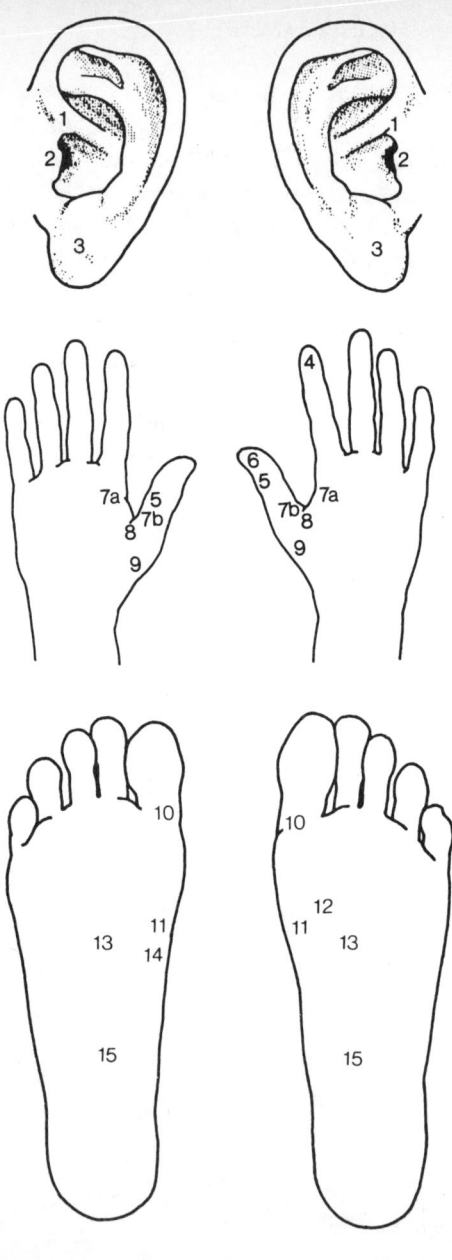

Das Schlankheitsprogramm

Wir haben das Thema Übergewicht bereits angesprochen und auch erwähnt, daß unser heutiges Schlankheitsideal nicht unbedingt natürlich und gesund ist. Wenn wir hier dennoch ein Schlankheitsprogramm anbieten, so tun wir das, weil wir wissen, daß zur Gesundheit auch das seelische Wohlbefinden gehört. Wenn man nun ein »Dickerchen« ist, wird man leider von vielen Menschen schief angesehen und weniger akzeptiert. Bei etwas sensibleren Menschen ist dann der Wunsch nach einer schlankeren Figur durchaus verständlich.

Dennoch möchten wir vor übertriebenen Abmagerungstorturen warnen und Sie bitten, sich die wahren Hintergründe Ihres Wunsches nach einer Gewichtsreduktion etwas genauer anzusehen.

Unser Schlankheitsprogramm wirkt auf zweierlei Weise:
– es verringert den Appetit und
– es hilft dem Körper, sich von Schlacken zu befreien.

Achten Sie bei einer Diät immer besonders auf eine ausgewogene Ernährungsweise. Gerade, wenn sich Ihr Körper entgiftet und Fett abbaut, braucht er Vitamine und Mineralien!

Behandlung:
Beruhigen: 3, 7a–7b, 8, 10, 11, 12, 15
Anregen: 1, 2, 4, 6, 9
Ausgleichen: 5, 13, 14

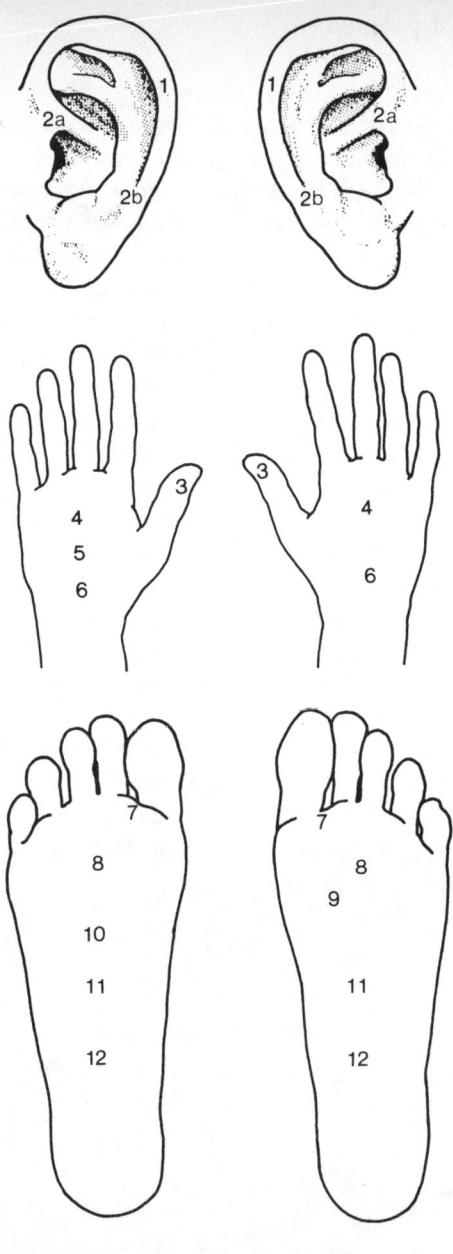

Das Hautprogramm

Die Haut ist bekanntlich unser größtes Organ. Wir atmen durch die Haut, wir scheiden Giftstoffe über die Haut aus und nehmen Wärme, Kälte und Tastempfindungen über die Sinneszellen wahr, die in der Haut liegen. Unsere Haut ist aber auch ein Spiegel unseres Innenlebens. Wenn wir über längere Zeit Streß und Belastungen ausgesetzt sind, macht sich dies oft in Pickeln, Ekzemen und unreiner Haut bemerkbar.

Verschiedene Gewohnheiten, die in unserer zivilisierten Gesellschaft schon als normal gelten, sind einer gesunden Haut auch nicht gerade förderlich. Zuviel Waschen nimmt der Haut ihren natürlichen Schutz, übertriebenes Sonnenbaden verbrennt die Haut und kann im Laufe der Zeit sogar zu Hautkrebs führen, tägliches Schminken verstopft die Poren und läßt die Haut frühzeitig altern. Auch die vielen Umweltgifte und die schlechte Luft schaden unserer Haut.

Unser Hautprogramm ist nur dann sinnvoll, wenn Sie gleichzeitig schädliche Gewohnheiten, wie die obengenannten, aufgeben. Die Massage der angegebenen Reflexzonen regt die Regeneration der Haut an, verbessert ihre Abwehrfunktion und hilft ihr, sich von Giften zu befreien. Während des Reinigungsprozesses in den ersten Tagen der Behandlung kann es bei sehr belasteter Haut zu vermehrten Hauterscheinungen kommen, die jedoch nur anzeigen, daß die Behandlung ihre Wirkung tut. Nach einigen weiteren Tagen wird Ihre Haut besser aussehen als je zuvor.

Behandlung:
Beruhigen: 7
Anregen: 4, 5, 6, 8, 10
Ausgleichen: 1, 2a–2b, 3, 9, 11, 12

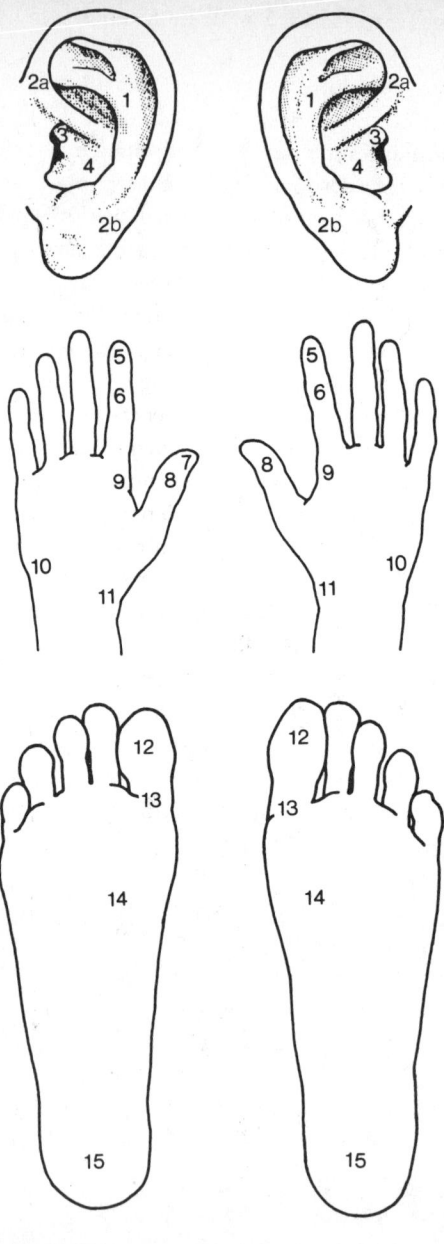

Das Programm für eine erfüllte Sexualität

Ein erfülltes Geschlechtsleben ist wichtiger für das Wohlbefinden und die Gesundheit, als mancher Moralapostel vielleicht zugeben möchte. Wenn »es« nicht mehr klappt, dann leidet meist auch die Partnerbeziehung – und umgekehrt. Wenn Sie Ihre sexuelle »Leistungsfähigkeit« erhalten oder auch steigern wollen, kann Ihnen die Reflexzonenmassage besser helfen als die meisten Aphrodisiaka. Und wenn Sie sexuell erfüllter sind, werden sich auch Ihr Allgemeinbefinden und Ihre Partnerbeziehung verbessern. Schwere Beziehungsprobleme können Sie natürlich nicht mit Reflexzonenmassage beheben, wohl aber können Sie entspannter, energiegeladener und empfangsbereiter werden, wenn Sie das angegebene Massageprogramm durchführen – am besten zusammen mit Ihrem Partner. Das Programm steigert ihre sexuelle Erlebnisfähigkeit. Es ist jedoch nicht zur Behebung sexueller Störungen geeignet. Lesen Sie dazu bitte den Abschnitt auf Seite 189.

Zusätzlich oder auch anstatt einer Reflexzonenmassage können wir Ihnen nur empfehlen, Sexualität ohne Vorurteile und Leistungsdenken und vor allem mit Spaß zu erleben.

Behandlung:
  Beruhigen: 14
  Anregen: 1, 2a–2b, 3, 4, 7, 10, 11, 15
  Ausgleichen: 6, 8, 9, 12, 13

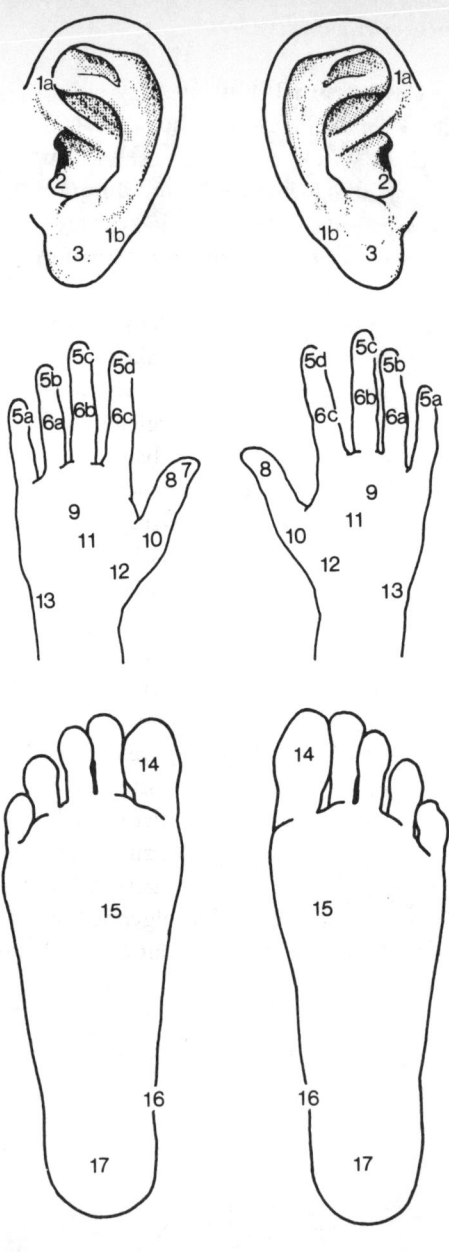

Das Energieprogramm

Energie kann wohl jeder gebrauchen. Schon um morgens aus dem Bett zu kommen, ist ein Energieaufwand vonnöten, der manchmal die Kräfte zu übersteigen scheint. Im Beruf wird meist geistige Dauerleistung gefordert, abends erwarten Familie oder Freunde, daß man munter und geistreich ist, und im Urlaub möchte man auch nicht immer nur auf der faulen Haut liegen ...

Körperlich und geistig ist jeder Mensch in der Lage, fünfzehn bis achtzehn Stunden am Tag aktiv zu sein. Wenn die meisten Menschen dennoch oft matt, abgespannt und müde sind, liegt das an den zahlreichen Energieblockaden, die sich im Laufe eines streßgeplagten Lebens aufbauen. Solche Blockaden behindern den freien Fluß der Lebensenergie, der alle Funktionen des Körpers und des Geistes in Gang hält.

Die körperliche, geistige und seelische Energie in Gang zu bringen und Energieblockaden aufzulösen, ist das Ziel aller energetischen Heilmethoden, also auch das Ziel der Reflexzonenmassage. Eine dauerhafte Auflösung aller Energieblockaden führt zu einer geistig, körperlich und seelisch erfüllten und aktiven Persönlichkeit. Das können wir natürlich nicht einfach durch ein kurzes Energieprogramm erreichen. Unser Energieprogramm mobilisiert jedoch kurzfristig und intensiv die gesamte Energie, macht wacher und leistungsfähiger. Wenn Sie also wissen, daß eine Situation auf Sie zukommt, in der Sie viel Energie benötigen (bei körperlichen, geistigen oder auch seelischen Belastungen), sollten Sie das folgende kurze Energieprogramm durchführen. Die Wirkung hält einige Stunden an.

Behandlung:
Alle angegebenen Punkte werden anregend massiert.

Empfindungen und Reaktionen
auf die Behandlung

Während oder nach einer Reflexzonenbehandlung können die verschiedenartigsten Empfindungen und Reaktionen auftreten. Für den Therapeuten ist es wichtig, von diesen Reaktionen zu wissen und auf sie zu achten, um so entsprechende Schlüsse ziehen zu können.

Im allgemeinen sind die Reaktionen überaus positiv. Die Massage der Reflexzonen dient ja in erster Linie der Entspannung; und in der Tat fühlen sich fast alle Patienten nach der Reflexzonenmassage geborgen und gelöst. Im körperlichen, seelischen und geistigen Bereich entspannt zu sein und die üblichen Denkmuster ebenso loslassen zu können wie die körperlichen Verkrampfungen, bedeutet für den Menschen von heute nämlich oft schon eine ganz außergewöhnliche Erfahrung, die sich manchmal bis hin zu euphorischen Zuständen steigern kann.

Manche Patienten haben nach einer Behandlung das Gefühl, innerlich durchpulst zu werden. Diese Empfindung kann sich bis zu dem Gefühl einer inneren Vibration steigern. Auch hören wir regelmäßig von Patienten, daß heftige Schmerzen nach der Behandlung schlagartig verschwunden sind. Es kann jedoch auch vorkommen, daß sich bestimmte Schmerzen zunächst verstärken, dann nämlich, wenn durch die Massage eine langjährige, chronische Erkrankung in die akute Phase geführt wird, was für ihr Ausheilen letztlich von außerordentlicher Bedeutung ist.

Da alles Unbekannte Angst oder zumindest Unbehagen auslöst, ist es wichtig, den Patienten darüber zu informieren, daß es zu bestimmten Reaktionen während und nach der Behandlung kommen kann. Als Reflexzonenbehandler sollten Sie wissen, daß die Menschen von ihrer Veranlagung, ihrer Konstitution und ihrer Vitalität her nun einmal sehr unterschiedlich sind. So läßt sich auch erklären, daß der eine schon auf eine relativ sanfte Behandlung stark reagiert, während man bei einem anderen mit besonderer Muskelkraft und Ausdauer arbeiten muß, um überhaupt eine Reaktion hervorzurufen. Lernen Sie, auf diese individuellen Grenzen zu achten. Hören Sie auf Geräusche wie Stöhnen oder Seufzen, und lernen Sie zu unterscheiden, ob diese Laute von Wohlbehagen oder von Schmerz künden. So kann beispielsweise auch ein Lachen darauf hinweisen, daß der Patient »zumacht«, um Sie daran zu hindern, seine Schutzblockaden zu durchbrechen.

Mit der Reflexzonenmassage helfen wir unserem Patienten, Giftstoffe aufzulösen und schließlich auszuscheiden. Diese Reinigungsvorgänge des Körpers gehen mit entsprechenden Reaktionen einher, die uns nicht beunruhigen, sondern im Gegenteil sogar ermutigen sollten, da sie uns zeigen, daß unsere Behandlung wirkungsvoll ist. In diesem Zusammenhang sind folgende Reaktionen zu nennen: Es kann zu stärkeren Hautausdünstungen und zu Schweißbildung kommen. Manchmal bilden sich auch Pickel, oder es treten kurzfristig Hautausschläge auf. Meist jedoch hat die Behandlung zur Folge, daß die Haut besser durchblutet wird, was sich auch auf den Teint positiv auswirkt. Es kann ab und zu auch zu stärkerer Sekretion der Nasenschleimhaut kommen, und eine Erkältung zeigt an, daß auch über die Nase oder über die Bronchien Gifte abgegeben werden. Auch die Harnausscheidung und der Stuhlgang können in manchen Fällen aktiviert werden. In seltenen Fällen (bei starker Verunreinigung) kann es auch einmal zu Durchfall kommen, der aber schnell wieder verschwindet.

Bei chronischen Leiden kann es nach der Stimulierung der Reflexzonen auch zu Fieberschüben kommen. Durch Fieber zeigt uns der Organismus, daß seine Immunabwehrkräfte arbeiten und daß »Eindringlinge« ausgestoßen werden. Obwohl alle diese genannten Reaktionen nach einer Behandlung auftauchen können, sind sie insgesamt gesehen doch ziemlich selten.

Nicht nur nach der Behandlung, sondern auch schon während der Massage kann es zu verschiedenen Reaktionen kommen, auf die der Therapeut achten sollte. So können beispielsweise starke Schmerzen oder Verspannungen auftreten, die uns zeigen, daß wir unsere Behandlungsintensität etwas zurücknehmen müssen. Übermäßige Schmerzen können aber auch auf eine ernstzunehmende Erkrankung hindeuten, die dann unbedingt in die Hände eines Arztes gehört!

Empfindliche Patienten können, besonders bei eher schnellen, aktivierenden Massagen, übermäßig angeregt werden. Sie werden dann sehr wach und munter, manchmal sogar äußerst aktiv. Leider kann sich diese Wirkung noch Stunden nach der Behandlung zeigen. Es empfiehlt sich daher – besonders bei der ersten Behandlung –, möglichst am Vormittag oder am frühen Nachmittag zu behandeln und keinesfalls unmittelbar vor dem Schlafengehen, damit ihr Patient dann nicht die ganze Nacht »aufrecht im Bett sitzt«.

Manchmal kommt es vor, daß Patienten während der Reflexzonenbehandlung zu schwitzen beginnen und daß ihre Hände und Füße feucht werden. Solange sich dies in Grenzen hält, ist es vollkommen harmlos und zeigt lediglich an, daß die Massage wirkt. Wenn der Patient jedoch anfängt zu frieren, ist Vorsicht geboten, da dies von einer mangelnden Blutversorgung zeugt. Brechen Sie in diesem Fall die Massage ab und decken Sie den Patienten warm zu. Es ist besser, die Behandlung dann nach einigen Tagen zu wiederholen, um Auskühlung zu vermeiden.

Überhaupt empfehlen wir, wann immer die Reaktionen wirklich heftig oder unangenehm werden, die Behandlung zunächst abzubrechen und dann nach etwa einer Woche eine neue Behandlung anzusetzen. Dadurch schützen Sie sich einerseits davor, irgend etwas verkehrt zu machen, und Sie geben Ihrem Partner andererseits auch die Möglichkeit, in der Zwischenzeit die von Ihnen gesetzten Reize gut zu verarbeiten.

Zum Schluß sei noch erwähnt, daß natürlich nicht nur der Körper, sondern auch die Seele auf Reflexzonenbehandlungen anspricht. So sollten Sie auf eventuelle plötzliche Gefühlsausbrüche, wie starkes Weinen oder übermäßiges Lachen vorbereitet sein. Unverarbeitete Erlebnisse können durch die Massage und Stimulierung der Reflexzonen an die Oberfläche kommen, und hier ist natürlich Ihr ganzes Einfühlungsvermögen gefordert. Zeigen Sie Ihrem Patienten in so einer Situation, daß Sie für ihn da sind, geben Sie ihm eine Stütze und versuchen Sie, verständnisvoll zu reagieren. Sie könnten das Vertrauen Ihres Patienten verlieren, wenn Sie seine Gefühle ablehnen und zu unterdrücken versuchen.

Auch Träume können zuweilen nach Reflexzonenbehandlungen intensiver werden. So berichtete eine dreiundfünfzigjährige Hausfrau bereits nach der ersten Reflexzonenbehandlung, daß sie sich seit Jahren erstmals wieder an ihre Träume erinnern könne. Da Träume unter anderem für die Beseitigung von seelischem Ballast zuständig sind, ist es sehr wichtig, daß wir träumen. Für die Analyse unserer aktuellen Schwierigkeiten und Lebensprobleme ist es überdies notwendig, daß wir uns an unsere Träume erinnern können.

Auch wenn Sie sich selbst behandeln, sollten Sie unbedingt auf die Reaktionen Ihres Körpers und Ihrer Seele achten. Das ist gar nicht so einfach, wie man meinen sollte. Nur durch genaue Selbstbeobachtung werden Sie auch seine feineren Reaktionen auf die Behandlung wahrnehmen können. Durch Fragen, die Sie sich selbst stellen, können Sie unter Umständen leichter die nötige Wachheit für Ihre Empfindungen bekommen. Diese Fragen könnten etwa so aussehen:

Wird mir während der Massage eher wärmer oder eher kälter? Beruhigt mich die Selbstmassage oder macht sie mich eher aktiv oder gar nervös? Sind durch die Reflexzonenbehandlung alte, vergessene Krankheiten oder Krankheitssymptome wieder aufgetaucht? Was wollen mir diese Symptome sagen? Haben sich meine Schlaftiefe und meine Schlafdauer seit der Behandlung verändert? Kann ich mich besser an meine Träume erinnern?

Je leichter es Ihnen fällt, bei der Eigenbehandlung auf Ihre persönlichen Empfindungen zu schauen und Ihre Reaktionen zu beobachten, desto leichter werden Sie auch die Reaktionen der von Ihnen behandelten Menschen verstehen können. Haben Sie keine Angst vor solchen möglichen Reaktionen; sie zeigen lediglich an, daß unser Körper als ein lebendiger Organismus auf Reizimpulse reagiert und daß die Selbstheilungskräfte durch diese Reizimpulse aktiviert worden sind.

Fragen zur Reflexzonenmassage

Frage: Bei welchen Krankheiten kann die Reflexzonenmassage helfen?

Antwort: Prinzipiell kann die Reflexzonenmassage bei allen Krankheiten den Heilungsprozeß unterstützen. Allerdings sollten schwere Krankheiten von einem erfahrenen Therapeuten behandelt werden.

Frage: Gibt es Krankheiten, bei denen die Reflexzonentherapie nicht eingesetzt werden sollte?

Antwort: Bei hohem Fieber und schweren physischen Erkrankungen sollte die Reflexzonentherapie nicht eingesetzt werden. Am Fuß sollte nicht massiert werden, wenn Erkrankungen (z. B. Fußpilz) oder Verletzungen am Fuß bestehen. Bei schweren Krankheiten sollte nur der Fachmann behandeln.

Frage: Hat die Reflexzonenmassage unerwünschte Nebenwirkungen?

Antwort: Eine übertrieben lange und kräftige Massage kann den Kreislauf so stark anregen, daß es zu Schweißausbrüchen und Schlaflosigkeit kommt.

Frage: Kann die Reflexzonenmassage die Behandlung des Arztes ersetzen?

Antwort: Obwohl die Reflexzonenmassage sehr einfach zu erlernen ist, wird es Ihnen als Laien nicht immer gelingen, die richtige Diagnose zu stellen. Das aber ist sehr wichtig für die Wiederherstellung der Gesundheit; nicht oder falsch behandelte Krankheiten können zu schweren Folgeschäden führen. Manchmal ist es auch, trotz aller Nebenwirkungen, unerläßlich, zunächst eine medikamentöse Therapie einzusetzen, um den Organismus zu stabilisieren. Am besten ist es natürlich, wenn Sie einen Arzt ausfindig machen können, der selbst Reflexzonenmassage gibt.

Denken Sie auch daran, daß die Reflexzonenmassage ein hervorragendes Mittel zur Vorbeugung ist. Bei regelmäßiger Durchführung der Grundprogramme sinkt die Krankheitsanfälligkeit.

Frage: Sind Hilfsmittel, wie etwa Fußrollen, sinnvoll?
Antwort: Fußrollen, Schuheinlagen oder elektrische Massagegeräte können bei maßvoller Anwendung Durchblutung und Elastizität der Füße fördern. Selbstverständlich können solche Geräte weder die individuelle Massage jeder einzelnen Zone durch die Finger noch das Fließen der Energie ersetzen.

Frage: Kann man sich selbst behandeln oder braucht man einen Therapeuten?
Antwort: Natürlich können Sie sich selbst behandeln. Es ist ja unter anderem die Aufgabe dieses Buches, Ihnen beizubringen, wie man das macht. Es gibt jedoch Faktoren, die Ihnen eine Selbstbehandlung vielleicht erschweren, etwa wenn Sie Ihre Füße nicht erreichen können, ohne sich dabei zu verrenken. Dann müssen Sie sich natürlich von jemand anderem behandeln lassen. Einen Arzt sollten Sie immer dann zu Rate ziehen, wenn Ihnen die Herkunft einer Erkrankung unklar ist oder wenn sich Beschwerden nach drei oder vier Massagen nicht bessern.

Frage: Ich habe ein ganz bestimmtes Problem, die entsprechende Reflexzonen sind aber völlig schmerzfrei.
Antwort: Wenn ein Problem über längere Zeit besteht, kann es vorkommen, daß die entsprechenden Reflexzonen »abschalten«. Wenn Sie die Reflexzonen nur an den Füßen getestet haben, versuchen Sie es noch einmal an den Händen, die besser auf chronische Erkrankungen ansprechen. Wenn Sie die Re-

flexzonen nach ein bis zwei Massagen nicht mobilisieren können, sollten Sie einen Arzt aufsuchen.

Frage: Bei mir sind immer dieselben Reflexzonen schmerzempfindlich, obwohl ich in dem entsprechenden Bereich überhaupt keine Probleme habe.
Antwort: Eine der erstaunlichen Eigenschaften der Reflexzonen ist es, daß sie viel früher als irgendwelche Methoden der modernen Medizin auf bestehende Probleme hinweisen können. Beobachten Sie sich selbst und hören Sie auf andere körperliche Signale. Suchen Sie frühzeitig den Arzt auf, wenn die Zonen schmerzempfindlich bleiben!

Frage: Ich behandle mich schon seit längerer Zeit selbst. Meine Krankheit bessert sich jedoch überhaupt nicht.
Antwort: Mit der Behandlung der Symptomzonen ist es oft nicht getan. Krankheiten haben meist tiefere Ursachen in der Psyche, die die Krankheit aufrechterhalten. Überlegen Sie einmal, ob dies auf Sie zutreffen könnte. Lesen Sie dazu auch das folgende Kapitel »Die Symbolik der Krankheitsbilder«.

Frage: Was passiert, wenn ich aus Versehen die falschen Reflexzonen behandle?
Antwort: Überhaupt nichts – oder besser gesagt nichts Negatives. Solange Sie einfühlsam massieren, tun Sie etwas Gutes. Sie behandeln dann eben Organe, denen möglicherweise nichts fehlt, die aber ebenfalls von einer Massage profitieren, indem sie angeregt und harmonisiert werden.

Frage: Kann die Reflexzonenmassage bei Krebs helfen?
Antwort: Manchmal hilft Reflexzonentherapie sogar bei Krebs im fortgeschrittenen Stadium. Sie sollten sich in diesem Fall aber keinesfalls selbst behandeln, da durch die Anregung, die der Körper bei der Massage erfährt, Krebszellen ausgeschwemmt werden und zu Metastasen führen können. Suchen Sie einen Arzt auf, der ein Experte in Reflexzonentherapie ist.

Die Symbolik der Krankheitsbilder

Sinn und Unsinn der Krankheitssymbolik

Nicht erst seit Thorwald Detlefsens Buch *Krankheit als Weg* ist bekannt, daß *alle* Krankheiten, nicht nur die sogenannten psychischen und psychosomatischen, ihren Ursprung in unserer Psyche, unseren Gedanken und Gefühlen haben. Geist, Seele und Körper sind in der Tat eine Einheit, die nur theoretisch aufgelöst werden kann. In den letzten Jahren wurde aufgrund der Verbreitung dieser Erkenntnis das Prinzip der *Krankheitssymbolik* viel diskutiert. Während die konservative Medizin diesen Gedanken kopfschüttelnd ablehnt, ist er für viele Vertreter und Anhänger alternativer Heilweisen der Stein der Weisen. Das geht teilweise schon so weit, daß man, wenn man im Frühsommer mit einem Heuschnupfen in den Bioladen kommt, um sein Brot zu kaufen, gefragt wird, wovon man denn die Nase voll habe. Bricht ein Freund sich das Bein, rät man ihm zu lernen, auf seinen eigenen Füßen zu stehen. Bricht er sich das Genick, ist er halsstarrig. Hat er einen Gehirntumor, ist an seiner Art zu denken etwas verkehrt. Ist er blind, so will er die Dinge nicht so sehen wie sie sind. Diese Beispiele sind leider keine Übertreibungen, sondern tauchen tatsächlich so in Büchern auf.

Es ist natürlich verständlich, daß eine so einfache Methode, die Wurzeln sämtlicher Gesundheitsprobleme zu erkennen, großen Anklang findet. Wer hat nicht gern einen Rat für Freunde und Bekannte bereit, wenn ihnen etwas fehlt. Wenn man jedoch ein wenig nachdenkt und nachfühlt, wird man einsehen, daß Seele, Geist und Körper des Menschen nicht ganz so simpel funktionieren. Unsere Probleme und Sorgen, Krankheiten und Beschwerden wären wohl schnell zu lösen, wenn es lediglich eines Sprichwortlexikons bedürfte, um die grundlegenden Ursachen aller Leiden zu erkennen.

Möglicherweise haben wir jetzt den Eindruck erweckt, als hielten wir das ganze Prinzip der Krankheitssymbolik für absurd. Das ist keineswegs der Fall. Wir sind lediglich davon überzeugt, daß die Natur – und auch Körper, Seele und Geist des Menschen – sehr komplex und multidimensional sind, also nicht vorhersagbar und immer wieder im wahrsten Sinne des Wortes wunderbar. Außerdem sind wir der Überzeugung, daß jeder Mensch ein einmaliges Individuum ist, was bedeutet, daß auch jede Krankheit immer wieder neu und individuell interpretiert werden muß.

Die individuelle Interpretation

Wenn wir die tiefere Bedeutung einer Krankheit erkennen und somit die Krankheit richtig deuten wollen, müssen wir die Lebensumstände und Veranlagungen des Betroffenen mit in Betracht ziehen, denn sie gehören zum Menschen, sind ein Teil seiner Einmaligkeit.

Betrachten wir zum Beispiel Magenprobleme. Prinzipiell ist der Magen ein Organ der Körpermitte, unseres physischen und geistigen Zentrums. Schwierigkeiten in diesem Bereich zeigen oft an, daß Probleme »unverdaut« geblieben sind, weil wir nicht in unserer Mitte sind. Es fällt uns schwer, Neues aufzunehmen – auch deshalb, weil zuviel Neues auf uns einströmt. Deshalb haben Menschen, die unter ständigem Streß stehen, oft auch Probleme mit dem Magen. Weil der Magen auch mit Annehmen und Weitergeben zu tun hat, weisen Schwierigkeiten in diesem Bereich nicht selten auf die Schwierigkeit hin, Gefühle anzunehmen und weiterzugeben.

Das sind in kurzen Worten einige wichtige Prinzipien, die im allgemeinen mit Problemen am Magen in Verbindung stehen. Bevor jedoch Rückschlüsse auf die psychologischen Ursachen gezogen werden können, müssen doch noch einige Fragen geklärt werden.

Nicht selten sind vordergründige Magenprobleme lediglich sekundäre Folgen eines ganz anderen Problems, beispielsweise häufiger Kopfschmerzen, die mit viel Aspirin unterdrückt werden. Aspirin ist eine Säure, Acetylsalicylsäure, und selbstverständlich greift eine starke Säure die Magenschleimhaut an, was verständlicherweise zu Magenschmerzen und anderen Magenproblemen führt, auch wenn der Betroffene keinerlei Schwierigkeiten hat, Gefühle zu zeigen oder anzunehmen. Eine Interpretation dieser Magenschmerzen, die sich auf die obengenannten Prinzipien beruft, wäre daher völlig verfehlt und ginge am Kern des Problems vorbei, da es sich ja in Wirklichkeit um ein »Kopfproblem« handelt!

Es ist also wichtig, sich mit dem Problem des Kranken wirklich auseinanderzusetzen. Die Stichworte *verdauen* und *aufnehmen* geben zwar Anhaltspunkte, aber man sollte sich dennoch davor hüten, ohne weitere Informationen zu oberflächlichen Interpretationen zu gelangen. Damit würde man den gleichen Fehler begehen, der der Schulmedizin so oft vorgeworfen wird, nämlich den Menschen nicht als Individuum zu behandeln, sondern immer dieselben mechanischen Verfahren abzuspulen, ohne wirklich auf den Betroffenen einzugehen.

Die Bedeutung für die Reflexzonentherapie

Die Reflexzonenbehandlung ist ja letztendlich keine materielle, sondern eine energetische Methode und will nicht lediglich Symptome bekämpfen, sondern zugrundeliegende Ursachen behandeln und schließlich harmonisch auflösen. Um diese tieferen Ursachen aufdecken zu können, ist eine richtige Interpretation des Krankheitsbildes unerläßlich.

Interpretiert man die Krankheitssymptome richtig, ist man auch in der Lage, die für die individuelle Krankheit relevanten Reflexzonen aufzufinden, also die Zonen an Füßen, Händen und Ohren, die mit den Ursachen der aufgetretenen Probleme zusammenhängen.

Eine erste Orientierungshilfe für die Interpretation einer Krankheit können die folgenden Fragen sein:

- Zu welchen Verhaltensänderungen zwingt das jeweilige Symptom?
- Inwieweit führt das beobachtete Symptom zu Einschränkungen?
- Unter welchen Begleitumständen trat das Symptom erstmals auf?

Literatur

Bierach, Alfred: *Reflexzonentherapie,* Econ, Düsseldorf, 5. Aufl. 1991

Detlefsen, T. / Dahlke, R.: *Krankheit als Weg,* Bertelsmann, München, 1992

Duke, Marc: *Akupunktur – Chinas heilende Nadeln,* Suhrkamp, Frankfurt, o. J.

Ingham, Eunice D.: *Geschichten, die die Füße erzählen können,* Drei Eichen, Ergolding, 5. Aufl. 1989

Kushi, Michio: *Do-In-Buch,* Ost–West-Bund, Völklingen und Bruno Martin, Südergellersen, 8. Aufl. 1990

Kushi, Michio: *Orientalische Diagnose,* Pala, Schaafheim, 1986

Leibold, Gerhard: *Reflexzonen-Therapie,* Falken, Niedernhausen, 2. Aufl. 1991

Lidell, L. / Thomas, S. / Beresford Cooke C. / Porter, A.: *Massage,* Mosaik, München, 1985

Marquardt, Hanne: *Reflexzonenarbeit am Fuß,* Karl F. Haug, Heidelberg, 19. Aufl. 1991

Rick, Stephanie: *Reflexzonen-Therapie,* Knaur, München, 1990

Schwarz, A. A. / Schweppe, R. P. / Pfau, W. M.: *Wyda, die Kraft der Druiden,* Bauer, Freiburg 1989

Schwarz, A. A. / Schweppe, R. P.: *Entspannung und Persönlichkeit,* Mosaik, München 1990

Schwarz, A. A. / Schweppe, R. P.: *Der andere Weg zum Erfolg,* Humboldt, München 1993

Topping, W. W.: *Stress Release,* Verlag für Angewandte Kinesiologie, Freiburg, 3. Aufl. 1991

Wagner, Franz: *Reflexzonenmassage leicht gemacht,* Gräfe und Unzer, München, 3. Aufl. 1992

Aljoscha A. Schwarz/
Ronald P. Schweppe

**Die ganzheitliche
Rückenschule**

171 Seiten, mit 68 S/w-
Abbildungen, kartoniert
ISBN 3-591-08356-9

Unser Rücken ist weit mehr als die Rückseite unseres Körpers. Nicht nur liegt hier unsere „Schaltzentrale", das Rückenmark, von wo aus die Informationen des Gehirns an Muskeln und Organe weitergeleitet werden. Auch Gefühle manifestieren sich im Rücken, und auf der geistigen Ebene ist die Wirbelsäule die Achse, die uns sowohl mit dem Himmel als auch mit der Erde verbindet. Leider hat unsere angeblich zivilisierte Lebensweise dazu geführt, daß wir uns recht weit von den beiden Polen unseres Seins entfernt haben, und diese Entfremdung äußert sich im verstärkten Auftreten von Rückenproblemen. Die „Arbeit" an diesen Problemen kann also nicht nur in irgendeiner Art von Gymnastik bestehen. Sie muß vielmehr darauf ausgerichtet sein, sowohl unseren Körper als auch unseren Geist flexibler, aufrichtiger und freier werden zu lassen. Dieses Buch zeigt, wie das erreicht werden kann. Einfache Übungen und Tips für eine bessere Koordination von Alltagsbewegungen helfen, vorhandene Rückenschmerzen schnell zu lindern und künftige Beschwerden zu vermeiden.

AURUM VERLAG · BRAUNSCHWEIG

Hans–Dieter Kempf
Die Rückenschule *Das ganzheitliche Programm für einen gesunden Rücken*
(rororo sachbuch 9793)
Der Autor präsentiert hier einen Leitfaden zur aktiven Gesundheitsvorsorge und Rehabilitation von Rückenschmerzen. Dabei wird die Veränderung von Alltagsbelastungen, die sinnvolle Ausübung bestimmter Gymnastikübungen ebenso ausführlich behandelt wie die Möglichkeiten am Arbeitsplatz, negative Auswirkungen auf die Wirbelsäule zu vermeiden. Das Buch wendet sich an alle, die bereits Probleme mit ihrem Rücken haben, ebenso an jene, die Rückenschmerzen vorbeugen wollen.

Joachim Grifka
Die Knieschule *Hilfe bei Kniebeschwerden*
(rororo sachbuch 9186)

Sue Luby
Hatha Yoga *Entspannen, auftanken, sich wohl fühlen*
(rororo sachbuch 8592)

Yogi Deenbandhu
(Detlef Uhle)
Yoga für alle *Übungen für jeden Tag*
(rororo sachbuch 9386)
Körper– und Atemübungen des Hatha Yoga (Körperliches Yoga basieren auf jahrtausendealtem Wissen um die Physiologie des Menschen. Dieser Band ermöglicht durch klare Beschreibungen und viele Fotos ein systematisches Selbststudium oder, noch besser, die Vor– und Nachbereitung eines Yogakurses.

Ingo Jarosch
Tai Chi *Neue Körpererfahrung und Entspannung*
(rororo sachbuch 8803)
Der Autor zeigt, wie man mit Tai Chi die Rückbesinnung auf sich selbst und die dabei erfahrene körperliche und geistige Entspannung mit seiner Methode rasch erlernen kann.

Robert J. Blom
Chiropraktik *Die Wirbelsäule als Zentrum vielfältiger Beschwerden*
(rororo sachbuch 8765)

Ein Gesamtverzeichnis aller lieferbaren Titel der Reihe *gesundes leben* finden Sie in der *Rowohlt Revue.* Jedes Vierteljahr neu. Kostenlos in Ihrer Buchhandlung.

Löwe

23.7.–23.8.

W0191659

Löwe

P. Michel
A. Wagner

23.7.–23.8.

tosa

Inhalt

Vorwort

Wenn Sie jetzt dieses Buch in Händen halten, so sind Sie höchstwahrscheinlich ein Löwe oder zumindest am Sternzeichen Löwe interessiert. Vielleicht leben Sie in einer temperamentvollen Beziehung mit einem Löwen oder möglicherweise ist Ihr Chef einer. Zumindest möchten Sie etwas mehr über das Sternzeichen erfahren.

Es ist immer eine spannende Angelegenheit, etwas über sich selbst oder einen anderen Löwen zu erfahren. Die nachfolgenden Seiten wollen Ihnen einen Gesamtüberblick über die vielfältigen Seiten des Löwen vermitteln. Wenn Sie selbst ein solcher sind, haben Sie sich wahrscheinlich ohnehin schon über das Inhaltsverzeichnis mit dem Buch vertraut gemacht. Trotzdem sollte das Buch bei der Lektüre noch einige Überraschungen für Sie bereithalten. Vielleicht wird es Sie auch das eine oder andere Mal zum Schmunzeln bringen. Das ist so beabsichtigt!

Das Sternzeichen eines Menschen zeigt uns dessen bestimmte Merkmale auf, es kann allerdings kein vollständiges Bild einer Persönlichkeit liefern. Dazu bedarf es eines umfassenden Horoskops.

Es wird Ihnen sicher schon aufgefallen sein, dass es auch innerhalb eines Sternzeichens unterschiedliche Menschen gibt. Das zeigt uns, dass man nicht alle Widder, Stiere oder Jungfrauen über einen Kamm scheren kann. Trotzdem lassen sich viele verblüffende Ähnlichkeiten feststellen, die viel zu eindeutig sind, um als Zufall erklärt zu werden. Bestimmte Muster kehren innerhalb eines Sternzeichens immer wieder. Deshalb lohnt es sich, etwas mehr über die verschiedenen Aspekte eines Sternzeichens zu erfahren. Wenden wir uns also der geheimnisvollen Welt des Löwen zu.

Einleitung

Gehören auch Sie zu jenen Menschen, die zwar ihren Freunden und Kollegen gegenüber stets betonen, nichts von dieser „Sterndeuterei" zu halten, aber heimlich doch fast jedes Illustriertenhoroskop lesen? Natürlich nur zum Spaß!

Wir vermuten einmal, Sie haben ein gewisses Interesse an der Astrologie, kennen sich aber noch nicht sehr gut aus. Daher sind die nachstehenden Gedanken über die Wissenschaft der Astrologie für Sie vielleicht hilfreich, um Ihnen zumindest Grundkenntnisse der alten Sternenweisheit zu vermitteln. Außerdem versprechen wir Ihnen mehr Freude beim Lesen als bei den etwas eintönigen Zeitschriften-Horoskopen!

Wenn Sie zu den Befürwortern der Astrologie gehören – und ihre Zahl nimmt bekanntlich ständig zu –, werden Sie mit diesem Buch endlich genügend Argumente in die Hand bekommen, um Ihren Freunden und Kollegen zu beweisen, warum sich die Löwe-Frau aus der Buchhaltung und der Steinbock-Abteilungsleiter so in die Haare geraten konnten.

Das Grundwissen

Normalerweise weiß jeder Mensch, zu welchem Sternzeichen er gehört. Das Tierkreiszeichen richtet sich nach dem Stand der Sonne zum Zeitpunkt Ihrer

Geburt. Wenn Sie also beispielsweise am 10. März geboren sind, gehören Sie, astrologisch gesprochen, zu den Fischen. Denn an diesem Tag stand die Sonne im Zeichen der Fische. Wurden Sie dagegen am 10. August geboren, sind Sie astrologisch ein Löwe. Sie finden normalerweise ganz schnell heraus, zu welchem Zeichen Sie gehören, es sei denn, Sie fallen genau in den Wechsel zwischen zwei Zeichen. Dann kann es von Bedeutung sein, Ihre Geburtsstunde genau zu ermitteln und einen Astrologen oder das Internet zu befragen, zu welchem Zeichen Sie gehören.

Der Sonnenstand, also Ihr Sternzeichen, gibt Ihnen Auskunft darüber, wie Sie „in Ihrem Inneren" wirklich sind. Die Astrologie, wenn sie ernsthaft betrieben wird, vermag natürlich weitaus mehr über die Persönlichkeit eines Menschen auszusagen, aber wir wollen es in diesem Buch einmal beim Sonnenstand, dem Sternzeichen und dem Stand des Mondes bewenden lassen. Als Hinweis für die etwas Fortgeschritteneren unter den Lesern sei nur erwähnt, dass der „Aszendent" zum Ausdruck bringt, wie Sie der Umwelt gegenüber erscheinen, während die Stellung des Mondes, auf die wir im Kapitel 8 näher eingehen, im Horoskop wesentlich für Ihr Seelenleben und Ihre Gefühlswelt ist.

Es ist keine große Mühe, den Aszendenten und die Stellung des Mondes im Horoskop zu ermitteln. Diese Daten erfahren Sie aus dem Internet in Sekundenschnelle, wenn Sie Ihr Geburtsdatum und Ihren Geburtsort entsprechend eingeben. Mit unserer Sternzeichen-Serie haben Sie dann das Werkzeug in der Hand, um mehr über sich selbst zu erfahren.

Die Geschichte der Astrologie

Das Wort „Astrologie" setzt sich aus den beiden griechischen Wörtern *„Astron"* (Stern) und *„Logos"* (Wort, Weisheit) zusammen. Wenn man es wörtlich übersetzen möchte, könnte man von der „Sprache der Sterne" oder besser von der „Sternenweisheit" sprechen.

Das wichtigste Grundwerkzeug für die Astrologie ist das Horoskop, ein weiteres Wort aus dem Griechischen, das am treffendsten mit „Stundenzeiger" übersetzt wird. Im Horoskop wird nach astronomischen Grundsätzen die Stellung der Gestirne im Augenblick der Geburt aufgezeichnet. Da es einige schnell laufende Planeten gibt, können manchmal wenige Minuten ein deutlich verändertes Horoskop ergeben. Es ist daher für eine eindeutige astrologische Deutung wichtig, möglichst genau die Geburtszeit zu ermitteln. Sollten Sie also demnächst Nachwuchs bekommen, versuchen Sie auch in der Aufregung der Geburt mit einem Auge auf die Uhr zu schauen. Sie werden später dafür dankbar sein – und Ihr Kind selbstverständlich auch!

Die Ursprünge

Die Anfänge der Astrologie verlieren sich im Dunkel der Geschichte. Zu allen Zeiten hat das sternenübersäte Himmelszelt die Menschen mit Ehrfurcht erfüllt. Viele Religionen haben sogar Gott oder die Götter am Sternenhimmel angesiedelt, denn die Menschen suchten stets nach einem „sichtbaren" Ausdruck dieser verborgenen Kräfte, von deren Wirken sie nichts wussten.

Die Babylonier, etwa im 4. Jahrtausend v. Chr., scheinen die Ersten gewesen zu sein, die sich die Frage stellten, ob die Bewegung der Gestirne möglicherweise eine verborgene Botschaft der Götter sein könnte. Also begannen sie, die Bewegung der Lichter am Sternenhimmel aufzuzeichnen – und sie stellten eine gewisse Regelmäßigkeit fest. Was lag also näher, als die Gesetzmäßigkeiten festzuhalten. So entstand der erste Kalender!

Die Ägypter, von deren tiefem Wissen heute nur noch die Pyramiden und einige alte Tempelruinen Zeugnis ablegen, waren historisch die Nächsten, etwa 2500 v. Chr., die sich in die Deutung der Gestirne vertieften. Sie kleideten ihr Wissen in Mythen und Sagen, aber die eingeweihten Priester vermochten diese zu deuten und ihren tiefen Sinn zu entschlüsseln. Zu jener Zeit war das astrologische Wissen nur wenigen Eingeweihten vorbehalten.

Wenn C. G. Jung, der große Psychologe, später diese Sternenweisheit als den „symbolischen Ausdruck für das innere, unbewusste Drama der Seele" bezeichnete, so fand er nur neue Worte für ein altes Wissen.

Nach den Ägyptern kamen die Griechen. Auch sie versuchten, die Beobachtung des Sternenhimmels zum Erkennen des Schicksals heranzuziehen. Die große griechische Kultur gab der Astrologie, wie auch der gesamten abendländischen Kultur, ihre im Wesentlichen heute noch gültige Form. Sie befinden sich also, wenn Sie die Astrologie ernst nehmen, in bester Gesellschaft!

Die Geburtsastrologie

Die Griechen waren es, die erkannten, dass auch die unregelmäßigen Vorgänge am Sternenhimmel, die scheinbar „unberechenbaren" Bewegungen der Gestirne, die den Babyloniern als „Omen" gegolten hatten, bestimmten Gesetzmäßigkeiten gehorchten und daher vorausberechenbar waren. Von diesem Augenblick an verlor die Anschauung, dass die Götter den Menschen so ein Zeichen geben wollten, ihre Anhänger. Die alten Sterndeuter begannen, eine individuelle Geburtsastrologie zu entwickeln.

Wichtig für das Verständnis der modernen Astrologie wurde in diesem Zusammenhang ein Satz von Thomas von Aquin: „Die Sterne machen geneigt, aber sie zwingen nicht!" Diese Erkenntnis setzte sich in weiten Kreisen allmählich durch und findet auch heute immer mehr Anhänger. Damit wird für den einzelnen Menschen deutlich, welche Bedeutung das astrologische Wissen für ihn besitzt. Es hilft ihm, Anlagen, Neigungen, Begabungen oder Talente zu erkennen und zu fördern. Gleichzeitig kann ihn die Astrologie auf Schwächen, Gefährdungen oder problematische Neigungen hinweisen. Immer aber bleibt es in der Verantwortung des einzelnen Menschen, sein Leben selbst in die Hand zu nehmen!

Die Tierkreiszeichen im Laufe eines Jahres

Der **Widder**, das erste Zeichen im Tierkreis, steht für den drangvollen, stürmischen Beginn des Frühlings. Da mit der Frühlings-Tagundnachtgleiche etwas Neues beginnt, setzten die Astrologen der Antike den Widder an die erste Stelle im Tierkreis. Der Winter wird kraftvoll vertrieben. Alles kommt natürlich viel zu früh. Die Krokusse stecken schon ihre Köpfchen durch die Erde, wenn noch Schneeflocken durch die Luft wirbeln. Aber so ist es ja immer beim Widder. Er ist nicht zu bremsen, und schließlich überwindet er ja auch Schnee und Eis und verhilft dem Frühling zum Durchbruch.

Dann kommt der **Stier** und bringt den Frühling in voller Pracht zum Ausdruck. Der „Wonnemonat" Mai beginnt. Es ist eine Zeit der Sinnlichkeit und der Hingabe. Menschen vertrauen einander, sind gutmütiger als normal; aber sie sind auch stärker materiell ausgerichtet. Alles wird etwas gelassener und langsamer.

Als Letzte im Frühling treffen wir die **Zwillinge**. Mit ihnen geht der maienhafte Frühling und die Baumblüte setzt ein. Die Verästelungen bilden sich und alles wird komplizierter. Die Zwillinge bringen zum Wachstum aber auch Zergliederung und Oberflächlichkeit.

Der **Krebs** kommt mit der Sommersonnenwende. Der Sommer beginnt. Die Tage sind am längsten, die Nächte nur kurz. Die Wachstumskräfte treten nach außen und die Samenbildung beginnt. Die Empfindsamkeit und die Empfindlichkeit nehmen zu, aber auch die Empfänglichkeit und das Schwankende. All dies werden Sie beim Sternzeichen Krebs wiederfinden!

Den **Löwen** finden wir in der Mitte des Sommers. Die Früchte werden reif und die Sonne durchglüht die Erde. Es ist die heißeste Zeit des Jahres und die Natur erstrahlt in sommerlicher Fülle. Herzens- und Willensmenschen sind jetzt in ihrem Element. Alles strotzt vor Selbstbewusstsein, Großzügigkeit und überschäumender Lebenskraft.

Mit der **Jungfrau** geht der Sommer zur Neige. Der Himmel ist strahlend klar und blau. Die Erntezeit beginnt. Die Natur stellt sich auf den Anfang eines neuen Lebenszyklus ein. Jetzt geht es um das Ordnen, Sichten und Unterscheiden. Eine sachliche Einstellung ist wichtig, um die Ernte wohlbehalten einzubringen. Es ist von entscheidender Bedeutung, vorsichtig vorzugehen. Man darf nicht zu früh und nicht zu spät ernten. In diesem Geschehen kann eine gewisse Ängstlichkeit heranwachsen.

Mit der Waage beginnt der Herbst. Tage und Nächte sind gleich lang. Die Winterhälfte des Jahres hält ihren Einzug. Noch halten sich sommerliche Wärme und winterliche Kälte das Gleichgewicht, und noch immer ist der Himmel hell und freundlich. Die Waage bringt zudem eine wahre Blumenpracht mit sich. Die Sonnenuntergänge zeigen ein herrliches Lichtspiel und das Streben nach Harmonie ist besonders ausgeprägt. Ein großer Schaffensdrang steht in Konflikt mit mangelnder Durchsetzungskraft. Dafür finden wir bei der Waage ein feines Anpassungsvermögen.

Der Skorpion ist der „Todesmonat". Er bringt steigende Morgen- und Abendnebel. Das letzte Laub fällt von den Bäumen. Der Skorpion hinterlässt kahle Bäume; aber dennoch zeigen sich an einigen Ästen bereits wieder zarte Knospen. Es ist eine Zeit des Sterbens und Werdens. Der Skorpion ist zäh und ausdauernd. Er bringt alle Dinge schnell auf den Punkt. Bei ihm finden sich offene Aggressivität und leidenschaftliche Hingabe sowie ein grüblerischer Erkenntnistrieb.

Mit dem **Schützen** neigt sich der Herbst dem Ende zu. Der Winter sendet seine Vorboten über das Land. Der Todesschlaf der Natur kündigt sich bereits an. Die Dämmerungen bringen eine gewisse Schwermütigkeit; aber die Vorweihnachtszeit schenkt etwas Licht. Die Felder sind kahl und verlassen, die Beete abgeerntet und die Gärten leer. Die Stimmung des Schützen ist jedoch voller Idealismus, und deshalb haben es wohltätige Veranstaltungen in der Adventszeit leichter! Religion und Sinnsuche streben ihrem Höhepunkt zu.

Der **Steinbock** bringt das Weihnachtsfest und die Wintersonnenwende. Die längsten Nächte des Jahres sind zu überstehen. Das Licht kämpft mit der Finsternis, um neu ins Leben zu treten. In der Natur herrscht völlige Lebensstarre. Die Welt ist von Eis und Schnee bedeckt. Die Luft ist schneidend und klirrend kalt. Der Steinbock kämpft sich jedoch mit unermüdlicher Beharrlichkeit durch. Wir finden zudem Entsagung, Konzentrationsfähigkeit und Sachlichkeit bei ihm, die allerdings mit Teilnahmslosigkeit und Hochmut einhergehen können.

Den **Wassermann** hat der Winter voll im Griff. Alles Leben ist unter Schnee und Eis verborgen. Am Tage kann die Wintersonne hell blenden, in der Nacht sind die Sterne klar zu erkennen. Es ist die kälteste Zeit des Jahres. Die weiße Schneedecke vermittelt ein Gefühl von Freiheit und Unbegrenztheit. Dem Wassermann sind gesellschaftliche Normen unwichtig; er lebt seinen totalen Freiheitstrieb.

Im Zeichen der **Fische** geht der Winter in den Frühling über. Die Fastenzeit beginnt und die Schneeschmelze setzt ein. Alles Erstarrte löst sich und alles Tote wird zu neuem Leben erweckt. Der Erdboden weicht auf und der menschliche Körper wird verwandelt. Im Zeichen der Fische kommt es auch zu den meisten Todesfällen! Die Fische neigen zudem zu einer Flucht aus der realen Welt. Unter den Fischen finden wir allerdings auch viele Gemütsmenschen mit echter Nächstenliebe.

Damit ist unsere kurze Wanderung durch die Tierkreiszeichen abgeschlossen und wir können uns jetzt genauer mit dem fünften Zeichen beschäftigen – dem Löwen.

Grundsätzliches über den Löwen

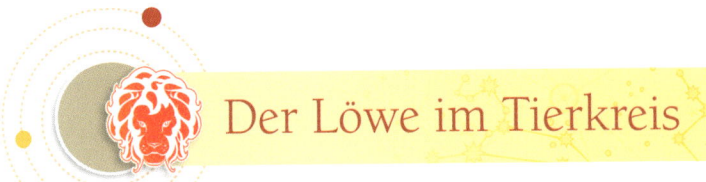

Der Löwe im Tierkreis

Das Zeichen

Der Löwe ist ein Feuer-Zeichen. Er ist das fünfte Zeichen im Tierkreis und erstreckt sich im Kalenderjahr vom 23. Juli bis zum 23. August.

Das Zeichen und der Planet

Dem Löwen wird die Sonne zugeordnet.

Das Zeichen, Edelsteine und Metalle

Dem Löwen sind der Rubin und das Gold zugeordnet.

Das Zeichen und seine Farbe

Dem Löwen, dem „Sonnen-Tier" des Sternkreises, werden alle „Sonnenfarben" zugeordnet, womit sämtliche Schattierungen der Morgen- und Abenddämmerung gemeint sind.

Das Zeichen und seine Tiere

Natürlich gehört zum Sternzeichen Löwe der „König der Tiere". Grundsätzlich werden das gesamte Großwild und besonders die Raubkatzen diesem Sternzeichen zugeordnet. Es wird sich noch zeigen, auf welche Weise manche Eigenarten des Tieres Löwe auch beim Sternzeichen Löwe zu erkennen sind.

Der königliche Löwe

Das Kraftpaket

Sowohl weibliche als auch männliche Löwen zählen zu den ungemein vitalen Vertretern des Tierkreises. Sie verfügen über große Energiereserven und gelten häufig als ausgesprochene Kraftpakete. Wenn es hart auf hart kommt, können sie in Krisensituation auf noch unerschlossene Kraftquellen zurückgreifen.

Selten wird der Löwe sein Licht unter den Scheffel stellen. Eher strahlen Löwe-Menschen, wie ihre Freunde im Tierreich, eine gewisse „königliche" Würde aus.

Die Lebenshungrigen

Löwen sind allgemein sehr großmütige Menschen. Kleingeister und Pfennigfuchser wird man unter diesem Sternzeichen nur ausgesprochen selten antreffen. Ein Löwe denkt groß und lebt groß. Natürlich lebt er gerne, aber er „lässt auch leben". In Konfliktsituationen wird man immer auf die „große Geste" des großmütigen Löwen vertrauen können.

Löwen leben nicht einfach so in den Tag. Sie sind erfüllt von einem gewaltigen Lebenshunger, der immer wieder neu gestillt werden muss. Sie suchen das Abenteuer und die neue Anregung, um ihr Leben von morgens bis abends in vollen Zügen zu leben.

Sich zurückzulehnen und das Leben im stillen Fluss vorbeiziehen zu lassen – diese Philosophie entspricht dem Löwen eher weniger.

Stolz und willensstark

Löwen sind, von ihrem Wesen her, sehr stolze Menschen. Manchmal kann sich dieser Stolz in einer schon übertriebenen Art und Weise zum Ausdruck bringen, bedingt durch den Charakter des jeweiligen Löwen.

Löwen gehen mit großer Selbstsicherheit **ihren** Weg durchs Leben. Sie schwanken nicht in ihrer Ausrichtung und verfolgen ihre Ziele mit großer Willensstärke.

Ich will

Die Löwen, als die Herrscher im Tierreich, zeigen diese Tendenz zu dominieren auch bei den Menschen. Das Lieblingswort der im Zeichen „Löwe" Geborenen lautet: „Ich will!"

Erträglich werden die Löwen allein dadurch, dass sie ihre unüberhörbaren Willensäußerungen mit sehr viel Charme kundgeben.

Der heißblütige Löwe

Als Feuer-Zeichen weist der Löwe sehr viele dynamische Aspekte auf. Leider kann er manchmal geradezu hitzig reagieren, vor allem bei kleinen oder großen Streitigkeiten. Hier gilt es für das Gegenüber des Löwen, Vorsicht walten zu lassen.

Schmeicheleien

Ein Löwe gerät öfter mal in Konflikt mit seinen eigenen Wesenszügen. Zum einen ist der Löwe zu königlich, um sich von durchschaubaren Schmeicheleien anderer betören zu lassen, zum anderen liebt er es einfach, hofiert zu werden.

Ein Löwe weiß schließlich, dass er etwas darstellt. Das sollte einfach zweifelsfrei anerkannt werden. Allerdings würde der Löwe dies nie öffentlich zugeben!

Hahn im Korb

Natürlich ist der Löwe (die Löwin) gerne der Hahn im Korb oder die Henne im Nest. Auch wenn es ihm niemand bestätigen sollte, der Löwe weiß es schlicht und ergreifend – er ist etwas Besonderes!

Der Löwe-Witz

Treffen sich zwei Menschen auf der Straße. Fragt der eine den anderen: „Sag mal, was bist du eigentlich für ein Sternzeichen?" Erwidert der andere: „Ich bin das beste Tierkreiszeichen im Sternkreis!" Darauf wieder erstaunt der erste: „Ach, du bist auch Löwe?"

Löwen sind vollkommen von sich überzeugt, was noch durch den Sachverhalt unterstützt wird, dass sie mit vielen guten Eigenschaften ausgestattet sind, die sie ausgesprochen „gesellschaftsfähig" machen.

Ehrgeiz

Natürlich sind diese Rassetiere mit einem enormen
Ehrgeiz ausgestattet und verfügen zudem über riesige
Kraftreserven (meist auch körperlicher Art), um ihre
hoch gesteckten Ziele zu verfolgen.

Menschlichkeit

Es wäre ein großer Irrtum, wollte man den Löwen ihre
ausgeprägte Menschlichkeit absprechen. Unter all dem
herrschaftlichen Gebaren verbirgt sich ein überaus
liebevoller Mensch, der sich durch große Hilfsbereitschaft auszeichnet. Zudem vermag er es, im Umgang
mit Menschen großes Vertrauen in seine Person und
seine Motive zu wecken.

Gerechtigkeit

Dem Löwen geht Gerechtigkeit über alles. Er wird alle
Hebel in Bewegung setzen, um der Gerechtigkeit in
seinem Leben eine Bahn zu brechen. Allerdings gerät
der Löwe in diesem Bestreben gelegentlich in einen
Zwiespalt; denn zu kurz kommen möchte er nun auch
nicht unbedingt.

Hier ist der Löwe gefordert, sein großes Herz zu
öffnen und seine Menschlichkeit zur vollen Entfaltung
zu bringen.

Löwenbändiger unerwünscht

Löwen schätzen ihre persönliche Unabhängigkeit
überaus. Für einen „Löwenbändiger" bringen sie daher
nur sehr geringe Sympathie auf.

Der Löwe möchte seinen Lebenshunger stillen und
nicht in einem Käfig versauern. Im Notfall wird er mit
seiner ganzen Kraft versuchen, die Tore seines Käfigs
aufzubrechen.

Der Party-Löwe

Leider findet man unter dem Sternzeichen Löwe auch
so manchen Angeber. Wenn jemand auf einer Party
lauthals Geschichten erzählt, bei denen er selbst natürlich immer besonders gut dargestellt wird, so ist es
wahrscheinlich ein Löwe.

Mit seiner unstillbaren Suche nach Anerkennung
kann es nicht selten geschehen, dass der Löwe über
sein Ziel hinausschießt. Das kann dann in einer Gesellschaft einen unangenehmen Beigeschmack auslösen. Für Löwen dieser Gattung wäre es ein Geschenk,
wenn ihnen ein guter Freund einmal das Fell zurecht-
bürsten würde. Aber dazu ist Mut gefragt!

Der Löwe und seine Mitmenschen

Auf der Suche nach den Untertanen

Löwen fallen meistens durch ihr angeborenes Charisma auf. Sie sind in Gesellschaften oder bei Geburtstagsfeiern kaum zu übersehen. Würdevoll betreten sie den Raum; und eigentlich sind sie bereits auf der Suche nach neuen Untertanen, die ihnen angemessen huldigen können (eigentlich dürfen!).

Der gezähmte Löwe

Ein Löwe gibt seine Machtstellung nur dann auf, wenn er einen anderen Menschen zutiefst bewundert. Dann wird er geradezu handzahm und ist sogar zum selbstlosen Dienen bereit.

Der Löwe, der erwartet, dass man seine Größe bewundert, ist dann auch selbst in der Lage, einen noch Größeren zu bewundern.

Der hilfsbereite Löwe

Grundsätzlich kann man auf einen Löwen zählen, allerdings sollte man deutlich zum Ausdruck bringen, dass die gegenwärtige Notlage unverschuldet ist; denn der Löwe hasst jede Form von Faulheit und daraus resultierende schlechte Umstände. Liegt aber ein Notfall vor, der möglicherweise noch durch ein

Unrecht entstanden ist, wird der Löwe sofort hilfsbereit einschreiten – hier ist er in seinem Element. Sein Großmut wird sich sofort helfend dem Schwächeren zuwenden.

Es empfiehlt sich allerdings, dem Löwen am Ende für seine Hilfeleistung zu danken. Er wird nicht darauf bestehen, aber er empfindet es natürlich als angemessen.

Ein echter Kamerad

Löwe-Menschen sind überaus kameradschaftlich. Sie können dabei sogar ihre Herrscher-Rolle vergessen und ihren langjährigen, durch viele Krisen erprobten Freundschaften echte Treue halten.

Wenn Sie einen wahren Löwen zu Ihren guten Freunden zählen können, dürfen Sie sich glücklich schätzen.

Klare Worte

Löwen ziehen in Krisenzeiten, bei Spannungen oder handfesten Auseinandersetzungen immer ein klares Wort vor. Es ist ihnen allemal lieber, wenn sie wissen, woran sie mit ihrem Gegenüber sind, als wenn der Groll hinter einer versteinerten Miene verborgen wird.

Löwen können auch selbst ein klares Wort vertragen. Wie sie in den Wald hineinbrüllen, so darf es ihnen auch entgegenschallen.

Der gesellige Löwe

Löwen sind gastfreundliche Menschen. Da sie auch über genügend Spontanität verfügen, sind Sie auch dann willkommen, wenn Sie unangemeldet hereinschneien. Der Löwe liebt die Geselligkeit und empfindet Ihren plötzlichen Besuch eher als angenehme Überraschung denn als unerwünschtes Ärgernis.

Bewundern bis zum Abwinken

Ein Löwe lebt von der Bewunderung, die ihm entgegengebracht wird. Zu gern hört er, wie gut er eine Sache erledigt hat oder wie wunderbar und unersetzlich seine Hilfe in dieser oder jener Situation war.

Löwen gelingt es häufig gut, nach außen bescheiden zu wirken, aber innerlich sonnen sie sich in Lob und Bewunderung bis zum Sonnenbrand.

Was denken die anderen?

Löwen stehen gerne im Rampenlicht oder möchten zumindest „in gutem Licht" erscheinen. Es ist ihnen wichtig, dass ihre Mitmenschen gut über sie denken. Allerdings muss sich dies im Rahmen ihrer „Würde" vollziehen. Sie biedern sich nicht um jeden Preis an, denn schließlich sind sie ja nicht die Hofnarren, sondern die Könige und Königinnen im Lande. Trotzdem spielt der Wunsch, bei allen gut anzukommen, eine erhebliche Rolle.

Die Kontaktfreudigen

Als Party-Löwen ist das gesellschaftliche Parkett ihr eigentliches Tummelfeld. Dabei fällt es ihnen manchmal geradezu in den Schoß, im Mittelpunkt des Geschehens zu stehen. Sie verfügen über eine sehr angenehme Ausstrahlung, nicht selten sogar Charisma, was es ihnen außerordentlich erleichtert, Kontakte mit dem anderen Geschlecht im Speziellen oder anderen Gästen allgemein zu knüpfen.

Wo bleibt der Applaus?

Nachdem der Löwe wieder einmal den anfänglich etwas langweiligen Abend gerettet hat, erwartet er standesgemäß den angemessenen Applaus. Der sollte nun aber wirklich nicht ausbleiben!

Vielleicht ist es auch nur das Kompliment für die aufregende neue (männliche oder weibliche) Begleitung an seiner Seite, die der Löwe oder die Löwin vor einer Stunde noch gar nicht kannte.

Wie lebt man mit einem Löwen?

Bitte nicht bändigen!

Einen Löwen sollte man nie zu bändigen trachten! Erstens wird es dem Bändiger nicht gut bekommen; und zweitens sollte man nie vergessen, dass der Löwe, bei aller Liebenswürdigkeit, einen ausgeprägten Stolz besitzt. Der wird im gekränkten Zustand eher unangenehm reagieren.

Der Tonangebende

Im Zusammenleben mit einem Löwen stellt sich meist schon früh ein grundsätzliches Problem. In der Beziehung wird sich der Löwe oft recht herrisch gebärden und versuchen, den Ton anzugeben. Es fällt ihm ausgesprochen schwer, gleichgültig ob es sich um einen Löwen oder eine Löwin handelt, zurückzustecken und aus der „zweiten Reihe" zu handeln.

Der unerledigte Abwasch

Löwen sind durchaus kollegial und hilfsbereit. Auch tragen sie gerne ihren Teil zu einer ihnen wichtigen Freundschaft bei, solange sie nicht ausgenutzt werden. Wenn der Löwe auf ein faules Gegenüber stößt, kann er ausgesprochen gereizt reagieren.

Wenn der Löwe zum vierten Mal hintereinander den Abwasch erledigen muss, obwohl er eigentlich nur zweimal an der Reihe gewesen wäre, nimmt die gute Stimmung prozentual zur Menge des zu erledigenden Abwasches ab. Es widerstrebt einfach zutiefst seinem ausgeprägten Gerechtigkeitssinn, wenn die Dinge nicht ausgewogen sind.

Die Nummer eins

Löwen sollten Sie treu ergeben sein. Sie sind es gewohnt, die Nummer eins zu sein – natürlich auch in Ihrem Leben. Schon ihr gewaltiger Stolz lässt gar keine andere Lösung zu.

Ein Löwe wird es zutiefst missbilligen, wenn ihm jemand anderes vorgezogen wird.

 Wie können Sie nur, wo doch ein Löwe anwesend ist!?

Leben im Luxus

Das Heim eines Löwen wird selten wie ein umgebauter Schrebergarten oder wie eine Studentenbude ausschauen. Sein Heim ist meist luxuriös ausgestattet, denn den Luxus lieben Löwen über alles.

Wenn es die finanziellen Mittel eines Löwen nicht zulassen, sein Zuhause prächtig auszustatten, dann wird er eher einige wenige teure Stücke besitzen, als sein Heim mit billigem Plunder vollzustopfen.

Nach einem Streit

Wenn Sie mit einem Löwen aneinandergeraten sind, was durchaus vorkommen kann, sollten Sie den guten Rat beherzigen und selbst den ersten Schritt zur Versöhnung unternehmen. Wenn der Löwe sieht, dass Sie ihm zur Versöhnung die Hand reichen, wird er bereitwillig die Pranke ausstrecken und einlenken.

Der Umstand, dass es Ihnen wichtig ist, die Freundschaft mit Ihrem Löwen zu pflegen, schmeichelt ihm derart, dass er allen Groll vergisst und Sie wohlwollend wieder in sein „Reich" aufnimmt.

Nie das Gesicht verlieren

Löwen geben sich im Zusammenleben bisweilen sehr rechthaberisch. Ihr scheinbar angeborenes Selbstvertrauen, gepaart mit einem ordentlichen Schuss Stolz, lässt sie nur äußerst ungern zugeben, dass sie im Unrecht sind.

Jetzt gilt es, dem Löwen eine Brücke zu bauen, über die er schreiten kann, ohne sein Gesicht zu verlieren. Noch schlimmer wird es, wenn er Ihnen durch Dritte bei einer Heimlichkeit auf die Spur kommt. Dies stellt einen fürchterlichen Gesichtsverlust für einen Löwen dar, und diesen Vertrauensbruch wird er Ihnen nur schwer verzeihen.

Auch wenn sich viele dieser Prozesse nur im Kopf oder Herzen des Löwen abspielen, **für ihn** sind sie total real!

Wenn ein Fehler passiert

Wenn einem Löwen aus Ihrem Freundes- oder Kollegenkreis ein Fehler unterläuft, sollten Sie dies dezent mit ihm absprechen. Bedenken Sie bitte, dass seine Unfehlbarkeit infrage gestellt wurde und sein Stolz einen Kratzer abbekommen hat.

Jetzt ist elegante Schadensbegrenzung angesagt, um den Löwen halbwegs ehrenvoll aus dieser „Schmach" herauskommen zu lassen.

Edle Geschenke

Löwen lieben es, aus ihrer angeborenen Großzügigkeit heraus etwas Besonderes zu schenken. Wenn dieses auserlesene Geschenk dann noch großen Anklang findet, sind sie darüber zutiefst beglückt und zufrieden – und im Grunde selbst die Beschenkten!

Immer auf Platz eins

Der Löwe wird in seinem Leben immer so handeln, wie er es für richtig hält; und trotz seiner großen Menschlichkeit werden seine eigenen persönlichen Bedürfnisse für ihn an erster Stelle stehen.

Gerade im Zusammenleben mit anderen Menschen spielt er die Herrscherrolle; zwar liebenswürdig, aber mit großer Bestimmtheit.

Der Löwe und sein Lebensstil

Der Qualitätsbewusste

Ein Löwe wird sich niemals mit billigem Trödel oder wertlosem Kitsch abgeben. Er liebt die Qualität, gleichgültig ob es sich dabei um Schmuck, Kleidung, Möbel oder Delikatessen handelt. Er ist stets auf der Suche nach den erlesenen, luxuriösen und besonderen Dingen des Lebens.

Leben im Palast

Für den Löwen darf es immer etwas üppiger und luxuriöser sein als für die anderen Mitglieder der Sternenfamilie. So richtig zufrieden ist der Löwe erst dann, wenn er sein Lager im edlen „Palast des Lebens" aufschlagen kann. Hier wird er dann Hof halten und es sich und seinem Hofstaat gut gehen lassen.

Kleider machen Löwen

Wenn sich der Löwe in das gesellige Leben stürzt, um seiner Frohnatur von Herzen zu frönen, wird er sorgfältig darauf achten, mit der richtigen Kleidung zu erscheinen. Ein Löwe wird selten „underdressed" erscheinen, dazu ist Kleidung ein viel zu wichtiger

Ausdruck seines persönlichen Lebensstils. Sie ist gewissermaßen seine erste Visitenkarte; und bekanntlich ist ja, zumindest glaubt der Löwe das mehr als andere, der erste Eindruck oft von entscheidender Bedeutung.

Immer im Mittelpunkt

Der Löwe ist immer auf der Suche nach dem Platz im Mittelpunkt des Geschehens. Wie die Sonne, die ja sein Planet ist, immer den Mittelpunkt bildet, um den die Planeten kreisen, so ist auch der Löwe erst dann zufrieden, wenn er die entsprechende Zuhörerschaft um sich geschart hat.

Der Löwe kann einfach nicht am Rande sitzen bleiben. Er muss sich in Szene setzen; und natürlich möglichst vorteilhaft für ihn selbst!

Mit vollem Einsatz

Wenn ein Löwe sich einer Sache annimmt, so wird er dies niemals halbherzig tun. Er wird sich der Angelegenheit mit ganzer Hingabe widmen.

Natürlich benötigt er dabei die Anerkennung der Umwelt, um ganz zufrieden zu sein. Doch dazu stehen ihm ja zahlreiche Varianten offen.

Der Löwe
im Beruf

KAPITEL 2

Begabungen und Talente

Die Führungspersönlichkeit

Der Löwe wird sich nicht in der anonymen Masse verstecken – er ist zum Führen geboren.

Da der Löwe, wie es sich für einen echten Herrscher gehört, über eine gehörige Portion Organisationstalent verfügt, ist er zudem bestens geeignet, um Verantwortung für andere zu übernehmen.

Ehrgeiz und Hartnäckigkeit

Löwen sind von ihrem Wesen her ehrgeizig. Diese Eigenschaft, die ja nicht grundsätzlich negativ zu bewerten ist, treibt sie energisch dazu an, sich in neue Sachgebiete einzuarbeiten.

Wenn Löwen sich für eine neue Aufgabe interessieren, können sie eine enorme Hartnäckigkeit entwickeln, um sich fehlendes Wissen anzueignen und um sich in einen neuen Stoff zu vertiefen oder in ein neues Arbeitsgebiet einzudringen.

Verhandlungsgeschick

Wenn es darum geht, in schwierigen Verhandlungen ein optimales Ergebnis zu erzielen, bietet es sich an, einen Löwen zu entsenden.

Löwen verstehen es meisterhaft, sich zu präsentieren. Zudem verfügen sie über einen natürlichen Charme, der es ihnen ermöglicht, selbst schwierigste Situationen spielend zu bewältigen.

Wenn es darauf ankommt, in Verhandlungen unerwartet die richtige Karte zu spielen, kommt dem Löwen das Talent zugute, durch seine Offenheit zu entwaffnen. Sein Verhandlungspartner wird so verblüfft über die Direktheit des Löwen sein, dass er unterschreibt, bevor er sich ganz von seinem Erstaunen erholt hat.

Die Beharrlichen

Wenn sich ein Löwe erst einmal in eine Sache verbissen hat, wird er nicht wieder loslassen. Er entwickelt eine Beharrlichkeit, die durch nichts zu erschüttern ist. Selbst wenn es sich um unangenehme Dinge handelt, wird der Löwe sie notfalls bis zum bitteren Ende verfolgen.

Die Zuverlässigen

Löwen kann man ruhigen Gewissens alles anvertrauen, was eine sorgfältige Bearbeitung erfordert. Sie
sind in diesen Dingen überaus zuverlässig und erledigen ihre Aufgaben mit größter Gewissenhaftigkeit.

Ein Löwe vergisst auch in seinem Arbeitsleben
niemals, dass es immer um seinen Ruf geht – und der
ist ihm überaus wichtig. Insofern ist auch sein Job Teil
von seinem kleinen Königreich.

Der handwerkliche Löwe

Löwen verfügen über eine ausgeprägte handwerkliche
Begabung. Mit viel Geschick können sie hier ihrer Kreativität Ausdruck verleihen. Dabei werden sie eher auf
edle Materialien zurückgreifen (Gold, Silber, Edelhöl-
zer), um außergewöhnliche Gegenstände herzustellen,
als mit billigem Werkstoff irgendeinen Tand zu fabri-
zieren.

Der Vorzeige-Löwe

Da Löwen es lieben, im Rampenlicht zu stehen, können sie überall dort besonders gut eingesetzt werden,
wo es um Repräsentation geht.

Wenn Sie also einen Messestand betreuen müssen,
werden Löwen und Löwinnen diesem gewiss zur Zier
geraten. Außerdem wird sein/ihr Charme jede Menge
Kunden an den Stand locken; und dazu dient eine
Messe ja vorrangig.

Das Arbeitstier

Löwen zeichnen sich durch eine große innere Ausgeglichenheit aus. Durch diese fehlenden Stimmungsschwankungen und die nicht vorhandene Launenhaftigkeit sind sie Menschen, mit denen man sehr gut auskommen kann. Dies macht sie sehr gut zur Arbeit in einem Team geeignet; aber auch zum Führen von Menschen.

Als Kollegen oder Geschäftspartner benötigen sie lediglich das Gefühl, nicht eingeengt zu werden, dann sind sie mit ganzer Kraft dazu bereit, sich in eine Sache oder einen Auftrag zu verbeißen.

Löwen können wahre Arbeitstiere werden und sich bis zur Erschöpfung für eine Sache engagieren.

Der Dialog mit einem Löwen

Wenn ein Löwe über einen aufgeschlossenen Charakter verfügt, wird er gegenüber Argumenten seiner Partner oder Auftraggeber offen reagieren. Er ist dann auch in der Lage, seine Fehler einzusehen und sie zu korrigieren. Allerdings bedarf es hier einer gewissen Behutsamkeit seitens seines Gegenübers. Ein Löwe wird nur so lange einsichtig sein, wie er das sichere Gefühl hat, nicht bloßgestellt zu werden. Andernfalls wird er seine Pranken ausfahren und zurückschlagen. Solche Auseinandersetzungen sind dann nicht gerade als förderlich für beide Seiten zu bezeichnen!

Abneigungen

Der Forsche

Löwen hassen zähe Verhandlungen. Einen Löwen sollten Sie nicht unbedingt zu einer Tarifverhandlung entsenden, auf der in einer endlosen Nachtsitzung um die Frage gestritten wird, ob die Lohnerhöhung 2,9 % oder 3 % betragen soll. Er wird spätestens kurz nach Mitternacht einen Wutanfall bekommen und sich über die Kleingeistigkeit beider Seiten furchtbar aufregen. Solche Feilschereien sind weit unter seiner Würde. Besser Sie entsenden dazu andere Vertreter des Tierkreises – vielleicht ein paar Steinböcke!

Der Löwe wird forsch seine Position vertreten und es nahezu als persönliche Beleidigung auffassen, wenn diese zurückgewiesen wird. Er will schließlich zügig vorankommen und die Verhandlungen zu einem schnellen Abschluss bringen.

Taktieren liegt ihm nicht

Wenn es vor den eigentlichen Verhandlungen schon endlose Vorgespräche gibt, in denen im Grunde nur Stimmungen ausgelotet und halbe Sachen diskutiert werden, wird der Löwe in relativ kurzer Zeit seinen entschiedenen Widerwillen zum Ausdruck bringen. Derlei Vorgeplänkel geht ihm gegen die Natur.

Ganz besonders wird es ihn stören, wenn die taktischen Manöver leicht zu durchschauen sind und nur um des Rituals willen durchgeführt werden. Wenn eine Seite endlos über Absatzschwierigkeiten klagt, um den Einkaufspreis zu drücken, während der Löwe genau weiß, dass ihnen **sein** Produkt wie warme Semmeln aus den Händen gerissen wird, platzt ihm mit Sicherheit irgendwann der Kragen. Das könnte entweder dazu führen, dass der andere Verhandlungspartner vor Schreck den Vertrag zu einem höheren Einkaufspreis unterzeichnet, als er ursprünglich wollte – oder er reist empört ab.

 Wägen Sie gegebenenfalls die Risiken gut ab!

Kritisiere keine Löwen

Sitzt Ihnen bei einer Verhandlung ein Löwe gegenüber, was scherzhaft mit einer Vorbemerkung zu klären wäre, dann nehmen Sie sich in Acht. Nutzen Sie Ihre astrologische Sachkenntnis und vermeiden Sie eines – niemals einen Löwen öffentlich kritisieren.

Kritik ist für den stolzen Löwen kaum auszuhalten. Er wird, zumindest innerlich, ein lang anhaltendes und äußerst bedrohliches Gebrüll anstimmen. Das ist keine gute Basis für einen Dialog, in welchen Verhältnissen und Beziehungen auch immer.

Bitte beachten Sie: Der Löwe benötigt Bewunderung, um sich zu voller Größe aufzurichten. Aus dieser Position heraus kann er dann durchaus großzügig und großmütig reagieren!

Der wichtigste Mitarbeiter

Die extrovertierten Vertreter des Tierkreises hassen es, im Hintergrund zu arbeiten und in der zweiten Reihe zu stehen. Es ist für einen Löwen nun wirklich kaum auszuhalten, nur an zweiter Stelle zu stehen.

Hier empfiehlt es sich, einem Mitarbeiter, sofern er Löwe oder Löwin ist, unbedingt das Gefühl zu vermitteln, das Wohlergehen des gesamten Betriebes hinge von der pflichtbewussten Erfüllung seines Jobs ab. Und haben nicht schon Azubis spektakuläre Fälle von Betriebsspionage verhindert oder Pförtner die Firma vor dem Abbrennen bewahrt? Es könnte gut sein, dass etliche Löwen in diese Angelegenheiten verwickelt waren. Und wenn nicht, geben Sie ihnen zumindest das Gefühl, Sie könnten sich bei **ihnen** ebenfalls ein solch heldenhaftes Verhalten vorstellen!

Der lichterfüllte Arbeitsplatz

Das Sternzeichen Löwe wird von der Sonne regiert. Achten Sie daher darauf, Ihren Betriebs-Löwen saubere und schön ausgestattete Arbeitsplätze zur Verfügung zu stellen. Ein dunkler Kellerplatz wäre für diese von der Sonne bestimmten Menschen kaum auszuhalten und würde mit Sicherheit in kürzester Zeit zu Spannungen und ausgesprochener Unzufriedenheit führen.

Ein aggressiver und gereizter Löwe wird aber kaum ein wertvoller und der Firma nützlicher Mitarbeiter sein. Hier kann mit ein wenig astrologischer Sachkenntnis eine Menge Ärger vermieden werden.

Bitte nicht hetzen

Löwen gehören sicherlich nicht zu den Faulenzern. Sie werden mit Engagement und Motivation an ihre Arbeit gehen. Was sie allerdings gar nicht mögen, ist Zeitdruck.

Einem Löwen ist es zuwider, wenn er angetrieben wird. Er ist es gewohnt, sein Tempo selbst zu bestimmen. Niemand hat ihm diesbezüglich hineinzureden.

Ein Löwe weiß gut, wie, auf welche Weise und mit welcher Geschwindigkeit er sein Ziel erreichen kann. Er wird es mit großer Zielstrebigkeit verfolgen und niemals aus den Augen verlieren. Alles, was dazu erledigt werden muss, wird er der Reihe nach erledigen. Gemäß seiner Zeitplanung und seiner Arbeitsweise – und nicht anders!

Der angriffslustige Löwe

Behalten Sie bitte immer im Auge, dass ein Löwe ein Löwe und keine große Miezekatze ist. Wird ein Löwe in die Enge getrieben, wird man sein lautes Gebrüll zu hören bekommen, und über weitere Kampfhandlungen wollen wir uns hier lieber nicht den Kopf zerbrechen.

Klar ist jedoch, dass der bedrängte Löwe wahrhaft zum Raubtier werden kann. Beruhigend wirkt dabei nur der Umstand, dass der Löwe ein königliches Tier ist. Jegliche Falschheit liegt ihm fern. Er wird frontal von vorne angreifen und nicht aus dem Hinterhalt kommen. Der Angriff ist also abzusehen; das macht ihn jedoch nicht weniger wuchtig.

Der Löwe auf der Karriereleiter

Wenn Sie einem Löwen nicht die Chance eröffnen können, auf seiner Karriereleiter aufsteigen zu können, sollten Sie es besser gleich bleiben lassen. Ein Beruf, in dem ein Löwe nicht die Chance sieht, in absehbarer Zeit die Karriereleiter emporzusteigen, wird ihn kaum reizen.

Das Sinnen und Trachten des Löwen wird ganz zwangsläufig immer darauf ausgerichtet sein, irgendwann die oberste Sprosse der Karriereleiter zu erklimmen. Allerdings spricht es für die noble Haltung des Löwen, dass er niemals rücksichtslos vorgeht. Ein Löwe wird sich niemals zulasten seines Mitbewerbers einen Vorteil verschaffen, dem stünde schon sein großer Gerechtigkeitssinn entgegen. Er wird ganz einfach zielstrebig seinen Weg verfolgen. Er weiß einfach, dass er der beste Mann beziehungsweise die beste Frau für den Posten wäre. Da ist es nicht erforderlich, irgendwelche Tricks anzuwenden, um Mitbewerber auszustechen. Seine Qualitäten werden zwangsläufig irgendwann erkannt und entsprechend gewürdigt werden.

Der eingesperrte Löwe

Wird ein Löwe in seinem ungestümen Voranpreschen einmal unsanft gestoppt, so wird er äußerst ungehalten reagieren. Es kann sogar so weit kommen, dass er nur schwer wieder zu besänftigen ist. Möglicherweise hat man seine wahren Werte nicht richtig erkannt.

Für den Löwen kann dies zu dem Gefühl führen, irgendwie von Sachzwängen geknebelt zu werden und eingesperrt zu sein in bestimmte Vorgaben. Wenn dieses Gefühl an Stärke gewinnt, wird er sich möglicherweise ein anderes Betätigungsfeld suchen, in dem er einen größeren Freiraum vorfindet und ihm mehr Entscheidungsmöglichkeiten gewährt werden.

Vorgesetzte und Mitarbeiter

Der Teamleiter

Löwen werden Schwierigkeiten haben, nur ein einfacher Mitarbeiter, ein Teil eines Teams zu sein. Sie fühlen sich zumindest zum Teamleiter berufen. Ein zweiter Platz genügt ihnen nur in den seltensten Fällen.

Immer auf der Suche nach dem Lorbeerkranz, peilen sie den höchsten Platz auf der Erfolgsleiter an.

Auszeichnung in Aussicht

Als Mitarbeiter wird der Löwe ein Projekt verfolgen und sich engagieren, wenn damit Anerkennung und (noch besser!) Auszeichnungen verbunden sind. Wenn diese am Horizont winken, wird er sich bis zur Erschöpfung in seine Arbeit hineinknien.

Neuland ist kein Problem

Löwen sind zuverlässige und kreative Mitarbeiter, denen man ohne Weiteres neue Arbeitsfelder anvertrauen kann. Allerdings sollte man ihnen Zeit lassen und sie nicht unter Druck setzen, um ihnen die Möglichkeit einzuräumen, die neuen Aufgabengebiete in ihrem Tempo zu erschließen. In diesem Fall werden sie erstaunliche Ergebnisse erzielen und sich zu äußerst kompetenten Fachkräften entwickeln.

Große Freiräume

Ein Löwe benötigt viel Freiraum, den er dann auch zu nutzen weiß. Löwen müssen die Möglichkeit haben, ihr Tagespensum selbst festzulegen und auch ihren Terminkalender zu gestalten. Die Termine eines Tages dürfen sie nicht erdrücken, das schadet ihrer Kreativität.

Am Abend muss ein Löwe, egal ob Vorgesetzter oder Mitarbeiter, mit der verrichteten Arbeit zufrieden sein. Zudem sollte es auch an einem anerkennenden Wort nicht fehlen. Das würde den Tag abrunden. Und so etwas behagt dem Löwen.

Regelmäßig loben

Falls es nicht immer zum abendlichen Lob kommt, sollte man auf alle Fälle beachten, den Löwen mindestens zweimal pro Woche überschwänglich zu loben.

Aber Vorsicht: Es muss sich echt anhören. Wenn der Löwe spürt, dass ein Schauspiel abläuft, wird das Lob zur Verhöhnung – und das ist Gift für den stolzen Löwen. Mit dem ehrlichen Lob jedoch hält man ihn im Gleichgewicht und fördert seine Motivation.

Der Löwe als Chef

Wenn Ihr Chef ein Löwe oder eine Löwin ist, sollten Sie sich darauf gefasst machen, dass er oder sie bisweilen ungeduldig wird. Sie erwarten eindeutig Leistung und Engagement von ihren Mitarbeitern. Obwohl die Löwen die sonnigen Vertreter des Tierkreises sind, können sie eine ungewohnte Härte an den Tag legen, wenn es um ihr persönliches Ansehen in der Firma geht.

Als Mitarbeiter eines Löwen tragen Sie erheblich zu seinem Ansehen oder seinem schlechten Bild bei, da kennt der Löwe keinen Spaß. Sein Hofstaat soll schließlich gut geführt sein; und wenn es nicht anders geht, schlägt er mit seiner mächtigen Pranke schon einmal dazwischen.

Klare Worte

Ein Löwe-Chef wird Sie für Ihre Fehler offen und klar zur Rede stellen und ebenso offene und klare Antworten erwarten. Er ist erfreulicherweise nicht nachtragend; aber er wird darauf achten, dass der gleiche Fehler nicht ein zweites Mal geschieht.

Unaufrichtigkeit und Verlogenheit werden zu einer schnellen und heftigen Konfrontation mit einem Löwen führen; Aufrichtigkeit und Engagement dagegen schätzt er und wird diese übertariflich belohnen. Da kommt seine Großzügigkeit wieder voll zum Tragen.

Das Löwe-Revier

Löwen verlassen bisweilen ihr angestammtes Revier und halten nach neuen Gefilden Ausschau. Sie lieben es, ihre Kompetenzen auszuweiten. Hier heißt es tatsächlich, auf der Hut zu sein, denn ein einmal gewonnenes Revier macht ihnen so schnell niemand mehr streitig – und der Niemand sind dann vielleicht Sie!

Selbstständigkeit

Der Chef-Typ

Der Löwe ist nicht unbedingt ein klassischer Angestellter. Überdurchschnittlich viele Löwen zeigen eine Tendenz zu selbstständiger Arbeit. Sie sind tatsächlich prädestiniert dafür, ihre eigene Firma zu gründen.

Löwen bringen zwei Voraussetzungen mit, die sie zur Selbstständigkeit qualifizieren. Zum einen ihr Bedürfnis, auf keinen Fall nur die zweite Geige zu spielen, und zum anderen ihren Ehrgeiz und den unermüdlichen Einsatz, um für die richtige Löwe-Sache zu kämpfen. Beides harmonisch vereint kann eine gute Basis bilden, um den Weg in die Selbstständigkeit anzutreten.

Der sorgfältige Planer

Löwen stürzen sich niemals in unüberlegte Abenteuer. Sie prüfen genau und wägen ab. Erst nach solcher sorgfältiger Vorbereitung treffen sie ihre Entscheidungen.

Löwen sind weitblickend und haben zudem eine genaue Vorstellung des Zieles, das sie anstreben. Das erspart ihnen Kraft und zeitraubende Umwege.

Der Ausgewogene

Löwen sind zwar fleißig und engagiert, aber sie gehören nicht zu den „Workaholics" des Tierkreises. Bei ihnen muss ein ausgewogenes Verhältnis zwischen Arbeit und Freizeit bestehen. Gerade diese Fähigkeit zur Balance macht sie in vielen Bereichen des Lebens zu leistungsfähigen und erfolgreichen Persönlichkeiten.

Der Blick für das Machbare

Löwen zeichnen sich nicht unbedingt durch exzentrische Originalität aus. Viel eher werden sie solide, ästhetisch einwandfreie Arbeiten abliefern. Nicht selten findet man Modeschöpfer unter den Löwen, die zwar anspruchsvolle Kreationen entwerfen, aber bei aller Kreativität die Tragbarkeit ihrer Produkte nicht aus den Augen verlieren. Schließlich sollen diese ja auch gekauft werden.

Der Lehrer

Der Löwe findet durchaus Freude an der Pädagogik. Er kann seinen Schülern in der Regel ein weites, großes Denken vermitteln. Zudem fühlt er sich als „Vorstand" seiner Klasse, die er liebevoll „regieren" wird, meist zum Vorteil der Schüler.

Löwen finden häufig einen guten Zugang zu ihren Schützlingen, sodass sie gemeinsam Freude am Lernen und am Lehrstoff empfinden.

Robin Williams im „Club der toten Dichter" kann beispielhaft als klassische Verkörperung eines Löwe-Lehrers gesehen werden.

 Ein „Muss-Film" für alle Löwen!

Die Bretter, die die Welt bedeuten

Natürlich lieben die Löwen die Bühnen. Das Rampenlicht und die Scheinwerfer sind ihre Welt; und wenn an der Kamera das rote Licht aufleuchtet, geht für den Löwen die „Sonne" auf.

Er wird es trotzdem nicht leicht in diesem Metier haben, zum einen weil der Konkurrenzkampf, der nicht selten mit unsauberen Bandagen ausgetragen wird, nicht seinem Stil entspricht, und zum anderen weil der Wunsch, die besondere Anerkennung des Publikums zu gewinnen, ihn unter einen starken Druck setzt.

 Trotzdem wird er die Welt von Bühne, Film und Fernsehen ausgesprochen attraktiv finden.

Gold und Silber lieb' ich sehr

Löwen sind geborene Juweliere oder Goldschmiede. Umgeben von Gold und Geschmeide fühlen sie sich besonders wohl. Endlich haben sie in Hülle und Fülle den Luxus, den sie sich so sehr wünschen.

Der athletische Löwe

Oft findet man gute Hochleistungssportler unter den Löwen. Sie sind zwar keine draufgängerischen Kämpfernaturen, aber zumeist sind sie mit einem athletischen Körper und großer Zähigkeit ausgestattet. Gute Voraussetzungen für Langstreckenläufer oder Zehnkämpfer.

Der Löwe in Uniform

Die militärische Laufbahn übt eine nicht unbeträchtliche Anziehungskraft auf den männlichen Löwen aus. In seinen Vorstellungen sieht er sich bereits als General eine große Armee kommandieren, die Brust voller Stolz geschwellt und reichlich mit Orden und Auszeichnungen dekoriert.

Vielleicht kommen hier ein paar unerfüllte Jugendträume zum Vorschein, ohne deshalb die Ernsthaftigkeit des Löwen in Abrede stellen zu wollen.

Der Anwalt

Unter dem Sternzeichen des Löwen findet man so manchen Staranwalt. Ihr ausgeprägter Sinn für Gerechtigkeit und ihr starkes Bedürfnis zu helfen führen idealistische Löwen in dieses Metier. Sie können, gerade in schwierigen Fällen, zum brillanten Verteidiger ihrer Mandanten werden. Natürlich trägt ihr publikumswirksames Auftreten nicht unerheblich zum Erfolg ihrer Sache bei.

Löwen sollten dabei beachten, dass ihre Ruhmsucht nicht über ihren Gerechtigkeitssinn triumphiert!

Der Manager

Der Löwe und der Chefsessel sind eine ebenso gelungene wie passende Kombination. Wenn der Löwe dann noch seinen Aktionären eine überdurchschnittliche Dividende verkünden kann und auf der Aktionärsversammlung mit Beifall überschüttet wird, fehlt ihm nicht mehr viel zum Glück.

Meister des Skalpells

Der Löwe verfügt über gute Nerven und eine sichere Hand – zwei Eigenschaften, die ihn zum „Meister des Skalpells" qualifizieren. Wenn Sie also „unter das Messer" müssen, versuchen Sie herauszufinden, ob der Chirurg oder die Chirurgin vielleicht im Zeichen

des Löwen geboren wurde. In diesem Fall könnten
Sie noch beruhigter langsam bis zehn zählen und
sich dann seinem oder ihrem Skalpell anvertrauen.
Es kann nichts mehr schiefgehen. Oder jedenfalls fast
nichts mehr!

Der Architekt

Architektur ist eines der Lieblingsgebiete für den
Löwen. Hier kann er seinen ästhetischen Neigungen
frönen und seinen Sinn für Schönheit und Luxus ausleben. Von daher wird es nicht verwundern, dass die
großen Prachtbauten sein besonderes Interesse und
seine uneingeschränkte Bewunderung finden.

Der Löwe und die Liebe

Der König und die Königin

Die Bühne des Lebens

Löwe und Löwin nehmen unverzüglich die Position des Herrschers ein, wo immer sie hinkommen mögen. Sie spielen die Hauptrolle auf der Bühne des Lebens.

Der Löwe und die Löwin genügen sich im Grunde selbst und sind nicht daran interessiert, den Platz im Rampenlicht etwa mit anderen (Gleichberechtigten?) zu teilen.

> *Jeder, der sich mit einem Löwen oder einer Löwin einlässt, sollte daher auf diese Tatsache unbedingt achten.*

Der doppelte Anspruch

Der Löwe ist ein sinnlicher Vertreter des Tierkreises, der mit hoch gesteckten Idealen und weitreichenden Ansprüchen an seinen Partner herantritt. In den allermeisten Fällen wird dieser große Mühe haben, diese Vorgaben zu erfüllen.

Die Löwen arbeiten in Beziehungen, Partnerschaften und Ehen nicht selten mit zweierlei Maßstäben. Für sich selbst beanspruchen der Löwe und die Löwin ein hohes Maß an Nachsicht und Rücksichtnahme. Im Zusammenspiel mit den jeweiligen Partnern sieht es dagegen viel schlechter aus. Hier werden die Ansprüche gewaltig in die Höhe geschraubt.

Es hat allerdings wenig Sinn, mit den Löwen darüber in eine Diskussion einzutreten, denn die in diesem Sternzeichen Geborenen werden ihren doppelten Anspruch nur in den seltensten Fällen auch zugeben.

Vorsicht vor Rollenverhalten

Die männlichen wie auch die weiblichen Löwen drücken ihre Dominanz mit einer solchen Selbstverständlichkeit aus, dass viele Menschen, gerade auch enge Partner, ihnen mit schöner Regelmäßigkeit „auf den Leim" gehen. Es kommt zu einer „natürlichen" Unterordnung, gleich dem Rudelverhalten in der Löwenherde, wo alle sich anstandslos dem Leitlöwen unterordnen.

Dabei ist bei einem solchen Vorgehen äußerste Vorsicht angesagt. Wenn Sie einmal den Fehler begangen haben, Ihren Löwen oder Ihre Löwin in die Herrscherposition einzusetzen, werden diese sich mit atemberaubender Schnelligkeit daran gewöhnen. Dann aber wollen sie **nur noch** der Herrscher oder die Herrscherin sein.

 Hier heißt es: Wehret den Anfängen!

Die doppelte Moral

Der Löwe ist eine absolut ungezähmte Wildkatze. Das dürfen Sie nie aus den Augen verlieren!

Während der ungebändigte Löwe von seinem Partner oder seiner Partnerin unbedingte Treue einfordert (schließlich ist er ja die Nummer eins!), muss das für ihn selbst nicht unbedingt in gleichem Maße gelten. Wo kämen wir denn auch hin, wenn für den „König der Tiere" das gleiche Gesetz zur Anwendung käme wie für irgendeinen Wüstenfuchs oder eine dahergelaufene Gazelle. Hier muss doch wohl der „richtige" Maßstab im Auge behalten werden!

Richten Sie sich also darauf ein, dass Ihnen Ihr Löwen-Partner ganz unschuldig zur Antwort gibt: „Bei mir ist das schließlich etwas anderes ... Ich bin ja der König." Die Wortwahl dürfte nicht ganz genau dieselbe sein, wohl aber der Inhalt!

Beruf und Privatleben

Es besteht durchaus eine enge Verzahnung zwischen beruflichem Erfolg des Löwen und seinem Privatleben.

Löwen können im privaten Bereich überaus handzahm sein, allerdings nur dann – und dies ist eine unabdingbare Voraussetzung –, wenn sie in ihrem Beruf absolut erfüllt und zufrieden sind. Zudem wäre es äußerst angebracht, wenn in ihrer beruflichen Position eine gewisse Rangstellung erreicht wäre, die sich gegebenenfalls auch „vorzeigen" ließe.

Wenn Ihr Löwe also plötzlich im Privatleben unausstehlich wird, nachdem er lange Zeit die reinste Schmusekatze war, muss das nicht unbedingt an der Beziehung selbst liegen. Vielleicht überprüfen Sie einmal, was in der Firma vorgefallen ist. Möglicherweise liegt hier die Lösung, nicht am heimischen Herd und Bett.

Lauterkeit ist Pflicht

Löwen spielen zwar in einer Beziehung die erste Geige und üben, manchmal sogar unbewusst, eine nicht unerhebliche Dominanz aus, trotzdem suchen sie keinen unterwürfigen Partner und kein „Heimchen am Herd". Der Löwe orientiert sich auf einen Menschen an seiner Seite, den er nicht nur lieben, sondern auch achten kann. Dabei spielt Lauterkeit eine erhebliche Rolle.

Eine Beziehung mit einem anderen einzugehen, an dessen lauterem Charakter er Zweifel hegt, wird für einen Löwen ein Ding der Unmöglichkeit sein. Hier ist absolute Aufrichtigkeit angesagt, da sie auch vonseiten des Löwen eingebracht wird.

Wenn der Löwe dann doch einmal an der Erkenntnis nicht mehr vorbeisehen kann, dass sein Partner ihm nicht die Wahrheit gesagt hat, kann ihn das aus der Bahn werfen und ihm vollständig den Boden unter den Füßen wegziehen.

Der anspruchsvolle Löwe

Auf den Sockel gestellt

Löwen bringen aus ihrer natürlichen Großzügigkeit und Großmütigkeit dem Partner sehr viel Vertrauen entgegen. Löwen glauben prinzipiell an das Gute im anderen, und ganz besonders in ihrem Partner. Nicht selten gehen sie sogar so weit, ihn auf einen Sockel zu stellen. Aber wer steht schon gerne auf einem Podest und lässt sich präsentieren. Und wer kann wahrlich diesem Anspruch gerecht werden?

Es ist daher nur allzu natürlich, wenn jemand schon relativ schnell von diesem Sockel heruntergestürzt wird oder vom Podest purzelt. Das trifft den Löwen dann ungemein; und er vergisst in seiner Enttäuschung vollständig, dass er es war, der Sockel und Podest errichtet und den Partner darauf gestellt hat.

Hier wären ein wenig mehr wache Bewusstheit und Selbstreflexion unbedingt angesagt.

Eifersucht

Löwen sind im Allgemeinen sehr eifersüchtig, wobei es sich um eine kämpferische, nicht um eine hinterhältige Eifersucht handelt. Der Löwe wird nicht hinter seinem Partner herschnüffeln, dazu ist er sich zu schade.

Nähert sich allerdings ein Rivale dem eigenen Territorium, wird der Löwe sehr schnell hellwach sein und äußerst heftig reagieren. Da muss sich die heranpirschende Konkurrenz notfalls auf ein gewaltiges Löwengebrüll einstellen.

Ein Löwe ist kein verträumter Fisch oder ein mitfühlender Krebs – er ist der „König im Tierreich". Auch beim Thema Eifersucht heißt es, diese Tatsache nicht aus den Augen zu verlieren.

Der eigensinnige Löwe

Es leuchtet ein, dass es dem Löwen äußerst schwerfällt sich anzupassen. Gerade aber in engen Beziehungen ist diese Eigenschaft einfach unverzichtbar. Die Löwen vertreten ihre eigene Sicht vom Leben und zeigen dabei nicht selten eine ausgeprägte Dickschädeligkeit und eine unangenehme Engstirnigkeit.

Wenn Sie mit einem Löwen zusammenleben, wird es Ihnen mit Sicherheit schon aufgefallen sein, welche gehörige Portion Einfühlungsvermögen Sie jeweils einsetzen müssen, um Ihren Löwen in seine Schranken zu weisen, falls es wieder einmal unbedingt erforderlich ist. Dabei heißt es immer, ihn und seinen titanischen Stolz ja nicht zu verletzen.

Eine sehr delikate Aufgabe und wahrlich kein leichter Job. Da hilft nur viel Liebe und noch mehr Verständnis!

Immer wieder Komplimente

Stellen Sie sich vor, wie Ihr Löwe oder Ihre Löwin morgens aufsteht und sich voller Selbstzufriedenheit die üppige Mähne zurechtstreicht. Jetzt ist Ihr Auftritt gekommen.

„Was hast du für eine tolle Mähne, mein stolzer Löwe (meine stolze Löwin)! Ich kann mich gar nicht sattsehen an deiner Pracht!"

Der Tag ist gerettet. Dieses Kompliment wollte der Löwe hören. Jetzt ist er wieder mit sich selbst im Reinen und kann mit stolzgeschwellter Brust in den Tag marschieren.

Aber auch jetzt darf er oder sie nicht aus den Augen verlieren, dass das Kompliment morgen wieder ein wenig anders ausfallen muss, sonst gewöhnt sich der Löwe daran. Das wiederum wäre nicht gut.

Bewunderung als Lebenselixier

Löwen lieben das Gefühl, gebraucht zu werden. Aus dieser Prägung heraus wählen sie sich nicht selten Partner, die ihnen unterlegen sind, denen sie hilfreich und liebevoll unter die Arme greifen können und die so allmählich in eine gewisse Abhängigkeit hineingeraten.

Für den Löwen ist diese Konstellation keinesfalls problematisch. Er liebt es überaus, vonseiten seines Partners bewundert und vergöttert zu werden. Das stellt für ihn geradezu ein Lebenselixier dar. Die entscheidende Frage ist hier vielmehr, wie lange eine Beziehung unter so ungleichen Bedingungen fruchtbar existieren kann.

Das können die Beteiligten jedoch nur durch ehrliche Seelenprüfung selbst entscheiden.

Vertrauen als Grundlage

Als Partner in der Beziehung mit einem Löwen wird die erste Lektion lauten: Breite dein Innenleben vor deinem Löwen aus. Der Löwe möchte den Zugang zur Innenwelt des anderen nicht aus Neugierde, sondern es geht ihm um das entgegengebrachte Vertrauen. Vertrauen benötigt der Löwe in einem außerordentlichen Maße.

Löwen hassen alle Formen von Geheimniskrämerei und Unaufrichtigkeit. Auch wenn diese Verhaltensweisen aus einer Notsituation heraus geboren werden, werden sie trotzdem kein oder nur wenig Verständnis dafür zeigen.

 Fühlt sich der Löwe hintergangen oder betrogen, wird er mit großer Unwilligkeit und ausgedehntem Gebrüll reagieren.

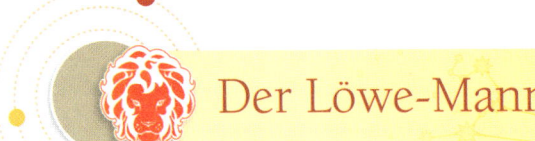

Der Löwe-Mann

Der Auffällige

Löwe-Männer werden nur in den seltensten Fällen zu den unauffälligen Erscheinungen zu zählen sein. In aller Regel fällt ein Löwe-Mann sofort auf. Er zieht die Blicke auf sich, vor allem die der weiblichen Wesen.

Wenn er ein Lokal betritt, dürfte er bereits durch seine elegante Kleidung auffallen, und innerhalb kürzester Zeit richtet sich die Aufmerksamkeit auf ihn.

Löwe-Männer verfügen über eine erhebliche Ausstrahlung; und zu allem Überfluss sind sie sich dessen auch noch bewusst.

Der Pascha

Unter den männlichen Löwen finden wir den Typ des „Pascha" in allen möglichen Variationen.

Da gibt es einmal den reinen Pascha. Er tut absolut gar nichts, hat für alles seine Leute und lässt sich von allen und jedem verwöhnen. Die unerträglichste Sorte!

Dann lässt sich der selbstherrliche Pascha erkennen. Er ist der Größte! Er weiß alles (zumindest besser!), kennt alles und war schon überall. Auch kein sonderlich liebenswerter Zeitgenosse.

Der angenehmste Vertreter ist der liebevolle Pascha. Er lässt sich zwar verwöhnen, aber er verwöhnt auch selber in üppigster Art und Weise. Vom Pelzmantel bis zum Perlenhalsband ist da alles möglich.

Welche Variante auch immer zum Vorschein kommt, und natürlich gibt es Misch-Typen, ein Pascha bleibt immer ein Pascha. Der Löwe ist der König, auch wenn er die Rolle nicht aufdringlich gibt.

Das Partnerschafts-Barometer

Gerade beim Löwen zeigt sich in seinen Beziehungen, wie es in seinem Inneren wirklich aussieht. Wenn er unglücklich ist, muss er dieses Unglück irgendwo ausgleichen. Sollte er im Beruf erfolgreich sein und ein großes Team kommandieren, wird er in der Regel zu Hause den Zahmen geben; andernfalls wird es umgedreht laufen. Denn irgendwo muss der Löwe ja schließlich regieren.

Die Grundfrage beim Löwen lautet immer: Wo lebt er seinen Herrschertrieb aus?

Der Traummann?

Für seine Partnerin beginnen die Probleme, wenn sie nach einiger Zeit anfängt, ihrem Löwen klarzumachen, was sie an ihm auszusetzen hat. Jetzt werden wirklich ernsthafte Schwierigkeiten auftreten. Ein Löwe ist schließlich nicht irgendwer, sondern er ist die Erfüllung aller ihrer Träume. Es wäre an der Zeit für sie, dies endlich zu erkennen und sich nicht an überflüssigen Kleinigkeiten festzubeißen.

Wahrscheinlich werden das seine Partnerinnen in nicht wenigen Fällen komplett anders sehen.

Die Mähne kraulen

Löwe-Männer können wunderbare Partner sein, wenn man diplomatisch wie einst am Hofe des „Sonnenkönigs" mit ihnen umzugehen weiß.

Besonders empfiehlt es sich, oft ihre Löwenmähne zu kraulen und ihnen zärtliche Worte in die großen Löwen-Lauscher zu flüstern; denn im Grunde ihres Herzens wollen die Löwen einfach nur fröhliche Gesichter um sich sehen. Zudem sind sie gerne bereit, ihre Familie bestens zu versorgen.

Mit einem Löwe-Mann haben Sie sich nicht unbedingt den Modernsten und Progressivsten im Kreis der Sternzeichen ausgesucht.

Wenn er sich um die Versorgung der Familie kümmert, dann muss **seine** Frau nicht auch noch arbeiten. Das hat man (Löwe) doch nicht nötig, und zudem verbietet es auch sein Stolz.

Die einzige denkbare Möglichkeit besteht dann, wenn „sie" ebenfalls große Ehren erringt. Das wird dem Löwen Respekt abnötigen und schließlich fällt von der Ehre ja auch etwas Glanz auf ihn ab.

Der Eroberer

Der Löwe-Mann geht gerne auf Eroberungen (Beutezüge!) aus, auch dann, wenn er im Grunde seines Herzens nach der großen Liebe sucht.

Er vertritt ja bekanntlich den Standpunkt, dass das Beste (heißt hier „die Beste") für ihn gerade gut genug ist. Da seine Ausstrahlung auf Frauen immens ist, wird er selten allein bleiben.

Der Charme der männlichen Löwen soll schon so manche Frau aus der Bahn geworfen haben!

Der Vollblut-Mann

Der Löwe-Mann verkörpert viele sogenannte „männliche" Qualitäten in Reinkultur. Man neigt daher dazu, ihn als den „Vollblut-Mann" zu charakterisieren. Männliche Löwen sind stolz, ehrgeizig, oft von imposantem Körperbau, charismatisch und humorvoll. Es wären ja Prachtkerle, wenn da nur nicht diese elende Angeberei wäre …

Ja oder Nein

Bezüglich der weiblichen Verhaltensweise gibt es beim männlichen Löwen klare Gegensätze. Entweder „sie" hasst den Löwen wegen seiner Überheblichkeit und Protzerei, oder „sie" liebt seinen Charme und sein sicheres, selbstbewusstes Auftreten.

Einen Mittelweg gibt es beim männlichen Löwen nicht, denn dazu sind alle Eigenschaften zu markant ausgeprägt.

Der aufregende Mittelpunkt

Den Löwe-Männern eilt der Ruf voraus, auf allen Partys der umringte und bewunderte Mittelpunkt zu sein. Wie sehen Sie das eigentlich?

Sie stehen an der Bar oder lässig ans Fenster gelehnt, eine große Schar Bewunderinnen um sich, die alle an Ihren Lippen hängen, um die wahnsinnig spannenden Abenteuer aus der Welt der Löwen zu erfahren.

Klare Absichtserklärungen

Löwe-Männer machen kein Hehl aus ihren Absichten. Wenn Sie die Erwählte sind, werden Sie es ohne Umschweife erfahren. Dann sind Sie allerdings auch gefordert, sich in Windeseile zu einem Ja oder einem Nein zu entschließen.

 Sie haben die Wahl! Sekt oder Selters!

Der Flirt-Test

Der Löwe-Mann zehrt in erheblichem Maße auch von seinem Nimbus. Um sich sicher zu fühlen, muss er diesen legendären Ruf, der ihm vorauseilt, natürlich hin und wieder einer Probe unterziehen. Also laufen viele seiner Flirts nur als Test ab, ob er immer noch der Begehrenswerteste ist. Es besteht wahrscheinlich nicht der geringste Grund, um ihm eine klassische Eifersuchtsszene hinzulegen.

Die Löwe-Frau

Die Willensstarke

Eine Löwe-Frau ist überaus willensstark und energisch. Sie weiß zu imponieren und sich in Szene zu setzen. Trotzdem gehört sie zu den ausgesprochen hilfsbereiten Frauen, die ein Auge und ein Herz für die Schwachen und Bedürftigen haben.

Sie fühlt sich verantwortlich dafür, die scheinbaren Ungerechtigkeiten des Lebens ein wenig zu korrigieren.

Die Elegante

Löwinnen lieben Partys und Geselligkeit. Sie gehen gerne aus und verbringen vergnügte und unbeschwerte Stunden im Kreis von Freunden und Bekannten.

Dabei werden sie wie ihre männlichen Artgenossen darauf achten, elegant auszuschauen. Sie achten sehr auf ihre Kleidung und lieben erlesenen Schmuck in extravaganter Gestaltung.

Es gibt ein Leben neben den Kindern

Die selbstbewusste Löwin liebt zwar ihre Kinder und verteidigt sie wie die sprichwörtliche „Löwen-Mutter", doch bedeutet ihr die Familie nicht alles. Für eine Löwin wird es immer ein Leben neben den Kindern geben. Theater, Kunst, Kultur und Kino, dies alles wird sie nicht aufgeben, nur weil sie auch noch Mutter ist.

Paschas unerwünscht

Gerade die Löwin wird kein Interesse an einem Pascha haben. Sie will überall selbst mitreden und ist im besten Sinne der Idee „emanzipiert". Energisch vertritt sie in allen Lebenslagen ihre Position und erringt sich ihre gesellschaftliche Stellung aus eigener Kraft.

Eine Löwe-Frau stellt selbst etwas dar und versteht sich in keiner Weise nur als Anhängsel ihres Mannes.

Die Herz-Dame

Die Löwin ist interessiert am ehrlichen Respekt ihres Partners. Dazu hält sie Ausschau nach seiner tiefen Zuneigung und Hingabe, die keinen Zweifel daran aufkommen lässt, dass sie seine Herz-Dame ist. Diesen Platz tauscht sie mit keiner anderen.

Die Eifersüchtige

Da die Rolle der Herz-Dame „ihre" Rolle ist, wachen Löwinnen mit höchster Wachsamkeit über ihre Männer. Sie zählen zu den extrem Eifersüchtigen im Sternkreis und sind in der Regel nicht bereit, „ihm" einen Seitensprung durchgehen zu lassen.

Mit der Toleranz und der freien Beziehung sollte man beim ersten Mal vielleicht nicht mit einer Löwin experimentieren. Dann sind andere weibliche Sternenkinder wahrscheinlich besser geeignet.

Der Mann an ihrer Seite

Natürlich möchte eine Löwin stolz auf ihren Mann sein; denn von diesem Ansehen fällt ja ein nicht unerheblicher Glanz auch auf sie. Gerade in jungen Jahren wird sie ihren Blick vorwiegend auf attraktive Männer richten, mit denen sie „Staat machen" kann.

In späteren Jahren, bei der gereiften Löwe-Frau, verschieben sich die Werte. Sie hat inzwischen gelernt, genauer hinzuschauen und nicht nur auf den äußeren Schein zu achten. Sie wird jetzt sehr umsichtig in der Auswahl dessen sein, mit dem sie Herd und Bett teilt.

Die dezente Verführerin

Löwinnen versuchen mit äußerstem Taktgefühl, den Blick ihres Auserwählten auf sich zu ziehen und sein Interesse zu wecken.

Nicht selten können Löwinnen äußerst verführerische Frauen sein, wenngleich sie diese Qualitäten niemals völlig offensichtlich zur Schau stellen; denn das verbietet ihnen ihr Stolz.

Aber es gibt ja auf diesem Feld eine ganze Palette von Möglichkeiten; und wer kennt schon die Raffinesse einer verliebten Löwin.

Die Temperamentvolle

Als Mann müssen Sie sich darauf gefasst machen, dass Ihre geliebte Löwin häufig einmal explodiert. Bei dem ungeheuren Temperament, das in ihr wie ein Vulkan brodelt, muss es einfach gelegentlich zu einer Explosion kommen. Andernfalls würde es sie innerlich zerreißen.

Nehmen Sie es also nicht immer persönlich. Vielleicht muss einfach nur der Druck aus dem Kessel.

Ja oder Nein

Bei den Löwinnen scheiden sich die Geister genauso wie bei den Löwen. Die einen meinen, keine aufregendere und attraktivere Partnerin finden zu können, mit der die Liebe zum vollendeten Abenteuer wird; den anderen dagegen sind echte Löwinnen viel zu anstrengend und viel zu sehr auf sich selbst bezogen. So unterscheiden sich die Geschmäcker!

Der Löwe und seine Beziehungen

Der Löwe und der Widder

 *Das Traumpaar*

Wenn man einen Traumpartner für den Löwen sucht, im Widder hat man ihn gefunden!

Beide lieben das Leben, sind gesellig und schwelgen mit Begeisterung in der Leidenschaft der Gefühle.

Da sowohl der Widder als auch der Löwe eher großzügig denken, gibt es selten Streit über die gemeinsame Haushaltskasse. Sie werden zusammen auch kaum auf die Freuden des Lebens verzichten müssen.

Die Bettdecke wird zwischen einem Widder und einem Löwen selten kalt. Es wird in ihrem Liebesleben auch kaum Langeweile aufkommen, denn dazu sind beide viel zu kreativ und schätzen die Abwechslung.

Ihre beiden feurigen Temperamente werden sich gegenseitig inspirieren, beflügeln und unterstützen. Sie sind beide auch offen für den spontanen Einfall am Abend oder in der Nacht. Widder und Löwe sind erste Kandidaten für die Mitternachts-Champagner-Party.

Sollte es dennoch zwischen beiden einmal krachen, so war der Widder wohl zu impulsiv oder der Löwe hat mit seinem Gebrüll einen Sandsturm in der Wüste ausgelöst. Wenn sich der Staub gelegt hat, ziehen sie aber wieder gemeinsam los, neuen Abenteuern entgegen.

Der Löwe und der Stier

 *Der vorprogrammierte Machtkampf*

Der eher behäbige Stier ist dem „König der Tiere" kaum gewachsen. Wenn es zwischen den beiden zum Machtkampf um die Führungsposition in ihrer Beziehung kommt, hat der Stier die schlechteren Karten. Die größere Dynamik und der unbändige Siegeswille werden den Löwen schnell auf die Siegerstraße bringen.

Schon allein der große Freiheitsdrang des Löwen stellt ein Hindernis dar, um die Beziehung erfolgreich zu gestalten. Wenn der Löwe sich diese Freiheit holen will, was sicher geschehen wird, stellt sich schon die Frage der Vorherrschaft. Es wird dem Stier, egal ob Mann oder Frau, nicht gelingen, den Löwen, egal ob Mann oder Frau, wieder einzufangen und auf die heimischen Weidegründe zurückzuführen. Es wäre für einen klugen Stier ratsam, dies gar nicht erst zu versuchen, denn er wird den Kürzeren ziehen.

Es gibt allerdings zwischen Stier und Löwe noch eine andere Ebene, wo sie fantastisch harmonieren. Im Bett bilden der Stier und der Löwe eine ideale Ergänzung. Sie werden zusammen wahre sinnliche Freudenfeste veranstalten.

Sind Sie mit einem Löwen oder einer Löwin zusammen, so genießen Sie diese Augenblicke, denn sie werden nicht ewig währen.

 Ein Stier sollte sich nie im wahren Wesen des Löwen täuschen!

Der Löwe und der Zwilling

Die beiden Party-Löwen

Eine ziemlich gelungene Kombination. Der Löwe und der Zwilling verstehen sich in den allermeisten Fällen prächtig. Beide Sternzeichen sind unternehmungslustig und lieben die ausgelassene Geselligkeit.

Die herzliche Art des Löwen zeigt dem Zwilling, dass man Nettigkeit auch mit Tiefgang paaren kann. Eine nicht unbedeutende Lektion für den etwas leichtfertigen Zwilling, die er beherzigen sollte.

Der Löwe neigt naturgemäß dazu, seinen Herrschaftsanspruch ziemlich deutlich zum Ausdruck zu bringen. Dies missfällt dem Zwilling und er wird die ihm unangemessenen Vorstellungen des Löwen gegebenenfalls ziemlich deutlich zurückweisen. Ein Zwilling hasst es einfach, vom Löwen vor vollendete Tatsachen gestellt zu werden. Ein Zwilling will eben immer ein Wörtchen mitreden.

Die Erotik zwischen den beiden stimmt in der Regel. Besonders knistern wird es bei der Kombination zwischen einem weiblichen Zwilling und einem männlichen Löwen. Hier können von Anfang an die Funken fliegen. Und wenn die beiden darüber hinaus auch noch andere Berührungspunkte als das Bett finden, kann sich eine zauberhafte, faszinierende und überaus kreative Verbindung zwischen den beiden entwickeln.

Der Löwe und der Krebs

 *Das Ungleichgewicht der Kräfte*

Am Anfang einer Beziehung kann es zwischen dem Löwen und dem Krebs durchaus zu einer starken Anziehung kommen. In der Regel wird sich diese dergestalt entwickeln, dass der Krebs schwach und der Löwe stark wird. Je länger die Verbindung anhält, desto mehr zeichnet sich ab, dass der Löwe dem Krebs zu stark wird, der Krebs hingegen dem Löwen zu anstrengend.

Löwen zeigen sich gerne als Herrscher und bevormunden ihre Partner, was dem Krebs gar nicht behagt. Vielleicht wird sich die Krebs-Frau noch von den löwenhaften Gebärden locken lassen; aber dem Krebs-Mann wird die Löwin einfach zu dominant.

Schon nach relativ kurzer Zeit wird die anfängliche Attraktion einer ziemlichen Ernüchterung gewichen sein. Die Romantik muss einer profanen Sachlichkeit weichen und die ersten Diskussionen beginnen.

Da der Löwe kaum sein Gebrüll einstellen wird, um sich zu den Schafen zu legen, endet die Beziehung zwischen ihm und dem sanften Krebs wahrscheinlich mit vielen Tränen aufseiten des Krebses.

> *Ein eher ungleiches Paar, dem mehr Schwierigkeiten als harmonische Stunden winken.*

Der Löwe und der Löwe

Wer gibt den Ton an?

Die beiden Löwen kennen sich einfach zu gut. Der eine ist das Spiegelbild des anderen. Das kann sowohl zu vorteilhaften als auch zu nachteiligen Entwicklungen führen.

Am Anfang führt möglicherweise eine starke sexuelle Anziehung die beiden Löwen zusammen, denn auf der großen und bunten Spielwiese der Liebe sind sich die beiden großzügigen Genießer einfach einig.

Die Schwierigkeiten werden dann beginnen, wenn es darum geht, die jeweiligen Herrschaftsgebiete abzugrenzen. Hier kann es dann schnell zu sehr heftigen Auseinandersetzungen kommen, weil keiner der beiden Herrscher-Typen freiwillig etwas von seinem Territorium räumen wird.

In der Spannungssituation zwischen zwei Löwen wird es nur zwei Möglichkeiten geben. Entweder respektiert einer die Herrschaftsansprüche des anderen und ordnet sich unter, oder die beiden Löwen suchen sich neue „Jagdgründe", in denen sie die jeweils unumstrittenen Herrscher sind.

Ein lang anhaltender Stellungskrieg zwischen zwei in Hass-Liebe verbissenen Löwen wird nur schwer heilende Wunden auf beiden Seiten zurücklassen und ist wahrlich nicht empfehlenswert.

Der Löwe und die Jungfrau

 *Das Feuer fehlt*

Zwischen dem Löwen und der Jungfrau brennt kein Feuer. Im äußersten Fall züngeln ein paar schwache Flämmchen, die aber kaum ausreichen dürften, um eine heiße Liebe zu entzünden.

Die eher nüchterne, sachliche, emotional gefasste Jungfrau ist dem Löwen einfach zu sehr „graue Maus". Männliche und weibliche Löwen lieben diese nüchterne Sachlichkeit beide nicht, sondern sind auf der Suche nach einer aufregenden Partnerschaft. Die Jungfrau müsste schon eine ganz ausgefallene Vertreterin sein, um das Interesse des Löwen zu wecken. Es ist eher wahrscheinlich, dass sie bei Partys und anderen Festivitäten vom Löwen einfach übersehen wird.

Die Sinnlichkeit der im Sternzeichen Löwe Geborenen findet im Gegenzug wenig Erwiderung bei den im Zeichen Jungfrau Geborenen. Bei so viel Nüchternheit und fehlender Anziehungskraft sollten die beiden lieber nach passenderen Partnern Ausschau halten.

Der Löwe und die Waage

 *Ein unausgewogenes Paar*

Löwen lieben den direkten Weg, die klare Konfrontation und die schnörkellose Offenheit. Die schwankende Waage dagegen kann allen Seiten und den verschiedensten Variationen etwas abgewinnen. In dieser Gegensätzlichkeit liegt eine Menge Zündstoff verborgen.

Problematisch wird es für den Löwen vor allem angesichts der ewigen Flirt-Lust der Waagen. Hier ist von seiner Seite her nur sehr wenig Verständnis vorhanden.

Gerade auf Partys oder Gesellschaften hasst es der Löwe, öffentlich bloßgestellt zu werden, weil seine Frau Waage oder ihr Herr Waage ewig in angeregtester Form mit anderen beschäftigt ist. Als wenn er (oder sie) nicht anregend genug wäre!

Durch dieses Verhalten wird der Stolz des Löwen verletzt, und mit verletztem Stolz ist der Löwe kein sonderlich angenehmer Partner.

 Zwei Sternenkinder, die mit allerlei Schwierigkeiten zu kämpfen haben dürften.

Der Löwe und der Skorpion

 *Machtkämpfe sind vorprogrammiert*

Zwischen dem Löwen und dem Skorpion kann sich sehr schnell eine sehr starke körperliche Anziehungskraft bemerkbar machen. Hier können zwei Vulkane mit großer Intensität aufeinanderprallen. Beide sind ausgeprägte und starke Persönlichkeiten, die nicht so leicht zurückstecken werden.

Wenn es dem Löwen und dem Skorpion gelingt, sich auszusprechen, zusammenzuraufen und Toleranz füreinander zu entwickeln, können die beiden eine wahrhaft inspirierende Partnerschaft entwickeln. Hier begegnen sich zwei ebenbürtige Partner von gleicher Stärke auf einem gemeinsamen Niveau.

Sind diese Voraussetzungen allerdings nicht gegeben und die Kräfte eher unausgewogen, wird es mit hoher Wahrscheinlichkeit zu sich endlos hinziehenden Machtkämpfen kommen. Am Ende bleibt dann wohl einer von beiden auf der Strecke.

Begegnen sich zwei so ebenbürtige Kräfte, zeigt sich, wie groß die menschliche Reife ist. Löwe und Skorpion können etwas aus ihrem Potenzial machen – oder kläglich scheitern.

Der Löwe und der Schütze

Eine abenteuerlustige Kombination

Die Verbindung von Löwe und Schütze verspricht einiges. Der Schütze ist ebenso temperamentvoll und abenteuerlustig wie der Löwe. Beide stehen mit beiden Beinen auf der Seite des Flusses, auf der das Leben tobt.

Löwen und Schützen verstehen sich in vielen Bereichen. So lieben sie es, in den Freuden der Lust zu schwelgen und Schönheit und Luxus zu genießen. In dieser Hinsicht sind sie wie füreinander geschaffen. Sie müssen sich schon sehr ungeschickt anstellen, um aus dieser guten Voraussetzung nichts zu machen.

Der Schütze bringt zudem ein solches Maß an Diplomatie mit, dass er den Löwen immer wieder geschickt in seine Grenzen zu weisen vermag, ohne ihn bloßzustellen oder zu verletzen. Ein nicht gering zu achtendes Geschick seitens des Schützen!

Die Verbindung von Löwe und Schütze verspricht viel Aufrichtigkeit, Inspiration und gemeinsames Wachstum. Die beiden haben es in der Hand, eine wirklich harmonische Beziehung zu entfalten.

Der Löwe und der Steinbock

 Steinige Pfade

Die grundsätzliche Frage, die sich bei einer engen Verbindung zwischen Löwe und Steinbock stellt, lautet: Wo bleibt die Romantik und Sinnlichkeit in dieser Beziehung?

Der Löwe wird am Steinbock sicher dessen Zielstrebigkeit und Beharrlichkeit schätzen, aber das dürfte nicht ausreichen, um darauf die große Liebe oder zumindest das kleine Glück aufzubauen.

Weiterhin wird der Löwe sich nicht gerade begeistert über die Halsstarrigkeit des Steinbocks zeigen. Der Steinbock wird nämlich keine sonderliche Neigung an den Tag legen, sich den Herrschaftsansprüchen des Löwen zu beugen. Hier kracht es meistens sehr schnell.

In dieser Verbindung käme es darauf an, die jeweils typischen Merkmale des jeweiligen Zeichens abzuschwächen und sich verstärkt und mit großem Verständnis der anderen Seite zuzuwenden. Das jedoch wären Wesenszüge, die den beiden gerade **nicht** zu eigen sind.

 Nicht gerade eine fabelhafte Kombination!

Der Löwe und der Wassermann

Die beiden Gegen-Zeichen

Löwe und Wassermann stehen einander im Tierkreis genau gegenüber und bilden die sogenannten „Gegen-Zeichen". Diese Sternenkonstellation bringt immer eine Herausforderung mit sich, da einer vom anderen lernen kann und die jeweilige Ergänzung darstellt.

Sowohl der Löwe als auch der Wassermann lassen sich nicht gerne an die Kette legen. Beide Sternzeichen stehen für großen Freiheitsdrang und Unabhängigkeit.

Problematisch wird es immer dann, wenn der Wassermann beginnt, rational zu argumentieren, während der Löwe gerade im Begriff steht, seinem Herrscherdrang zu folgen. Hier lässt sich nur schwer eine Brücke zwischen den beiden gegensätzlichen Vorgehensweisen schlagen.

Löwen empfindet der Wassermann daher häufig als zu fordernd in ihrem Wesen, denn sie lieben den absoluten Freiraum in ihrem Leben; doch dieser Anspruch kollidiert mit ähnlich gelagerten Ansprüchen des Wassermanns.

In dieser Kombination müsste einer zurückstecken. Aber wer macht den Anfang?

Der Löwe und der Fisch

 ## Zwei Welten

Fische sind überaus sensible Geschöpfe. Nur in den seltensten Fällen ist ihre zarte und feinfühlige Art dem herrischen Löwen gewachsen.

In der träumerischen und mystischen Gefühlswelt der Fische ist wenig oder gar kein Raum für Machtkämpfe und Dominanzstreben. Solche Grobheiten sind dem Fisch einfach zuwider.

Wie soll er sich da gegen den auftrumpfenden Löwen behaupten? Es bleibt ihm gar nichts anderes übrig, als unterzugehen. Also wird der Fisch eines Tages wegtauchen und nicht wieder zum Vorschein kommen. Sicher ist es auch besser so.

Fische und Löwen leben einfach in zwei zu verschiedenen Welten, um eine gemeinsame Lebensform oder Lebenswelt füreinander zu schaffen. Sie sind wirklich wie Feuer und Wasser und passen nicht zusammen.

Sexualität:
Der Löwe-Mann

Der sinnliche Verführer

Löwe-Männer verstehen es, ihre Wirkung auf Frauen eindrucksvoll einzusetzen. Es gelingt ihnen nahezu mühelos, ihre ausgeprägte Sinnlichkeit zum Ausdruck zu bringen. Diese Aura des Unwiderstehlichen zaubert nicht wenigen Damen schnell eine gewisse Gänsehaut auf den Körper.

Der Löwe liebt es, den sinnlichen Verführer zu geben, und sei es nur, um seine Unwiderstehlichkeit wieder einmal unter Beweis zu stellen.

Das gut vorbereitete Rendezvous

Der Löwe wird seine Angebetete oder die zur Verführung ins Auge gefasste Dame niemals stillos ins Bett zerren. Er wird sein Rendezvous sorgfältig vorbereiten und mit allem erdenklichen Luxus ausstatten. Da wird es an nichts mangeln. Die Kerzen werden nicht tropfen und der Champagner wird nicht zu warm sein.

Schließlich würde es sich der Löwe nie verzeihen, wenn ihm beim zärtlichen Abend mit seiner Liebsten irgendetwas fehlte.

Der Draufgänger

Der Löwe zählt nun wahrlich nicht zu den schüchternen Gesellen im Sternkreis. Er entfaltet ein nahezu ungebremstes Draufgängertum. Hat er seine „Beute" erst einmal energisch ins Auge gefasst, wird er nicht länger ruhen, als bis er sie „zur Strecke gebracht" hat. Da geht dann doch sein Jagdinstinkt mit ihm durch.

Der Tollste

Man möchte es nicht glauben, aber in seinem Liebesleben muss sich der Löwe immer wieder neu beweisen. Er kann es gar nicht oft genug hören, dass er der Tollste, Beste und Schönste war und ist. Und natürlich der Einzige, der einen festen Platz in „ihrem" Herzen besitzt.

Wenn Sie dieses Spielchen mitspielen, wird Ihr sinnlicher Löwe es Ihnen danken. Die Streicheleinheiten, die im Gegenzug zu Ihren Komplimenten auf Sie zurückkommen, werden zum Zärtlichsten gehören, was Ihnen je widerfahren ist. Sie werden Ihren verführerischen Löwen so schnell nicht vergessen!

Der Unwiderstehliche

Wenn Sie auf den Löwe-Typ stehen, werden Sie Ihren sehr männlichen Löwen einfach unwiderstehlich finden. Er ist ein wirklicher Mann, noch dazu mit allen „Extras" ausgestattet.

Der Löwe beherrscht die hohe Kunst der Eroberung in aller Perfektion und zeigt wahrlich keine Angst vor der Liebe.

Wenn es darauf ankommt, weiß er instinkthaft löwisch, was die nächste richtige Handlung oder Berührung ist.

Ein Löwe wird Sie bezaubern und in den siebten Himmel der Liebe entführen; allerdings ist er der „Petrus" in diesem Himmel!

Die Schöne und der Löwe

Der Schönheit ist und bleibt der Löwe verfallen. Er wird ihr zu Füßen liegen, sie zu erobern trachten und sich dann mit ihr schmücken. So ist er nun einmal. Ein Löwe wird niemals vergessen, dass ein Strahlen vom Glanz seiner schönen Geliebten auch auf ihn fällt. Damit lässt sich trefflich glänzen.

 Mit einer grauen Maus im Arm werden Sie den Löwen kaum antreffen.

Sexualität: Die Löwe-Frau

Die Raubkatze

Eine Löwin verfügt über eine große Bandbreite von Spielarten, die sie einsetzen kann, je nachdem was sie für angebracht hält. Einmal ist sie sanft und zärtlich und schnurrt wohlig, dann wieder wird sie zur wilden Raubkatze. Wer sich mit ihr einlässt, sollte sich auf einiges gefasst machen.

Die Löwe-Frau weiß, was sie will; und sie weiß auch die Wege, auf denen sie es bekommen kann. Das gilt sowohl für das Leben als auch für den Sex.

Die Anspruchsvolle

In einer Löwe-Frau schlummert eine immense Sinnlichkeit. Sie liebt es, diese in den Liebesnächten mit ihrem Angebeteten (oder ihrer Beute?) zu voller Entfaltung zu bringen.

Natürlich haben Löwinnen ganz besondere Ansprüche. Mit lieblosen oder mechanischen fünfzehn Minuten wird sich eine Löwe-Frau nur einmal abspeisen lassen. Dann wird sie mit Sicherheit den Mann wechseln. Sie will verwöhnt werden und auch im Bett das Besondere erleben. Im Gegenzug wird sie dann auch selbst zu einer großen Verführerin und Verwöhnerin; und die zärtlichen Stunden mit einer Löwin können unvergesslich für ihren Partner werden.

Männer mit dem gewissen Etwas

Da die Löwe-Frau genau weiß, was und wen sie will, wird sie sofort die Männer mit dem „gewissen Etwas" herausfinden. Sie sollten sie selbst sein und keine schlechte Kopie. Löwinnen stehen auf das Original, nicht auf einen schlechten Verschnitt von Richard Gere oder Sean Connery.

Auch eine Löwin kann treu sein

Wenn sich eine Löwe-Frau wirklich für einen Mann entschieden hat, kann sie ihm vorbehaltlos treu sein. Hinzu kommt, dass sie unnötige Beziehungsdiskussionen als ausgesprochen lästig empfindet.

Die Treue zu einem Partner darf aber keinesfalls dazu führen, dass ihr Liebesleben zur Routine verkommt. Wenn dies der Fall sein sollte, kann sie wieder zur Raubkatze werden und auf neue Beutezüge ausgehen.

Die Tollste

Zwischen weiblichen und männlichen Geschöpfen im Sternzeichen Löwe besteht kein sehr großer Unterschied. Auch die Löwin möchte hören, dass sie die Beste und die Schönste ist; und natürlich die Tollste in jeder Hinsicht. Wenn diese Komplimente dann noch durch einigen luxuriösen Schnickschnack in Form von edlen Geschenken unterstrichen werden, wird sie sich sehr geneigt zeigen.

 *Auch eine Löwin hält Hof!*

Gesundheit

KAPITEL4

Allgemeine Ratschläge

Die Robusten

Löwen verfügen in aller Regel über eine ausgesprochen gute Gesundheit. Da sie auch nicht zu den besonders sorgenfreudigen Vertretern des Tierkreises gehören, stimmt meistens auch ihre psychische Befindlichkeit. Sie leben gerne und sie sorgen sich nicht übermäßig. Dies sind beste Voraussetzungen für eine gute Gesundheit, die dann beim Löwen auch vorzufinden ist.

Der gereizte Löwe

Der Schwachpunkt des Löwen könnte seine Gereiztheit werden. Wenn der Löwe sich gereizt fühlt, schlägt sich dies häufig auf der körperlichen Ebene nieder.

Missmutige Stimmung lähmt dann ihre gewohnte Unbeschwertheit und führt zu negativer körperlicher Befindlichkeit. Ein Zustand, den die Löwen überhaupt nicht schätzen. Es verblüfft dann ihre Umwelt, wie schnell der Löwe in solchen Situationen wackelige Tatzen bekommt. Seine Souveränität und Selbstsicherheit sind wie weggeblasen und er rettet sich durch ein großes Gebrüll, das ihn aus seiner Erstarrung weckt und seine Lebensgeister zurückruft.

Die Sonnengeschöpfe

Der Löwe wird, wie beschrieben, von der Sonne regiert. Daher verwundert es nicht, wenn im Sternzeichen

Löwe Geborene besonders abhängig von der leuchtenden Kugel sind. Sie benötigen viel Wärme und frieren meist schneller als andere Menschen.

Wenn die Übergangzeit beginnt, sollten die Löwen die luftige Sommerkleidung gegen wärmere austauschen. Allerdings sollten auch die warmen Sachen nicht im trostlosen November-Grau ersticken.

Vorsicht vor Übertreibungen

Löwen neigen von ihrem Wesen her zu Maßlosigkeit und Übertreibung. Sie sollten sich daher den Rat zu Herzen nehmen, mit ihrem Körper keinen Raubbau zu treiben. Zwar verfügen sie über ein überaus leistungsfähiges physisches Werkzeug, dennoch ist auch dieses kein „Perpetuum Mobile". Auch der Körper eines Löwen benötigt gelegentlich Ruhepausen. Wenn der Löwe seinen Körper zu stark vernachlässigt, wird sich diese Unachtsamkeit irgendwann rächen.

Die Schwachzonen des Löwen

Das Herz

Den Löwen wird das Herz zugeordnet. Sie sollten daher diesem Organ, gerade angesichts seiner zentralen Bedeutung, besondere Aufmerksamkeit zuwenden. Vielleicht wäre es für den Löwen ratsam, einmal über

Redensarten nachzudenken wie: „Mir bricht es das Herz" oder „Ich habe etwas auf dem Herzen". In diesen und ähnlichen Sprüchen liegt gerade für den Löwen eine verborgene Botschaft versteckt, die es zu beachten gilt, um späteren Kummer und Leid zu vermeiden.

Der Sport

Fast alle Löwen zählen zu den sportlichen Naturen. Aber auch hier gilt es für den Löwen, unnötige Exzesse zu vermeiden. Alle Formen von Übertreibung sind letztlich auch für den vitalen Löwen schädlich. Leider merkt es dieser immer etwas später als andere Sternzeichen. Deswegen muss der Löwe seine Ruhepausen bewusst einplanen, denn von seinem subjektiven Empfinden her ist er noch lange nicht erschöpft.

Rückenprobleme

Bei vielen Löwen zählt der Rücken zur besonderen Problemzone, als Ausgangspunkt für schmerzhafte Verspannungen oder Bandscheibenprobleme.

Es wäre allen Löwen anzuraten, frühzeitig eine Form von Rückengymnastik zu betreiben, die den möglichen Beschwerden vorbeugen könnte. Zudem ist eine vorbildliche Rückenhaltung für den Löwen ein wichtig und ein absolutes Muss.

 Ein guter Rat an alle Löwen lautet daher: Unbedingt den Bürostuhl sorgfältig auswählen.

Durchblutungsstörungen

Löwen sollten auf ihre Durchblutung achten. Werden hier erste Warnsignale übersehen, kann es später zu erheblichen Problemen kommen, die von Durchblutungsstörungen verursacht werden.

Dazu können rheumatische Beschwerden kommen, die auch gut zu beheben sind, wenn man sie bereits im Frühstadium erkennt, ernst nimmt und sorgfältig therapiert.

Sein größter Gefahrenherd kann der Löwe selbst durch seine Überheblichkeit und Nachlässigkeit sein, indem er seine gewaltige Vitalität als selbstverständlich nimmt und davon ausgeht, dass sie ihm immer erhalten bleibt. Das kann ein verhängnisvoller Irrtum sein!

Maßhalten auch beim Essen

Löwen lieben es, gut und üppig zu essen. Etwas Kräftiges zwischen den Zähnen zu haben, ist für den Löwen überaus wichtig. Es drängt sich immer das Bild vom Löwen mit der Gazelle im Maul auf; wir wollen es hier aber aus Höflichkeit nicht verwenden.

In jungen Jahren scheint es für den Löwen kein Problem darzustellen, die riesigen Nahrungsmengen zu verarbeiten und zu Energie und Vitalität zu verbrennen. Mit fortschreitendem Alter wird es aber auch für den Löwen immer bedeutsamer, Maß zu halten und die Essensmenge nicht ausufern zu lassen.

Der nicht mehr ganz jugendliche Löwe wird nämlich, wie andere Sternzeichen auch, spätestens jetzt zur Gewichtszunahme neigen. Dies wiederum würde sein Herz belasten; und dann kann es wirklich bedrohlich für ihn werden.

Zitrusfrüchte

Die ideale Zwischenmahlzeit für den hungrigen Löwen wären Zitrusfrüchte. Sie werden astrologisch diesem Sternzeichen zugeordnet und könnten dem Löwen außerordentlich gut bekommen.

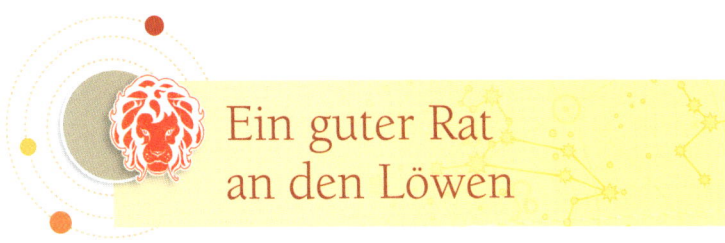

Ein guter Rat an den Löwen

Das Bett nicht vergessen

Es gibt wahrhaft einfachere Dinge, als einem Löwen einen guten Rat zu geben, denn der Löwe weiß ohnehin alles besser. Will man sich diesem Unterfangen trotzdem widmen, sollte man dem Löwen empfehlen, wirklich an ein ausreichendes Maß Schlaf zu denken.

Löwen verfügen über eine gewaltige Energie. Mit dieser Ladung, die erst einmal ausgelebt werden will, findet er naturgemäß sehr spät ins Bett. Irgendwann rächt sich dieser körperliche Raubbau aber auch beim Löwen – dann nämlich sind die Batterien restlos leer.

Bekanntlich dauert es aber immer etwas länger, wenn man völlig entleerte Batterien wieder aufladen muss, als halb leere wieder aufzufüllen.

Sportliche Entspannung

Um den fast permanent vorhandenen Überdruck im Kessel wenigstens etwas abzulassen, sollte der Löwe unbedingt Sport treiben. Dies ist der beste Weg, um die überschüssigen Kräfte sinnvoll einzusetzen.

Für den Löwen, als einem körperbetonten Zeichen, dient der Sport auch dazu, ihm einen Ausgleich zu verschaffen für seine berufliche Tätigkeit. Wichtig ist allerdings, dass ihm nicht gleich wieder sein Ehrgeiz in die Quere kommt und er auch auf dem Sportplatz die Nummer eins sein will.

Ein guter Rat unter Freunden

Löwen sollten sich unbedingt angewöhnen, zumindest die gut und ehrlich gemeinten Ratschläge ihrer engsten Freunde anzunehmen. Zum einen sehen diese in der Regel mehr als sie selbst und zum anderen treibt sie keinerlei Konkurrenzkampf mit ihren Löwe-Freunden an. Sie wollen nur helfen; und ein Löwe täte gut daran, diese wohlmeinenden Hinweise ernst zu nehmen.

Auf den Arzt hören

Löwen zählen, wie nicht anders zu erwarten war, nicht zu den angenehmen Patienten. Sie haben natürlich ihren eigenen Dickschädel und wissen es notfalls auch besser als der Arzt, wie ihnen wirksam zu helfen wäre.

Trotzdem sollten sie sich angewöhnen, den Ratschlägen des Arztes Folge zu leisten. Es wäre nur zu ihrem eigenen Besten.

Ein Löwe sollte sich deutlich bewusst machen: Wenn er einmal darnieder liegt, bei seiner urwüchsigen Vitalität, dann hat es ihn wirklich ernsthaft erwischt. Jetzt gilt es, Ruhe und neue Kräfte zu finden.

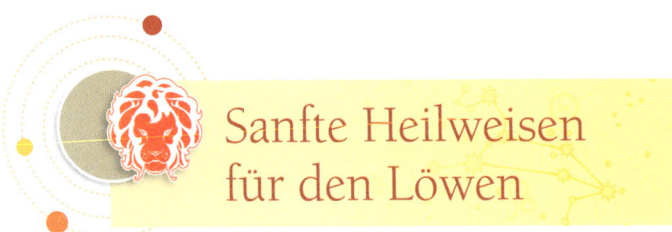

Sanfte Heilweisen für den Löwen

Gestalttherapie

Der Psychoanalytiker Fritz Perls entwickelte die der humanistischen Psychologie zugeordnete Gestalttherapie. Gestalt ist nur ein anderes Wort für ganzheitliche Individualität.

Die Gestalttherapie wird in der Regel in Form von Einzelsitzungen praktiziert. Ziel ist es, die harmonische Verbindung von äußerer Erscheinung und innerem Wesen wiederherzustellen. Wenn zwischen diesen beiden Aspekten des Menschen Disharmonie herrscht, führt dies in aller Regel zu einer Krankheit.

In der konkreten Praxis können zahlreiche alternative Therapieformen zur Anwendung kommen, von der Traumanalyse über vorgestellte Astralreisen bis hin zu bioenergetischen Verfahren.

Am Ende soll der Mensch gelernt haben, voll bewusst im Hier und Jetzt zu leben sowie Geist und Körper integriert haben.

Autogenes Training

Löwen zählen zu den ruhelosen Gesellen im Tierkreis. Ihre gewaltigen Energiereserven treiben sie ständig an, irgendwelchen Aktivitäten nachzugehen.

Daher wäre es ausgesprochen hilfreich, wenn sich männliche wie weibliche Löwen gelegentlich zur Entspannung dem autogenen Training zuwenden würden. Gerade sie würden die positiven Wirkungen dieser einfachen Entspannungstechnik schnell wahrnehmen.

Autogenes Training wird mittlerweile an fast allen Volkshochschulen oder sonstigen kommunalen Einrichtungen gelehrt und ist leicht zu erlernen. In manchen Fällen übernehmen sogar die Krankenkassen die Kurs- oder Seminar-Gebühren.

Ayurveda-Kur

Ayurveda (von *Ayur* = Leben und *Veda* = Wissen) ist eine alte indische Heilkunst. Es würde hier zu weit gehen, die Einzelheiten der indischen Medizin mit ihrer Lehre von den Säften und Winden, von den Energien und Typen zu entfalten.

Was dem Löwen besonders zusagen würde, wäre die Öl-Kur, bei der er von mehreren weiblichen oder männlichen Therapeuten mit warmem Öl übergossen wird und sich endlos verwöhnen lassen kann. Zusätzlich zu diesem Aspekt des Verwöhnens käme dann noch der ausgesprochen gesundheitsförderliche Aspekt dieser Therapie.

Inzwischen gibt es zahlreiche Ayurveda-Kliniken auch in Deutschland, sodass der Zugang zu dieser Therapie keine langen Reisen nach Indien oder Sri Lanka mehr erfordert.

Chiropraktik

Für die zahlreichen Verspannungen im Muskel- und Gelenkbereich kann dem Löwen eine chiropraktische Behandlung empfohlen werden. Sie wird schnell und effektiv eine Linderung seiner verkrampften Muskulatur herbeiführen und ihm das Gefühl geben, sich seines Körpers wieder uneingeschränkt und mit voller Kraft bedienen zu können.

Das Bachblüten-Mittel

Kaum eine andere sanfte Heilweise hat in den vergangenen Jahren eine solche Erfolgsstory aufzuweisen wie die Blütenmittel von Dr. Edward Bach. Ihre geniale Einfachheit macht das Geheimnis ihres Erfolges aus. Für jedermann leicht anwendbar, sind die Pflanzenessenzen dennoch überaus wirksam.

Das Bachblüten-Mittel für den Löwen ist
VERVAIN (Eisenkraut).

Ein eigener Bereich ist für das Glück des Löwen sehr wesentlich. Über das zu herrschen, was ganz ihm selbst gehört, ist sein sehnlichster Wunsch. Er steht, wie beschrieben, gerne im Mittelpunkt der Aufmerksamkeit und befindet sich in seiner Glanzrolle, wenn es etwas zu organisieren gilt – wobei er selbstverständlich die Führungsposition innehat.

Für die Auswahl des Bach-Mittels ist es bedeutsam, sich noch einmal in Erinnerung zu rufen, dass dem Löwen das Herz zugeordnet wird. Daher sind die Beziehungen eines Löwe-Menschen sowohl dauerhaft als auch romantisch, obgleich er bekanntermaßen sehr eifersüchtig werden kann.

Negativ aspektiert, neigt er zum Hochmut und zur Anmaßung, und er vermag in Extremfällen bis zur Lächerlichkeit affektiert wirken.

Als nicht speziell „spirituelles" Zeichen verkörpert der Löwe das wunderbare Prinzip der (göttlichen) Autorität. Die „Herrscher von Gottes Gnaden", vor allem in Frankreich, waren klassische Vertreter des Löwe-Prinzips.

Demgemäß tragen Löwen das Vermächtnis der Privilegiertheit in sich. Diese Bevorzugung sollte der Löwe für das Allgemeinwohl einsetzen, sonst wird er sich möglicherweise selbst schaden. Löwen sollten sich die geistige Aufgabe stellen, vom Herrschen zum Dienen heranzureifen.

Vervain – Eisenkraut

Von Menschen, die Vervain benötigen, sagte Dr. Bach: *„Sie besitzen die Begeisterung und den Schwung derer mit großem Wissen und die brennende Sehnsucht, alle auf die gleiche Ebene zu erheben, doch ihre Begeisterung kann ihren Plan vereiteln."* Vervain ist die Bachblüte für übersteigertes Bemühen. Sie lehrt uns, dass wir eher durch Sein als durch Tun große Dinge erreichen.

Diese Menschen leiden an einer energieaufzehren-
den Begeisterung und der Anspannung übermäßigen
Bemühens. Als Verfechter der Gerechtigkeit können
sie hinsichtlich ihrer Überzeugung fanatisch werden –
sogar machtbesessen. Sie sind willensstarke Persönlichkeiten mit vorgefassten Zielen und Meinungen. Im
Falle von Gefahr oder in Not und Elend beweisen sie
großen Mut. Sie beflügeln ihre gesamte Umwelt mit
ihrem Eifer und ihrer Hingabe. Sie lieben es, zu leiten
und zu führen, und meinen oftmals, „erwählt" zu sein.
Vervain-Typen fehlt es gewissermaßen an Beschei-
denheit und Demut.

Der Vervain-Mensch ist bestrebt, die Welt um sich
herum zu verwandeln. Es liegt ihm daran, andere
durch die Bedeutung und Aufrichtigkeit seiner Auf-
fassungen und Handlungen zu beeindrucken. Er kann
keine Mittelmäßigkeit ertragen und wird auch keines
Menschen Zweifel dulden, der seine Ideen und Motive
infrage stellt. Auf diese Weise verwickelt er sich leicht
in Auseinandersetzungen. Vervain-Menschen sind
wahrhaft aufrichtig und sich dessen gewöhnlich gar
nicht bewusst, dass sie andere unterdrücken.

Konstruktive Vervain-Charaktere sind stolze Be-
herrscher ihrer persönlichen Leidenschaften und ihrer
inneren Haltung. Sie gewähren anderen das ihnen Zu-
stehende und verspüren keinen Prestigeverlust, wenn
sie diese auch loben. Sie achten den Rat der Weiseren
und Fähigeren, da sie genau ihre eigenen Grenzen
kennen. Von katzenhaftem Wesen, wissen sie, wie viel
Kraft und Energie erforderlich sind, um zu gegebener
Zeit ihren Herrschaftsbereich auszuweiten.

Wie die Sonne sind die Vervain-Löwe-Menschen beständig und unerschöpflich und können ohne Weiteres eine Position von großer Bedeutung einnehmen.

Das Aura-Soma-Mittel

Eine weitere sanfte Heilweise ist die Aura-Soma-Therapie, eine Kombination aus Aroma-, Farb- und Lichttherapie. Da die vielen Ölfläschchen, die wunderbar duften und sehr schön anzuschauen sind, nicht allgemein zu einem Sternzeichen zugeordnet werden können, empfiehlt es sich, einen der vielen Aura-Soma-Therapeuten zurate zu ziehen, die heute praktisch in jeder mittelgroßen Stadt anzutreffen sind.

Essen und Trinken

Der Löwe in der Küche

Das 10-Gänge-Menü

Wie nicht anders zu erwarten war, zählen die Löwen zu den exquisiten Köchen im Tierkreis. Sie sind einfallsreich, kreativ und haben einen Hang zum Besonderen. Hausmannskost wird dabei mit größter Wahrscheinlichkeit nicht auf den Tisch kommen. Wenn schon Großmutters Rezepte, dann aber mit löwischen Variationen. Vielleicht ein wenig Kaviar, ein paar geriebene Trüffel oder eine ausgewählte Flasche Champagner dazu?

Bei aller Raffinesse schafft es der Löwe-Koch dann auch noch, nicht nur ein paar abgewandelte Spaghetti auf den Tisch zu bringen, nein, er wird ein opulentes 10-Gänge-Menü servieren, bei dem dann auch der verfressenste Gast nach der „Ananas mit Eiswein" alle viere von sich strecken wird!

Vegetarische Küche? Nein, danke!

Der Löwe wird wahrscheinlich einer der Letzten sein, der sich der vegetarischen Küche zuwenden wird. Im Tierreich sieht es ja mit vegetarischen Löwen auch nicht sehr vielversprechend aus!

Löwen lieben die Fleischkost, wobei Rindfleisch bevorzugt wird. Es muss dabei nicht der typische Rinderbraten sein. Vielleicht „Rindfleisch auf indonesische Art" oder „Rindfleisch à la Kanton". Das wäre doch eine gelungene Löwe-Variation!

Der Tüftler

Löwen mögen es, sich an schwierige Rezepte heran-
zuwagen, und sie können sich dann in der Küche re-
gelrecht verbeißen, bis nach einigen Stunden dann das
Gericht herauskommt, was ihnen vorgeschwebt hat.

Dabei spielt es keine Rolle, welche Küche oder wel-
ches Gericht die Löwen gewählt haben, entscheidend
ist – es ist außergewöhnlich!

Sind Sie also bei Löwes zu Gast, sollten Sie immer
mit der etwas anderen Küche rechnen. Aber seien Sie
sicher, es wird keinesfalls ein langweiliger Abend!

Nicht zu spät kommen!

Man könnte meinen, der extravagante Kochstil des
Löwen könnte bewirken, dass seine Gäste stundenlang
auf den ersten Happen warten müssen. Doch diese
Annahme wäre eine Täuschung. Der Löwe ist nicht
nur ein meisterhafter Koch, er ist auch ein Organisationstalent. Seine Küche, und notfalls seine Assistenten,
werden mit absoluter Perfektion funktionieren – und
pünktlich zur festgesetzten Stunde steht das Fest-
mahl auf dem Tisch.

Kommen Sie also nicht zu spät, sonst entgeht Ihnen
möglicherweise der Aperitif (vielleicht Champagner
oder ein toller Spumante) und auch der erste Gang
(vielleicht Hummerröllchen). Man kann nie wissen!

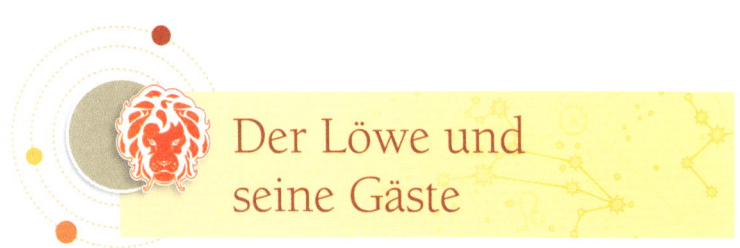

Der Löwe und
seine Gäste

Die großen Feste

Ein Löwe ist nahezu immer ein ausgesprochen geselliger Typ. Er liebt es, seine Freunde um sich zu haben und große Feste zu feiern. Zum einen feiert er einfach gerne, zum anderen lässt sich anlässlich solcher Festivitäten natürlich auch das mondäne Eigenheim vorführen oder die letzte Errungenschaft in Form eines neuen Fernsehers, des Bildschirmtelefons oder der chinesischen Vase. Es wäre ratsam, falls es ein wichtiger Kontakt mit Ihrem Löwe-Gastgeber ist, der Wohnung, dem Haus oder der Einrichtung angemessen Lob und Anerkennung zu zollen. Ihr Löwe wird es sich merken und gelegentlich auf Sie zurückkommen.

 Zuerst aber genießen Sie den Abend!

Die Prunktafel

Wenn Sie bei Löwes zu Tisch geladen sind, sollten Sie nicht unbedingt in Jeans oder kurzen Hosen kommen. In aller Regel wird Sie Ihr gastgebender Löwe an einer wahren Prunktafel erwarten. Pappbecher und Einweggeschirr zählen selten zum Hausrat von Herrn oder Frau Löwe. Da dürften schon eher mundgeblasene Gläser aus Böhmen auf dem Tisch stehen.

Der Tisch wird auch nicht durch frugale Speisen gekennzeichnet sein, sondern vor allerlei Delikatessen und in- und ausländischen Leckereien bersten.

Nicht ohne Geschenk auftauchen

Wenn es schon allgemein unangenehm auffällt, wenn man zu einer Abendeinladung ohne ein kleines Geschenk kommt, dann gilt dies in doppeltem Maße, wenn Sie bei Löwes eingeladen sind. Hier sollten Sie auf keinen Fall mit leeren Händen vor der Tür stehen; denn selbst Ihr strahlendstes Lächeln wird diesen Missklang nicht ausgleichen können. Der Löwe und die Löwin lieben nun einmal Geschenke. Lassen Sie sich also etwas einfallen.

Eines sollten Sie aber unbedingt beachten: Zu einem Löwen kommt man nicht mit Plunder! Kaufen Sie bitte ja keinen Schund. Da wäre es noch besser, lieber ganz ohne Geschenk zu kommen. Der Löwe verfügt über einen exquisit guten Geschmack und mit einen stillosen Geschenk verärgern Sie nicht nur den Gastgeber oder die Gastgeberin, Sie stellen sich vor allem selbst ein Armutszeugnis in Sachen Geschmack aus – und der Löwe wird sich dies gut merken!

Der etwas andere Geschmack

Sollten Sie mit Ihrem Löwen oder Ihrer Löwin gut befreundet sein, dürfen Sie schon einmal einen besonderen Wunsch äußern. Zum einen fühlt sich der Löwe geschmeichelt, dass Sie so viel von seiner Kochkunst halten, zum anderen wird er sich besonders anstrengen, um Ihren ausgefallenen Wunsch zu erfüllen.

Es wird also etwas ganz Besonderes geben. Fein, delikat, nicht zu üppig, aber mit einer sehr speziellen Note. Vielleicht „Avocado Acapulco" oder „Schwarzwurzeln in Champagnersauce". Bitte fragen Sie nicht nach Eisbein mit Kraut, das könnte die falsche Wahl bei einem Löwen sein!

Die Lieblingsgerichte des Löwen

Rindfleisch in allen Variationen

Der Löwe ist und bleibt ein kleines Raubtier. Er wird sich allen Fleischgerichten genüsslich zuwenden. Dabei sind die Rindfleisch-Variationen bevorzugt. Allerdings sollte auch der äußere Rahmen stimmen. Selbst wenn die Rindfleisch-Burger ihm noch zusagen würden, trifft man in den berühmten Schnellimbiss-Ketten nur selten den ästhetischen Löwen. Er isst eben auch mit den Augen.

Ein typisches Löwe-Rezept:

BEEFSTEAK „CHINESISCHER KAISER"

500 g Rindfleisch	1 Bund Karotten
500 g Zwiebeln	Sojasprossen
350 g Reis	250 g Morcheln
2 Chili, 1 rote Paprika	Salz, Cayenne-Pfeffer
1 Zucchini	Brühe, Rotwein

Zuerst das Beefsteak herstellen, wobei hier durchaus jede traditionelle Weise gewählt werden kann.

Dann das Gemüse klein schneiden, anschmoren, die klein gehackten Chilischoten hinzufügen und etwas Brühe angießen. Das Ganze etwa zwanzig Minuten leicht vor sich hinköcheln lassen. Dann mit Salz und Cayenne-Pfeffer gut würzen und mit einem Schuss Rotwein verfeinern.

Parallel dazu den Reis kochen, wobei darauf geachtet werden muss, dass er nicht klumpt.

Die Morcheln in einer süßsauren Soße anrichten, wobei es sich empfiehlt, sie vorher leicht anzuschmoren.

Zum Schluss das Beefsteak mit dem Reis, den Morcheln und dem Gemüse zusammen servieren und mit einer Prise Petersilie verfeinern.

 Dann mit Löwengebrüll Messer und Gabel fest in die Hände nehmen!

Die Lieblingsgetränke des Löwen

Der Löwe scheint eher dem Rotwein als dem Weißwein zugeneigt zu sein. Vor allem die schweren Tropfen werden seinen Zuspruch finden, wobei der Preis sich deutlich im oberen Bereich bewegen wird. Ein Löwe gibt schon einmal einen 50-Euro-Schein für einen alten Bordeaux oder einen schweren Barolo aus dem Piemont aus. Auch ein schwerer, alkoholhaltiger Amarone aus dem Veneto oder ein alter Zinfandel aus Kalifornien dürften seine verwöhnte Zunge erfreuen. Er wird sich zurücklehnen und genießen.

Wie man einen Löwen verwöhnt

Standesgemäß

Einem Löwen gebührt nun einmal eine Behandlung, wie sie dem „König der Tiere" angemessen ist. Sie können einen Löwen nicht so verwöhnen, wie irgendeinen anderen Bewohner des Sternkreises. Er ist einfach etwas „Besonderes".

Das beginnt bereits mit seiner „Löwen-Mähne", die einer speziellen Behandlung bedarf. Mit anderen Worten: ein Löwe muss sehr viel gestreichelt werden. Dabei sollten Sie ihm das Gefühl geben, dass er nicht nur grundsätzlich etwas Besonderes ist, sondern für „Sie" noch einmal etwas besonders Besonderes ist. Das möchte der Löwe unbedingt hören, zumal aus „Ihrem" Mund.

Wenn Sie den Löwen so richtig umgarnen und verwöhnen wollen, sollten Sie darauf achten, dass auch der äußere Rahmen stimmt. Wenn es hier zu Misstönen kommt, wird dies den Löwen so ablenken und irritieren, dass er sich nicht mehr richtig auf Sie einlassen kann. Da wäre alle Liebesmühe dann umsonst.

Richten Sie ihm ein kleines „Löwen-Lager" ein, auf dem er thronen und seinen Hofstaat empfangen kann. Gerne wird er Sie dann auf sein Lager ziehen und Sie mit seinem ganzen löwischen Charme umgarnen. Es wird ein unvergesslicher Abend werden!

Das beste Haus am Platze

Für den Löwen ist das kleine, rustikale Gasthaus am See eher unangebracht. Ein Löwe steht im Mittelpunkt, und der Mittelpunkt des gesellschaftlichen Lebens ist die Stadtmitte. Also ab ins Zentrum!

Wenn Sie ganz sicher sein wollen, keine schlechte Wahl getroffen zu haben, entscheiden Sie sich für das beste Haus am Platze. Der Löwe wird es genießen, dort mit Ihnen zu repräsentieren. Auch wenn es möglicherweise etwas steif ist und die Etikette Ihnen auf die Nerven geht – Ihr Löwe wird es als sehr wohltuend empfinden, hofiert zu werden. Er fände es durchaus angemessen, in Wien als „Herr Hofrat" oder „Herr Geheimrat" angesprochen zu werden. Auch wenn es natürlich nicht stimmt, für einen Löwen „könnte" es stimmen.

Das Äußere ist genauso wichtig wie das Innere, das sollten Sie nie vergessen, wenn Sie einen Löwen verwöhnen wollen.

Das Nobelhotel

Wenn Sie sich von einem Löwen trennen wollen, laden Sie ihn zu einer Zelttour oder zu einer Planwagenfahrt durch Irland ein. Sollte er überhaupt zustimmen, dürfte es eher aus Unwissenheit geschehen oder weil er das Neue liebt. Wahrscheinlich wird er Sie aber spätestens beim ersten „Nass-Biwak" auf Nimmerwiedersehen verlassen. Solche Touren sind für einen Löwen wirklich „das Letzte".

Ein Löwe wird das Vier- oder Fünf-Sterne-Hotel wählen, in dem der Zimmerservice ebenso stimmt wie die Temperatur des beheizten Außenschwimmbades und des abendlichen Rotweines in der Kellerbar. Je nobler desto besser. In so einem Rahmen fühlt er sich gesehen und gut behandelt. Sie werden sehen, schon bald fängt Ihre große Raubkatze an zu schnurren und frisst Ihnen aus der Hand!

Genießer oder Asket

Der maßvolle Genießer

Löwen kann man sicher nicht zu den ausgesprochenen Asketen zählen, dazu leben sie viel zu gerne und genießen das Leben in vollen Zügen. Allerdings werden sie nicht zur Völlerei oder zum unkontrollierten Genießen neigen. Der Löwe ist ein maßvoller und bewusster Genießer. Er sucht sich seine Genüsse genau und äußerst bedacht aus.

Vor allem beim Essen weiß ein Löwe sehr genau, wann der Zeitpunkt zum Aufhören gekommen ist. Er wird sich selten so dem Genuss ergeben, dass er sich anschließend unwohl fühlt.

Den Rahmen seines genießerischen Lebens steckt in vielen Fällen nur sein Bankkonto ab. Solange dies noch ausreichend gedeckt ist, wird er alle weltlichen Freuden in vollen Zügen genießen.

 Ein Asket würde da eher ein wenig die Stirn runzeln!

Vorsicht vor Übergewicht

Wenn der Löwe einen asketischen Zug in seinem Leben zur Anwendung bringt, dann eher notgedrungen als aus Überzeugung. Da er ein empfindliches Herz hat, ist das Thema „Übergewicht" sein Leben lang von zentraler Bedeutung. Sind hier bestimmte Grenzen überschritten, kann ihm seine Vernunft (oder sein Arzt) ein so unüberhörbares Signal geben, dass auch der genießerische Löwe ein Einsehen zeigt.

Vielleicht wird er nicht gleich auf Fastenkurs gehen, aber eine deutliche Veränderung in seinem Lebensstil (in Richtung Askese!) könnte dann schon die Folge sein.

Sein Körper wird es ihm danken, wenn die Gefahr des Übergewichtes abgewendet werden kann!

Von allem das Beste

Als Oscar Wilde einmal gefragt wurde, wie es um seinen Geschmack bestellt sei, gab er die berühmte Antwort: „Mein Geschmack ist ganz einfach – von allem immer das Beste!"

Dieser Satz war eine klassische Löwe-Antwort. So wird sich auch der Löwe verhalten. Er wird immer den Edel-Champagner kaufen, nie den Billig-Sekt; er wird den Nobel-Rotwein trinken, niemals den Billig-Lambrusco aus dem Supermarkt; und er wird in das Vier-Sterne-Hotel reisen, nicht auf den Campingplatz am Seeufer.

 Er lebt als König in der Welt des Luxus!

Der Löwe als Kind

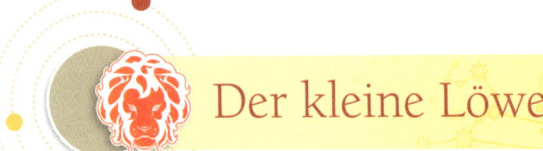

Der kleine Löwe

Die kleinen Könige und Königinnen

Natürlich halten sich schon die kleinen Löwen und
Löwinnen für Könige und Königinnen. Für die Eltern
stellt sich daher schon früh das nicht ganz einfach zu
lösende Problem, wie man diesen kleinen „Herrscher-
Typen" beibringen kann, dass andere Kinder auch ihre
Rechte besitzen.

Es bedarf eines nicht geringen Geschicks, den Über-
mut der kleinen Löwen abzukühlen, ohne ihr an sich
positives Selbstvertrauen zu schädigen.

Sonnige Löwenkinder

Kleine Löwen kommen wirklich mit der Sonne im
Herzen zur Welt. Sie sind die Lieblinge aller Groß-
mütter und Großväter, und schlau, wie sie sind, merken sie schnell, wie sie die lieben alten Herrschaften
um die kleinen Tatzen wickeln können.

Wenn mit Ihrem kleinen Löwen einmal etwas nicht
stimmen sollte, dürfte Ihnen das sehr schnell auffallen, denn ihr ansonsten immer sonniges Gemüt wird
sich unerwartet verfinstern. Dann sollten Sie sofort
nach dem Rechten schauen. Irgendetwas ist vorgefallen!

Nicht ins Bett zu kriegen

Schon die kleinen Löwenkinder strotzen vor Energie und Tatendrang. Wenn andere Kinder bereits müde sind, fällt dem kleinen Löwen immer noch etwas Neues ein.

Sie werden Ihre liebe Mühe haben, dieses kleine Energiebündel zu einer halbwegs vernünftigen Zeit endlich ins Bett zu bekommen!

Die kleinen Untertanen

Schon früh wird sich bei den kleinen Löwe-Kindern ein ausgeprägtes organisatorisches Talent zeigen. Für Sie wird es jetzt wichtig sein, ein Auge darauf zu haben, ob die kleinen Untertanen Ihres Löwen auch über genügend Selbstvertrauen verfügen, um sich gegen „ihren König" oder „ihre Königin" zu behaupten. Hier heißt es, wachsam zu sein!

Sollten Sie hier etwas übersehen oder nicht rechtzeitig korrigierend eingreifen, könnten sich in den Kleinen frühzeitig tyrannische Züge entwickeln, die sich im späteren Alter dann möglicherweise nur noch schwer entfernen lassen.

Immer auf der Suche nach etwas Neuem

Löwe-Kinder sind immer auf der Suche nach Abwechslung und neuen Herausforderungen. Sie übernehmen gerne kleine Aufgaben, die sie sehr pflichtbewusst erfüllen. Sollte ihnen trotzdem einmal ein kleines Missgeschick unterlaufen, so sollten Sie von

einem Tadel Abstand nehmen, denn sie werden sich ohnehin selbst in Grund und Boden schämen.

Kleine Löwen sind selbst ihre größten Kritiker, daher ist bei kleinen Fehlern eher Aufmunterung als Ausschimpfen angesagt.

Die kleinen Angeber

Schon früh klettern die jungen Löwen auf die Bühne, denn sie lieben es von Kindesbeinen an, im Mittelpunkt des Geschehens zu stehen. Sie setzen sich frühzeitig in Szene und neigen dazu, sich ein wenig angeberisch zu verhalten. In diesem Fall sollten Sie die „Herren Könige" und die „Fräulein Königinnen" notfalls etwas unsanft wieder auf den Boden der Wirklichkeit zurückholen.

 Sie werden später noch froh darüber sein!

Der kleine Freudenquell

Löwe-Kinder entwickeln schon früh den Wunsch, andere Spielkameraden glücklich zu machen. Diesen schönen Wesenszug sollten Sie fördern, denn diese Kinder, mit ihrem sonnigen Gemüt, können wirklich viel Freude schenken.

Kleine Löwen benötigen viel Verständnis und Liebe, denn auch wenn ihr scheinbar selbstbewusstes Wesen schnell einmal über die Stränge schlägt, so wird doch gerade im Kindesalter das Selbstbewusstsein der kleinen Löwen leicht beeinträchtigt.

Wenn der kleine Löwe in die Ecke gedrängt wird, kann er sich aus Notwehr zum Tyrannen entwickeln, der seine Schwäche hinter einem aufgesetzten Machtgehabe zu verbergen sucht.

Das Lob für die anderen

Kleine Löwen saugen Lob auf wie ein Schwamm. Sie können schnell alle ihre Fähigkeiten dafür einsetzen, von allen beachtet zu werden. Dabei können sie sich auf kleine Tanzdarbietungen, Verkleidungen oder akrobatische Kunststückchen stürzen. Die Einzelheiten sind im Grunde unwesentlich – Hauptsache, sie werden gesehen.

Hier sollten Sie als Eltern korrigierend eingreifen und auch einmal anderen Kindern Ihren Applaus oder Ihre Anerkennung schenken, auch auf die Gefahr hin, dass Ihr kleiner Löwe dafür nun überhaupt kein Verständnis zeigt. Mit der Zeit wird es sich einstellen!

Die Fantasie an die Macht

Löwe-Kinder benötigen eine überaus fantasievolle Erziehung. Sie lassen sich ungern auf die normale Art und Weise bändigen und wollen kreativ beschäftigt werden.

Sehr angebracht wären Geschichten von Prinzen und Prinzessinnen, von bösen Buben und tapferen Rittern, von Verschlagenheit und mutigen Rettern. Diese Figuren seiner Fantasie werden dazu beitragen, seine edle Gesinnung und seinen angeborenen Gerechtigkeitssinn voll zu entfalten.

Der kleine Krieger

Sollte es in der Schule oder im Kindergarten einmal zu Handgreiflichkeiten kommen, sollten Sie ein Auge auf Ihren kleinen Löwen haben. Er (oder sie) kann nämlich zum kleinen Krieger werden; und bei seinem feurigen Temperament könnte ihn seine Wut zu ungeahnten Taten mit wirklichen Opfern auf dem „Schlachtfeld" anstacheln. Solche Unglücke sind mit etwas Aufmerksamkeit leicht zu verhindern. Zumal Ihr kleiner Löwe keine Schwierigkeiten haben wird, dem „Feind" zu verzeihen. Und nachtragend ist er zudem auch nicht.

Die Nestflüchter

Kleine Löwen werden sich kaum zu Hause „bei Mama" festklammern. Sie gehen gerne in den Kindergarten und freuen sich auf die neue Umgebung. Sie sind aufgeschlossen und leben sich leicht in der neuen Welt ein.

Die Schulzeit

Die unproblematischen Schüler

So leicht, wie die kleinen Löwen sich im Kindergarten eingewöhnt haben, so leicht fällt ihnen auch der Übergang in die Schule. Sie werden keinerlei Probleme haben, sich mit der neuen Umgebung anzufreunden, und mit Begeisterung den neuen und interessanten Lebensabschnitt beginnen.

Sicherlich gibt es auch hier eine Bühne, auf der sie sich präsentieren können. Zumindest werden sie schon früh danach Ausschau halten.

Angeberei als Hindernis

Es könnte sein, dass ein kleiner Löwe, vielleicht durch ein wenig Unsicherheit oder durch ein zu großes Selbstbewusstsein zur Angeberei neigt. Wenn er dann auf einen Lehrer stößt, der ihm mit Vorbehalten oder gar mit offener Abneigung begegnet, kann sich das auf den kleinen Löwen oder die kleine Löwin äußerst ungünstig auswirken.

Lehrer sollten zur Kenntnis nehmen, dass hinter der Angeberei des jungen Löwen ein sonniges Kind steckt, ausgestattet mit viel Lebensfreude und Menschlichkeit.

In der Schule wird sehr viel davon abhängen, dass die kleinen Löwen von der Begeisterungsfähigkeit ihrer Lehrer angesteckt und motiviert werden. Wenn dies der Fall ist, werden sie dem Unterricht mit Freude und Interesse folgen und in der Regel gute Noten erzielen.

Der Klassensprecher

Der Löwe zeigt, wie geschildert, schon früh seine Führungsqualitäten. In der Schulzeit wird sich dies häufig dadurch ausdrücken, dass kleine Löwen oder Löwinnen in die Schülervertretung gewählt oder zum Klassensprecher berufen werden. Eine Wahl, die sie mit selbstverständlicher Gelassenheit annehmen. Gab es denn einen besseren Kandidaten?

Keine sinnlosen Verordnungen

Normalerweise können sich Löwen in den Schulbetrieb einfügen. Wenn sie allerdings mit Anweisungen konfrontiert werden, die ihnen völlig sinnlos erscheinen, kann das durchaus zu einer gewissen Aufmüpfigkeit und Aufsässigkeit führen. Der Löwe hasst es schon im frühen Alter, wenn er mit absurden Regeln konfrontiert wird, nur „weil es schon immer so war".

Hier kann es leicht geschehen, dass die „jungen Wilden" unter den Löwen einmal ausprobieren wollen, ob es nicht anders oder besser geht.

Da bleiben Konflikte mit dem Lehrkörper und dem Rektorat natürlich nicht aus. Es muss allerdings nicht dazu kommen.

Löwe-Kinder und ihre Spielgefährten

Die temperamentvollen Anführer

Schon die kleinen Löwen wollen die Rolle des Anführers einnehmen. Sollte sich in ihrer Gruppe oder Klasse ein ähnlich starker junger Widder befinden, wird es mit ihm (oder ihr) zu erbitterten Kämpfen um die Vorherrschaft kommen. Dabei darf noch einmal warnend auf das manchmal ungezügelte Temperament des Löwen hingewiesen werden.

Die Hilfsbereiten

Am besten ist den kleinen Löwen beizukommen, wenn man an ihre ausgeprägte Hilfsbereitschaft appelliert. Sie werden ein feines Gefühl dafür entwickeln, wenn andere Kinder in Not geraten sind. In dieser Situation wird der Löwe sein großes Herz zeigen, auch wenn er noch ein kleiner Löwe oder eine kleine Löwin ist.

In Notsituationen wird der Löwe seine starken Tatzen bereitwillig zur Hilfeleistung ausstrecken. Ein Löwe lässt in der Not niemanden im Regen stehen.

Der kleine Maler

Junge Löwen werden viel Freude an der Malerei entfalten. Sie lieben es, mit großen Pinselstrichen weitflächige und großräumige Bilder zu malen – natürlich mit der Sonne in der Mitte.

Andere wollen auch mitspielen

Für die Eltern und Erzieher wird es bei kleinen Löwen sehr darauf ankommen, ihnen deutlich und unmissverständlich aufzuzeigen, dass sie nicht mehr Rechte haben als andere Kinder. Auch die etwas zurückhalteneren Kinder möchten einmal das Sagen haben und in die Rolle des Anführers aufrücken. Es kann nicht sein, dass immer nur die Löwen (vielleicht einmal ein Widder) den Ton angeben.

Hier können Sie als Eltern wichtige Weichenstellungen für die Zukunft vornehmen – oder sie verpassen!

Freizeit

KAPITEL 7

Die Reiseländer des Löwen

Frankreich

Frankreich gilt unter den Astrologen als das „klassische" Löwe-Land. Schauen Sie sich einmal um im Land der „Sonnenkönige" und Sie werden wissen, was damit gemeint ist. Vielleicht kennen Sie auch den berühmten Satz: *„Der Staat, das bin ich."* Wer sonst als ein Franzose auf dem Herrscherthron könnte diesen typischen Löwe-Anspruch erhoben haben.

Auch die französische Lebensart entspricht so ganz und gar der „löwischen" Gesinnung. Leben und leben lassen, aber das auf sehr hohem Niveau. Es gibt kaum ein anderes Land der Welt, das so viele Delikatessen von Weltruf hervorgebracht hat wie Frankreich. Und dann der Wein! Auch wenn inzwischen in Übersee und vor allem in Italien Weine von Weltruf erzeugt werden, noch immer ist Bordeaux die Inkarnation des Weines.

Ein echter Löwe könnte sich ohne Schwierigkeiten für vier Wochen nach Bordeaux oder ins Burgund verziehen, um dort das herrliche Essen und die göttlichen Weine zu genießen. Das wäre ein echtes Löwe-Leben!

Italien

Wenn es nicht Frankreich ist, dann muss es Italien sein. Nach den Franzosen sind es sicherlich die Italiener, die eine überragende Kochkunst beherrschen und wundervolle Weine hervorbringen. Auch hier könnte der Löwe wochenlang schwelgen und das Leben genießen.

Vom Piemont würde er nach Venetien reisen und dann in die Toskana weiterwandern. Sollte es dort etwas zu frisch werden, lockt noch immer Kalabrien mit seinen unentdeckten Perlen.

Dazu kommen die einmaligen Kunstschätze und Bauwerke, die das ästhetische Empfinden des Löwen voll befriedigen. Hier kann sein Auge voll auf seine Kosten kommen.

In Italien wie in Frankreich findet die Seele des Löwen die vollkommene Kombination von geistiger und leiblicher Schönheit sowie den dazu passenden Luxus.

 Was will der Löwe mehr?

Kanada

Wenn der Löwe einmal ausspannen will, wird ihn Kanada anziehen, mit seiner Weite, seiner Urwüchsigkeit und seiner unverdorbenen Schönheit. Der Westen wird ihm dabei mehr gefallen als der etwas karge Osten.

Für den Insider bieten sich in Kanada wundervolle Touren an und der Löwe wird sich vor der Fahrt sachkundig machen, um die schönsten (und angenehmsten!) Routen herauszufinden.

Dann kann er einmal so richtig die Seele baumeln lassen und seinen leeren Akku (Herz!) wieder vollständig aufladen.

Es war allerdings wohl auch höchste Zeit dafür!

Hawaii

Für die ganz luxuriösen Löwen, für die Kanada schon wieder ein wenig zu rustikal war, wird die Wahl eher auf Hawaii oder eine andere pazifische Insel fallen. Hier lässt es sich nun wirklich im Luxus ausspannen.

Palmen, kühle Drinks, warmes Meerwasser und eine sanfte Brise. Der Löwe wird schon ganz unruhig mit den Pranken scharren, wenn er nur die Reiseprospekte liest. Was könnte das für ein Urlaub werden!

Für die Mitreisenden des Löwen sei vielleicht der Hinweis angebracht, dass auf Hawaii oder anderen Inseln durchaus allerlei sportliche Betätigungen möglich sind, die dem Löwenkörper ausgesprochen gut tun würden. Wenn Sie also einen Löwen auf Hawaii treffen, geben Sie ihm in seiner Hängematte einen leichten Schubs und fordern ihn zu einem kleinen Strandlauf auf. Das wird ihn herausfordern und ihm und Ihnen eine belebende Abwechslung bescheren.

Rumänien

In Osteuropa wird den Löwen vor allem Rumänien anziehen. Ein Land, das selbst in Zeiten des Warschauer Paktes schon immer eine eigene, eigenwillige, fast löwische Linie verfolgte.

Der Löwe wird zwar unter dem fehlenden westlichen Komfort ein wenig leiden, dafür faszinieren ihn die alte Kultur und der unbeugsame Lebenswille der Menschen.

Der Löwe und seine Hobbys

Der Schauspieler

Es ist im Verlauf unserer Ausführungen über den Löwen ja bereits mehrfach angeklungen, dass der Löwe der geborene Schauspieler ist. Er sucht die Bühne und das Rampenlicht.

Nun kann man nicht erwarten, dass jeder im Sternzeichen Löwe gleich das Talent zu einem Sean Connery oder Jack Nicholson, zu einer Jody Foster oder Meryl Streep besitzt; aber es sind doch zumindest Tendenzen vorhanden.

Was im Schüleralter das Schultheater war, könnte für den erwachsenen Löwen die Laienspielbühne werden. Hier kann er sein Talent zeigen und seine bisher unverwirklichte Schauspielkunst nach Herzenslust ausleben.

Der Maler

Löwen besitzen auf allen künstlerischen Gebieten ihre Begabungen, sei es nun in Wort, Bild oder Klang. Der Löwe oder die Löwin kann in ihrer Freizeit daher durchaus zum Pinsel greifen und ansehnliche Gemälde auf die Leinwand zaubern.

Vom Stil her wird der Löwe eher zum klassischen Motiv neigen, aber möglicherweise steckt auch ein farbintensiver Expressionist in ihm.

Der Musiker

Die Musikstile Frankreichs und Italiens haben es dem Löwen angetan. Dabei kann seine Neigung von barocker Kammermusik bis zum melancholischen *Canzone* italienischer Barden der Moderne reichen. Löwen sind hier nicht genau festlegbar. Sie mögen alles, was einen eigenen Stil und, im wahrsten Sinne des Wortes, eine besondere Note aufweist.

 Begabung für die Musik hat der Löwe allemal genügend.

Der Sportler

Sport wäre für den Löwen ausgesprochen empfehlenswert, aber nicht immer stimmt es diesbezüglich mit der Motivation. Kommt es am Strand allerdings zum Beach-Fußball, mit genügender männlicher oder weiblicher Zuschauerzahl, kann er sehr ehrgeizig werden.

Grundsätzlich dürfte der Löwe eine Neigung zur Leichtathletik oder zum Eiskunstlauf entwickeln; das eine wegen der athletischen, das andere wegen der ästhetischen Komponente.

Wenn er nicht in diesen Feldern aktiv wird, zeigt er vielleicht Interesse dafür vor dem Fernsehen. Das allerdings würde wenig bringen im Bereich des Abbaues überflüssiger Kalorien!

Der Hilfsbereite

Vereine, die im karitativen Bereich tätig sind, werden den Löwen aufgrund seiner großen Hilfsbereitschaft immer wieder ansprechen. Hier kann er sein gutes Herz einbringen und großzügig helfen.

Wenn er sich in einem Verein oder Verband wirklich ganz einbringt, wird er allerdings ganz schnell zum Vorstand aufsteigen. Als plakatklebender Assistent wird er sich langfristig zu schade sein.

Der Tierfreund

Löwen lieben Tiere. Sie sind zwar nicht ganz solche Tiernarren wie die Krebse, aber sie entwickeln doch eine Menge Sympathie für die Vierbeiner.

Ein Löwe wird allerdings auch als Liebhaber auf Qualität achten. Die Hauskatze wird nicht irgendein streunendes Pelztier sein, sondern einen Schuss Siam aufweisen und von „Giselle vom Kräuterhofberg" abstammen, die sich wiederum um sechs Ecken auf die Katzen von Königin Victoria zurückführt.

Auch der Windhund oder der Collie weisen einen Stammbaum auf, deren Ahnen zumindest Erzherzogen oder Fürsten treu dienten.

Promenadenmischungen sind einfach unter der Würde eines Löwen. Mit so etwas kann man sich ja nicht auf der Straße sehen lassen. Was sollen denn die Leute denken!?

Der Sammler

Löwen neigen stark dazu, luxuriöse Gegenstände in großer Zahl zu sammeln. Das kann teuer werden!

Die Sammelleidenschaft des Löwen erstreckt sich dabei auf alles, was gut und teuer ist. Von der Aktie bis zum Edelchampagner, von den Briefmarken bis hin zu den Goldmünzen. Alles wird natürlich sehr pfleglich eingeordnet und bewahrt. Außerdem kann man so eine Sammlung natürlich vorzeigen! Die Aktien werden allerdings nicht präsentiert, ein Löwe ist schließlich kein Snob. Die Briefmarkensammlung oder die Goldmünzen lassen sich dagegen gut vorführen. Und ein Gang durch den exquisiten Wein- oder Champagner-Keller kann dem Besucher schon das Wasser im Mund zusammenlaufen lassen.

Der Gesellschaftslöwe

Der Tänzer

Löwen sind gute Tänzer. Das ist allein deswegen schon unverzichtbar, weil man auf der Tanzfläche natürlich zwangsläufig gesehen wird; und ein Löwe möchte sich hier unter keinen Umständen blamieren.

Er liebt die Standardtänze ebenso wie Flamenco oder Bossa Nova. Entscheidend für seine Aktivitäten auf der Tanzfläche wird allerdings auch sein, wie attraktiv seine Tanzpartnerin oder ihr Tanzpartner ist. Man wird ja schließlich nicht allein gesehen!

Der Bridge-Spieler

Gesellschaftliche Ereignisse sind immer ein Feld für Löwen, und im etwas gesetzteren Alter dürften große Bridge-Turniere seine Aufmerksamkeit in nicht unerheblichem Maße auf sich ziehen.

Als gutes Pokerface wird er zudem ein ausgesprochen erfolgreicher Spieler sein, den sich alle gerne als Partner wünschen. Zudem weiß er zwischen den Partien amüsante kleine Geschichtchen zu erzählen.

Ein gutes Bridge-Spiel kann zu einem vollendeten Genuss werden, wenn es durch eine edle Flasche Cognac gekrönt wird. Hier ist der Löwe in seiner Großzügigkeit dann durchaus bereit, seine Mitspieler an den Schätzen seines Kellers teilhaben zu lassen.

Der Steppenwolf

Wenn alle Stricke reißen und sämtliche Damen (oder Herren) an einem Abend nicht verfügbar sind, wird der Löwe aber dennoch seine gesellschaftlichen Ambitionen nicht zurückstellen.

Er wird sich in Schale schmeißen und allein, natürlich entsprechend elegant gekleidet, in ein ausgewähltes Nobel-Restaurant aufbrechen.

Irgendetwas wird sich mit diesem Abend schon anfangen lassen. Und natürlich wird der Löwe den Abend nicht allein verbringen!

 Wer kann seinem Charme schon widerstehen?!

Der Mond und die Tierkreis-zeichen

KAPITEL 8

Allgemeines über den Mond

Der Mond benötigt knapp achtundzwanzig Tage (genau 27,32), um einmal um die Erde zu ziehen. Die gleiche Zeit braucht er, um sich einmal um die eigene Achse zu drehen.

Da der Mond selbst kein Licht abstrahlt, reflektiert er lediglich das Licht der Sonne. So hängen die sogenannten „Mondphasen" (Neumond, abnehmender Mond, Vollmond und zunehmender Mond) von seiner Position zu Erde und Sonne ab.

Wenn man davon spricht, dass z. B. der Mond eines Menschen im Widder steht, so ist damit der Stand des Mondes im Augenblick der Geburt dieses Menschen gemeint. Sie können diese Information Ihrem persönlichen Horoskop entnehmen, das Sie sich von einem Astrologen oder online erstellen lassen, oder aus den gängigen Mond-Tabellen Ihres Geburtsjahres.

Neben dem Mond im persönlichen Horoskop gibt es natürlich noch die Mondphasen des täglichen Erdenlebens. Sie können also den Mond in Ihrem Horoskop im Schützen stehen haben, der heutige Tag dagegen zeigt den Mond in der Jungfrau. Sie können den täglichen Stand des Mondes leicht anhand der vielen Mond-Tabellen für das laufende Jahr ablesen.

Wer hat nicht schon einmal eine schlaflose Vollmondnacht verbracht oder anderweitig den Einfluss des Mondes gespürt? Wenn man etwa Kartoffeln an Tagen erntet, an denen der Mond im Stier steht, wird man feststellen, dass diese länger als im Vorjahr eine glatte Haut bewahren. Es empfiehlt sich zudem in Gesundheitsfragen, etwa bei anstehenden Operationen, den Stand des Mondes zu beachten. Es wäre durchaus ratsam, einen anstehenden Zahnarzttermin um ein paar Tage zu verschieben!

Im nachfolgenden Text wird zuerst der Mond im Horoskop behandelt, danach der Einfluss des Mondes im täglichen Leben. Beides ist so leicht zu unterscheiden.

🐎 Der Mond im Widder

Unter dieser Konstellation finden wir Menschen, die mit ihrer ehrlichen Meinung nicht „hinter dem Mond" halten. Es sind die entschlossenen, mutigen Menschen, die ihre Unabhängigkeit sehr schätzen.

Allerdings kann es ein Problem mit ihrer Gereiztheit geben. Sie reagieren auf ein unglücklich gewähltes Wort schon einmal mit einem spontanen Wutausbruch.

Menschen mit einem Mond im Widder können, wenn sie unglücklich sind, eine unangenehme sarkastische Neigung entwickeln.

Frauen, die einen Mond im Widder haben, können starke männliche Anteile aufweisen, auch wenn es sich nicht gleich um militante Blaustrümpfe handeln muss!

Im täglichen Leben

♌ Wenn der Mond im Widder steht, sind die Menschen häufig gereizter als normalerweise. Auch im Straßenverkehr tippt der Finger öfter an die Stirn als an anderen Tagen. Zudem ist Vorsicht an Kreuzungen angesagt!

♌ Obwohl in der Regel an solchen Tagen die Dinge leichter von der Hand gehen, sollten Sie sich vor Stress hüten. In diesem Fall wären Kopfschmerzen vorprogrammiert.

♌ Mit dem Mond im Widder haben Sie die Chance schlechthin, bei Ihrem Chef wegen einer Gehaltserhöhung vorstellig zu werden. Vorwärts – dem Mutigen gehört die Welt!

♌ Hegen Sie einen Kinderwunsch? Die Wahrscheinlichkeit, dass ein heute gezeugtes Kind ein Junge wird, ist groß.

♌ Wenn Sie gerne im Garten arbeiten, sollten Sie jetzt die Bäume beschneiden; auch das Düngen von Gemüse kann auf keinen besseren Zeitpunkt fallen. Gemüse, das schnell geerntet werden soll, stecken Sie am besten heute in die Erde. Vor allem die Tomaten sollten Sie unbedingt dann setzen, wenn der Mond im Widder steht.

Der Mond im Stier

Die treuesten Seelen haben ihren Mond im Stier. Diese Menschen lieben die Behaglichkeit und Ruhe, denn sie sind unbedingt wichtig für ihren Seelenfrieden. Es sind sinnliche Ästheten, die allerdings ihre gewohnten Lebensrhythmen benötigen. Sie werden gerne verwöhnt, aber sie verwöhnen auch gerne andere. Sie haben eine feine Nase und die guten Düfte regen den Appetit an. Daher sind Menschen mit dem Mond im Stier nicht selten übergewichtig.

Der Stier ist ein Gewohnheitstier und Menschen mit dem Mond im Stier neigen zu ausgeprägten

Gewohnheiten, die manchmal in einer ermüdenden Monotonie und Langeweile enden können. Dann werden sie richtig schwerfällig.

Im täglichen Leben

♉ Wenn der Mond im Stier steht, beherrschen die langsamen Tätigkeiten den Tagesablauf. Es wird um Dinge gehen, die eine lange Ausdauer erfordern. Dafür werden Sie sich harmonisch und ausgeglichen fühlen, was die Arbeit erleichtert.

♉ Steht der Mond im Stier, sollten Sie keine Mandel- oder Halsoperationen vornehmen lassen. Es würde Ihnen nicht gut bekommen!

♉ Wollen Sie ein neues Haus kaufen oder einen Mietvertrag unterschreiben, dann warten Sie besser, bis der Mond den Stier wieder verlassen hat. Sie könnten sich viel Ärger ersparen!

♉ Hegen Sie einen Kinderwunsch? Ein heute gezeugtes Kind wird wahrscheinlich ein Mädchen.

♉ Ruft Sie der Garten, sollten Sie jetzt dem Ungeziefer im Erdreich auf die Pelle rücken. Heute könnten Sie den Biestern richtig zusetzen!

♊ Der Mond in den Zwillingen

Kennen Sie nicht auch jemanden in Ihrem Freundeskreis, dessen Redefluss kaum zu stoppen ist? Die Chancen stehen gut, dass er seinen Mond in den Zwillingen hat. Solche Menschen benötigen einen regen Gedanken- und Gefühlsaustausch und geraten immer wieder in Situationen, die sie äußerst anregend finden.

Mit dem Mond in den Zwillingen haben wir einen vielseitigen, spritzigen und unternehmungslustigen Menschen vor uns, der immer wieder auch Schwung ins Leben anderer Menschen bringen kann. Gelegentlich wird Menschen mit dieser Konstellation unterstellt, sie seien oberflächlich; aber Sie werden kaum einen interessanteren Gesprächspartner finden.

Wenn Sie dringend eine Nachricht übermitteln müssen, das Telefon aber dauernd besetzt ist, dann quasselt am anderen Ende der Leitung ein Zwillings-Mond. Fassen Sie sich in Geduld, es kann lange dauern!

Im täglichen Leben

♌ Es ist die richtige Zeit, um neue Kontakte zu knüpfen. Wollten Sie nicht schon immer die netten neuen Nachbarn zum Essen einladen? Vielleicht sollten Sie auch etwas Lustiges, Ungewöhnliches für den Abend planen. Wie wäre es mit einem aufregenden Blind-Date?

♌ Sie können mit dem Mond in den Zwillingen aber auch zu Hause Ihren Studien nachgehen. Die Zeit dafür ist günstig.

♌ Auch Briefe, die schon lange auf eine Antwort warten, könnten jetzt in Angriff genommen werden.

♌ Hegen Sie einen Kinderwunsch? Ein heute gezeugtes Kind wird vermutlich ein Junge.

♌ Ist Hausputz angesagt, werden die Fenster heute mehr glänzen als sonst, obwohl die ganze Sache scheinbar mühelos abläuft. Lassen Sie sich jetzt nicht stoppen; es ist die richtige Zeit, um wieder einmal die ganze Wohnung kräftig durchzulüften.

♌ Im Garten sollten Sie jetzt rankende Pflanzen säen.

 Der Mond im Krebs

Die Krebs-Monde kennzeichnen die ganz zart besaite-
ten Wesen des Tierkreises. Sie nehmen alle Einflüsse
auf wie ein feuchtes Tuch. Es sind Menschen mit einer
ausgeprägten Feinfühligkeit, die aber gepaart ist mit
außerordentlicher Launenhaftigkeit.

Mit dem Mond im Krebs braucht es enorm viel Geborgenheit, sonst gibt es Probleme. Bei dieser Konstellation kann es auch eine starke Furcht vor dem Un-
bekannten geben, und daraus entstehend eine gewisse
Unbeweglichkeit.

Menschen mit dem Mond im Krebs sind ausgesprochen liebevoll und lesen ihren Mitmenschen alle
Wünsche von den Lippen ab. Allerdings können sie
sich auch stark anklammern und festhalten.

Im täglichen Leben

♋ Heute sollten Sie Besuch einladen und ihn verwöhnen, er wird es Ihnen danken. Servieren Sie aber
kein schweres Essen, denn an diesen Tagen ist der
Magen sehr empfindlich!

♋ Lassen Sie die Seele baumeln, denn es ist nicht unbedingt die Zeit, um Bäume auszureißen und Berge
zu versetzen. Es ist besser, Sie widmen sich Ihrer
Familie.

♋ Sollten Sie sich jetzt einsam fühlen, nehmen Sie
sich selbst nicht zu ernst, in wenigen Tagen oder
Stunden schaut die Welt schon wieder ganz anders
aus; denn es ist keine schlechte Zeit für den Beginn
einer neuen romantischen Liebe. Allerdings sollten

Sie sich vor zu großer Empfindlichkeit hüten. Dafür ist später auch noch Zeit!

♌ Hegen Sie einen Kinderwunsch? Es wird ein Mädchen.

♌ Sollten Sie nicht gerade dem Hausputz frönen, packen Sie Ihre Sachen, gehen schwimmen und anschließend in die Sauna, es ist genau der richtige Zeitpunkt für solche Aktivitäten.

♌ Und weil wir schon bei den feuchten Aktivitäten sind: Heute ist ein guter Waschtag. Die hartnäckigen Flecken können Sie heute endlich entfernen!

Der Mond im Löwen

Die Löwe-Monde sind die Menschen mit dem sonnigen Gemüt. Sie können jugendlich verspielt sein; und sie sind großzügig in allen Lebensbereichen. Sie sollten aber beachten, dass diese Menschen im Mittelpunkt stehen wollen, das ist für sie sehr wichtig!

Sie strahlen viel Herzenswärme aus und verfügen über einen angeborenen Beschützerinstinkt. Sie werden auch feststellen, dass die Löwe-Monde ganz automatisch eine Führungsrolle einnehmen und sich damit ganz prächtig fühlen. So wollen sie es haben! Für ihre Mitmenschen allerdings ist dieses „Ich-bin-so-toll"-Gefühl und die Arroganz der Löwe-Monde nicht immer leicht zu ertragen.

Im täglichen Leben

♌ Munter hinein ins Vergnügen! Feste, Partys und sportliche Aktivitäten werden unter dieser Konstellation großgeschrieben. Sie sollten allerdings darauf achten, es nicht zu übertreiben. Es gibt

Seitensprünge, die einem später Kopfschmerzen bereiten!

♌ Wenn Sie unter das Messer müssen, dann heute besser keine Herzoperationen. Überhaupt sollten Sie bei dieser Mond-Konstellation auf Herz und Kreislauf achten!

♌ In Ihrem Umfeld können Sie heute Ihre Kompetenz beweisen. Stellen Sie also gerade heute Ihr Licht nicht unter den Scheffel!

♌ Wenn Sie ausgehen wollen, wären Oper oder Theater die erste Wahl.

♌ Hegen Sie einen Kinderwunsch? Es wird ein Junge.

♌ Und nicht vergessen: heute Körperpflege betreiben und vor allem Haare schneiden. Vom Ergebnis werden Sie überwältigt sein!

Der Mond in der Jungfrau

Die Ordnung hält Einzug. Es findet sich Systematik und sorgfältige Planung in allen Lebensbereichen.

Menschen mit dem Mond in der Jungfrau zählen zu den „Dienern des Lebens". Sie betrachten andere und stellen fest, dass sie selbst nur an zweiter Stelle stehen. Manchmal kommt dann Neid auf, aber letztlich siegt die Vernunft.

Unter dieser Konstellation kann es zu einer gewissen Kritiksucht kommen, die äußerst unangenehm auf die Mitmenschen wirkt. Zudem kommen die Jungfrau-Monde mit einer gewissen distanzierten Kühle daher, was sie etwas unnahbar wirken lässt. Oft findet sich dahinter aber eine große Tiefe und Gefühlsintensität.

Wenn sie sich öffnen könnten und spontaner wären, würde sich das Leben von einer leichteren Seite zeigen.

Im Körper können sich die Eingeweide und die Nerven melden – es ist dann Zeit zum Entrümpeln der Psyche. Frisch und mutig an die Arbeit!

Im täglichen Leben

- ♌ Es ist wahrlich nicht der Tag für die romantischen Treffen bei Kerzenschein. Der Besuch bei der alten Tante im Altersheim ist angesagt – sie wird es Ihnen danken.
- ♌ Besser, Sie schaffen heute Ordnung oder belegen einen Kochkurs, denn es ist nicht die Zeit für spontane Einfälle! Wartet nicht schon lange Ihre Steuererklärung auf Sie?
- ♌ Hegen Sie einen Kinderwunsch? Es wird ein Mädchen.
- ♌ Der Tag eignet sich drinnen zum Haare schneiden und draußen zum Balkonpflanzensetzen. So ist die Zeit gut genutzt!

Der Mond in der Waage

Die Zeit der Aussöhner und Schlichter ist gekommen! Die Waage-Monde sind geradezu süchtig nach Harmonie. Bei Streiks sollten grundsätzlich nur Schlichter mit einem Waage-Mond zugelassen werden!

Im Körper kann es bei dieser Mond-Stellung zu starken Hautreaktionen kommen, auch die Nieren sollten im Auge behalten werden.

Es sind Menschen, die der Schönheit sehr zugeneigt sind. Häufig finden wir hier auch äußerst begabte

Künstler, die allerdings Schwierigkeiten haben, sich genau festzulegen. Die Waage pendelt immer hin und her. Waage-Monde müssen lernen, sich zu entscheiden und Abhängigkeiten zu vermeiden.

Im täglichen Leben

♎ Gehen Sie Ihren gesellschaftlichen Interessen nach und genießen Sie das Leben. Es ist die richtige Zeit für einen Stadtbummel.

♎ Heute ist das Selbstbewusstsein etwas schwach ausgeprägt und Entscheidungen fallen Ihnen schwerer als sonst. Warten Sie einfach, bis der Mond in den Skorpion wechselt. So lange dauert das ja nicht!

♎ Verschönern Sie inzwischen Ihre Wohnung. Sie werden sie selbst nicht wiedererkennen.

♎ Wenn Sie nach draußen gehen oder im Haus herumrennen, vergessen Sie die warmen Socken nicht, Ihre Blase wird es Ihnen danken!

♎ Hegen Sie einen Kinderwunsch? Es wird ein Junge.

Der Mond im Skorpion

Die Skorpion-Monde haben ein ausgeprägtes Durchsetzungsvermögen, das bis zur Rücksichtslosigkeit gehen kann. Sie sind entschlossen und bevorzugen große Unabhängigkeit in ihrem Gefühlsleben. Es sind oft sehr verschlossene Menschen, die aber durch ihr Wesen die Belastbarkeit und Gefühlswelt ihrer Mitmenschen prüfen. Sie können gar nicht anders; und sie kennen dabei keine Grenzen.

Mit dem Mond im Skorpion haben Sie die Gabe, unbewusst die Fehler Ihrer Mitmenschen zu erfühlen und direkt zur Sprache zu bringen. Das macht Sie nicht unbedingt zu jedermanns Liebling!

Die Skorpion-Monde sind faszinierende, geheimnisvolle Menschen, die man nie ganz versteht. Daher kommt der Ausdruck vom Skorpion-Blick, der tief in die Seele zu schauen scheint. Aber man kann nicht in die gleiche Tiefe zurückschauen!

Im täglichen Leben

- ♏ Haben Sie bestimmte Gefühle lange verdrängt, so kommen diese an Skorpion-Tagen an die Oberfläche und machen Ihnen und anderen zu schaffen. Trotzdem können Sie heute alle anstrengenden Arbeiten gut erledigen.

- ♏ Achtung: Heute ist alles explosiver als sonst – auch im Bett!

- ♏ Skorpion-Tage sind gut für Füllungen beim Zahnarzt, wobei es möglichst zunehmender Mond sein sollte! Auch die Dauerwelle hält heute einfach länger und strapaziert die Haare weniger. Es sollte sich ebenfalls möglichst zunehmender Mond am Himmel zeigen.

- ♏ Hegen Sie einen Kinderwunsch? Es wird ein Mädchen.

- ♏ Im Garten reagieren die Pflanzen an diesen Skorpion-Tagen besonders gut auf den Dünger; allerdings sollte dabei abnehmender Mond sein.

⚹ Der Mond im Schützen

Menschen mit dieser Mondstellung suchen nach dem Sinn des Lebens. Sie sind erfüllt von einem ausgeprägten Idealismus und für die „wahre" Sache setzen sie sich mit allen Kräften ein. Sie fühlen sich in der Welt der Philosophie zu Hause.

Darüber hinaus verfügen sie über die Fähigkeit, andere durch ihren Idealismus mitzureißen, ohne dabei auf ihre Überredungskünste zurückgreifen zu müssen. Sie überzeugen einfach durch ihr Dasein!

Es sind freie Seelen, denn die Freiheitsidee ist ihnen schon in die Wiege gelegt worden! Manchmal sind ihre Höhenflüge allerdings unrealistisch; doch ohne sie könnten die Schützen-Monde einfach nicht leben.

Im täglichen Leben

♌ Wenn Sie eine interessante Kurzreise planen – jetzt ist der richtige Zeitpunkt. Auch für schwierige Gespräche ist jetzt ein guter Zeitpunkt, denn Toleranz ist angesagt. Wollten Sie nicht schon lange Ihre „geliebte" Schwiegermutter anrufen?

♌ Hüten Sie sich vor zu großen Versprechungen; denn wenn der Mond in den Steinbock wandert, schaut die Welt schon wieder ganz anders aus!

♌ Es ist ein Tag, um nach innen zu gehen und über die großen Lebensfragen zu meditieren. Heben Sie aber bitte nicht ab!

♌ Vielleicht wollen Sie sich auch um einen neuen Job bemühen oder nur eine Gehaltserhöhung fordern – heute ist Ihr Tag!

- Wenn Ihnen nichts anderes einfällt, dann gehen Sie einfach wieder einmal ins Museum oder rufen einen vernachlässigten Freund an. Dann ist die Zeit genutzt.
- Hegen Sie einen Kinderwunsch? Es wird ein Junge.
- Im Garten sollten Sie, bei abnehmendem Mond, den Rasen mähen oder das Gemüse düngen.

Der Mond im Steinbock

Menschen mit dieser Mondstellung unterliegen einem inneren Ehrgeiz, der sie einem starken Druck aussetzt. Sie legen an sich selbst enorm strenge Maßstäbe an, denen sie dann manchmal selbst nicht gewachsen sind. Sie wirken unnahbar, da sie ihr Gefühlsleben sehr stark kontrollieren. Es handelt sich bei dieser Konstellation um Einzelkämpfer, die allein sich selbst Vertrauen schenken. Ihre Gefühlswelt scheint gar nicht zu existieren, daher wirken sie auf andere kalt und fast wie erstarrt.

Für Steinbock-Monde wäre es lebenswichtig, aus einer selbst angelegten Zwangsjacke auszubrechen und sich zu befreien!

Im täglichen Leben

- Wollen Sie eine Lebensversicherung abschließen, so ist diese Mondstellung eine hervorragende Ausgangslage.
- Es ist nicht gerade eine Zeit für ausgelassene Feste, Pflichten sind eher angesagt. Da aber gegenwärtig die persönlichen Wünsche und Sehnsüchte ohnehin nicht im Vordergrund stehen, lässt sich alles

bewältigen. Zudem wird man an diesen Steinbock-Mondtagen ohnehin nicht leicht unter Ermüdung leiden.

♒ Haut und Nägel sollten bei abnehmendem Mond gepflegt werden, auch die Zahnreinigung wäre keine schlechte Geschichte. Ab zum Zahnarzt!

♒ Hegen Sie einen Kinderwunsch? Es wird ein Mädchen.

♒ Im Garten ist Unkrautjäten bei abnehmendem Mond angesagt; bei zunehmendem Mond sollte dagegen umgetopft werden!

Der Mond im Wassermann

Hier treffen wir die Weltverbesserer, denn die Menschen mit dem Mond im Wassermann sind mit einem starken Gerechtigkeitssinn ausgestattet. Freiheit ist die Grundstimmung, die ihr Leben prägt und auf der sie alle Aktivitäten aufbauen. Sie schneiden die alten Zöpfe ab und leiten Reformen ein.

Es können ruhelose Geister sein, die innerlich ständig angetrieben werden und auf der Suche nach der Wahrheit sind. Ihre rastlose Suche lässt sie aber Ideen für eine neue Zeit entwickeln. Darunter kann dann auch schon einmal eine „verrückte" Idee sein.

Mit dem Mond im Wassermann sind Sie ständig auf Achse. Langeweile und Eintönigkeit bringen Sie um! Sie brauchen das Ungewöhnliche zum Leben.

Durchblutungsstörungen und Kreislaufprobleme sollten Sie bei dieser Mond-Stellung ernst nehmen!

Im täglichen Leben

♌ Es ist die Zeit für Teamarbeit! Gemeinsame Ideen können ein fantastisches neues Projekt auf den Weg bringen.

♌ Vielleicht wollen Sie aber auch nur den Keller entrümpeln oder die Fenster putzen. Bei abnehmendem Mond wären das die richtigen Aktivitäten!

♌ Joggen oder Tanzen könnten Ihnen auch zusagen, denn die Energie stimmt!

♌ Bei zunehmendem Mond können Sie auch an die neuen Zahnfüllungen denken. Jetzt passen sie!

♌ Hegen Sie einen Kinderwunsch? Es wird ein Junge.

♌ Im Garten können Sie bei Vollmond und bei abnehmendem Mond die Blumen düngen.

Der Mond in den Fischen

Menschen mit einem Fische-Mond zeichnen sich durch eine liebevolle Aura aus, die es anderen Menschen erleichtert, ihnen Vertrauen zu schenken. Sie strahlen Freundlichkeit und Hilfsbereitschaft aus, die gerne in Anspruch genommen werden.

Es sind tiefe Seelen, deren unergründliche Seelenwelten von der Außenwelt oft nicht erkannt werden, da sie sich ganz in ihrer eigenen Welt abspielen. Der innere Ozean der Fische-Menschen!

Unter allen Mond-Typen sind sie die feinfühligsten, daher haben sie die größten Probleme mit dem Leiden anderer. Ähnlich den Krebs-Monden können sie sich nur schwer abgrenzen.

Manchmal versäumen sie vor lauter Träumerei das „richtige" Leben. Sie müssen Boden unter den Füßen fassen und ihr Selbstvertrauen verbessern.

Im täglichen Leben

♌ Das große Gefühl ist angesagt. Nehmen Sie sich ausreichend Taschentücher und schauen Sie sich im Kino die großen Liebesschnulzen an. Es ist die richtige Zeit, um sich total auszuheulen!

♌ Instinkte und Gefühle bestimmen in diesen Tagen alles Leben; und Sie werden auch spüren, wenn jemand Ihre Hilfe benötigt. Heute können Sie diese ganz mühelos verschenken.

♌ Entspannungsübungen und Massagen werden sich jetzt als besonders wirksam erweisen.

♌ Waschen und Saunabesuche sind bei abnehmendem Mond anzuraten; auch ein Zahn könnte, wenn es denn sein muss, jetzt gezogen werden.

♌ Hegen Sie einen Kinderwunsch? Es wird ein Mädchen.

Berühmte Löwen

KAPITEL 9

Berühmte Frauen

Prinzessin Anne von England (geb. 15.8.1950)

Eine charmante, eigenwillige Persönlichkeit, die mutig ihren Weg geht. Sie lässt sich nicht von der Etikette des Königshofes verbiegen, sondern lebt **ihr** Leben.

Helena P. Blavatsky (geb. 12.8.1831)

Eine der außergewöhnlichsten Frauen ihrer Zeit. Als Begründerin der Theosophischen Gesellschaft war sie die Stammmutter der esoterischen Bewegung der Gegenwart. Vielleicht würde ohne sie dieses Astrologie-Buch gar nicht geschrieben worden sein!

Madonna (geb. 16.8.1958)

Die klassische Löwe-Frau der Pop-Szene! Eine überaus selbstbewusste Frau, die sich phänomenal in Szene zu setzen versteht. Dabei sehen ihre Fans in der Regel nicht, welche Fürsorge Madonna beispielsweise ihrer Band und deren Angehörigen zukommen lässt.

Jackie Kennedy (geb. 28.7.1929)

Bis auf den heutigen Tag die berühmteste „First Lady" der USA. Keine der späteren Präsidentengattinnen erreichte solche Popularität und solche Beliebtheit in breitesten Kreisen. In späteren Jahren verfiel sie dann ein wenig dem Luxus und heiratete den Milliardär Onassis.

Berühmte Männer

Napoleon Bonaparte (geb. 15.8.1769)

Einer der berühmtesten Staatsmänner aller Zeiten. Ein mitreißender Feldherr, ein charismatischer Führer und ein willensstarker Politiker, wie immer man zu seinen politischen Ideen auch stehen mag.

Henry Ford (geb. 30.7.1863)

Einer der bedeutendsten Industriellen Amerikas. Ein willensstarker Geschäftsmann und ein bedeutender Konstrukteur. Zudem war er einer der ehrlichsten und menschlichsten Wirtschaftsbosse, die es je gegeben hat!

Alfred Hitchcock (geb. 12.8.1899)

Einer der größten Regisseure aller Zeiten. Der willensstarke Hitchcock hatte am Set alles unter Kontrolle. Er war ein Perfektionist, dabei heiter und immer besorgt um seine Crew und seine Schauspieler. Keines seiner filmischen Meisterwerke kopierte seinen Vorgänger. Er war immer neu und kreativ.

Peter Paul Rubens (geb. 28.7.1577)

Die Kunst von Rubens drückt vielleicht wie keine andere das astrologische Element des Löwen im Bild aus: vitale Gestalten, voluminöse Formen in einer luxuriösen Umgebung. Ein Fest für die Augen!

Die Autoren

Petra Michel (Sternzeichen: Krebs, Aszendent: Löwe, Mond: Skorpion). Physikstudium, danach führende Stellung in der deutschen Industrie. Langjähriges Astrologiestudium, unter anderem bei Huber und Claude Weiss. Heute Leiterin eines Verlages in den USA.

Annette Wagner (Sternzeichen: Krebs, Aszendent: Schütze, Mond: Zwillinge). Eurythmiestudium, danach Tätigkeit in der Wirtschaft. Langjähriges Astrologiestudium. Seit vielen Jahren Prokuristin in der Verlagsindustrie.

Dr. Peter Michel (Sternzeichen: Krebs, Aszendent: Löwe, Mond: Schütze). Studium der Philosophie, Theologie und Religionswissenschaft, danach Gründung des Aquamarin Verlages. Autor zahlreicher Sachbücher zu den Themen Mystik und Esoterik.

© 2011 Kristall s.r.o.

Genehmigte Lizenzausgabe
tosa GmbH
Industriestraße 19
64407 Fränkisch-Crumbach 2020
www.tosa-verlag.de

Layout, Satz und Umschlaggestaltung:
designcat GmbH

ISBN 978-3-86313-114-2

Der Inhalt dieses Buches wurde von Autor und Verlag sorgfältig erwogen und geprüft. Es kann keine Haftung für Personen-, Sach- und/oder Vermögensschäden übernommen werden.

Kein Teil dieses Werkes darf ohne schriftliche Einwilligung des Verlages in irgendeiner Form (inkl. Fotokopien, Mikroverfilmung oder anderer Verfahren) reproduziert oder unter Verwendung elektronischer oder mechanischer Systeme verarbeitet, vervielfältigt oder verbreitet werden.

Bildnachweis
Shutterstock: ARCHITECTEUR 20, 21, 26, 30, 34, 38, 42, 47, 50, 58, 62, 66, 71, 75, 87, 90, 94, 96, 99, 101, 108, 110, 112, 114, 116, 120, 124, 126, 130, 133, 136, 140, 158, 159/ MaraQu Cover/marrishuanna Cover Front, 4, 6, 8, 10, 12, 14, 16, 19, 20, 21, 22, 24, 26, 28, 30, 32, 34, 37, 38, 40, 42, 44, 46, 47, 48, 50, 52, 54, 57, 58, 60, 62, 64, 66, 68, 70, 71, 72, 74, 75, 76, 78, 80, 82, 84, 86, 87, 88, 90, 93, 94, 96, 98–102, 104, 107, 108, 110, 112, 114, 116, 119, 120, 122, 124, 126, 129, 130, 132, 133, 134, 136, 139 , 140, 142, 144, 146, 148, 150, 152, 154, 157–159/Photosani 1, 18, 36, 56, 92, 106, 118, 128, 138, 156/pixelparticle 2–3/PPVector 141–149, 151–154